教学倾听研究

宋立华◎著

中国社会科学出版社

图书在版编目(CIP)数据

教学倾听研究/宋立华著.—北京:中国社会科学出版社,2016.6
ISBN 978 - 7 - 5161 - 8320 - 5

Ⅰ.①教…　Ⅱ.①宋…　Ⅲ.①教学研究　Ⅳ.①G420

中国版本图书馆 CIP 数据核字(2016)第 124012 号

出 版 人	赵剑英	
责任编辑	孙　萍	
责任校对	季　静	
责任印制	王　超	

出　　版	中国社会科学出版社	
社　　址	北京鼓楼西大街甲 158 号	
邮　　编	100720	
网　　址	http://www.csspw.cn	
发 行 部	010 - 84083685	
门 市 部	010 - 84029450	
经　　销	新华书店及其他书店	

印刷装订	三河市君旺印务有限公司	
版　　次	2016 年 6 月第 1 版	
印　　次	2016 年 6 月第 1 次印刷	

开　　本	710×1000　1/16	
印　　张	15.25	
插　　页	2	
字　　数	243 千字	
定　　价	58.00 元	

序

　　现代教学研究发展的趋势之一，表现为越来越关注微观精细问题的研究。许多过去被人们忽略的问题得到研究者的关注，使之成为教学研究的对象，由此形成的研究成果不断积累，逐渐形成一股重要的力量，构成对传统教学论体系的实质突破，从而焕发了现代教学论的新貌。宋立华博士选择"教学倾听研究"作为学位论文的题目，我是非常支持的，虽然这一问题本身具有相当的复杂性，可能会带来预料之外的研究难度。因为在我看来，博士论文选题的难度系数和其学术价值是有一定相关的，青年学者应该有敏锐的学术眼光和足够的学术勇气，挑战自己只有足够努力才能达到的高度，最终就会赢得真正意义上的进步。

　　教学倾听的研究蕴含着丰富的意义和价值。因为传统教学历来非常重视教师的言说能力，而忽视其倾听品质，强调学生的倾听行为，而压抑其言说需求，从而造成教师言说过度、学生唯听是从的现象。从某种意义上来说，加强对教学倾听的研究，是切中传统教学之弊病的。从教学实践看，由于教学倾听的缺席或者偏差，导致教与学失衡或错位的现象比比皆是。若要这一现象得以根本转变，则端赖对教学倾听做系统深入的研究，以此弥补教学理论的空缺、满足教学实践的诉求。

　　作者通过研究认为，教学倾听是指教学过程中，教师和学生基于相互尊重、平等的立场，细心听取彼此的各种表达、以倾听的方式表现出来并在此基础上达成的知识、思想、生命、情感等层面的交往和互动。也就是说，在教学中的倾听不仅仅是指教师的倾听或学生的倾听，而是教师与学生的互动和交流。对于教学倾听的这一定位可以说是较为准确的，充分体现了教学不是一厢情愿的事，而是"两厢情愿"的事。教学的微妙艺术便是师生通过真诚合作，共同达成"两厢情愿"之事。

作者对于教学倾听的理论思考是严谨细密的，提出了一些具有新颖性的学术观点。如认为教学倾听具有目的性与工具性共存、求真性与向善性共在、情感性与智慧性相伴、创造性与审美性相随等性质；对教学倾听进行了两维与主体分析，指出教学倾听的优秀所在、教师和学生成为倾听者的原因、角色诉求以及彼此之间的关系变化；教学倾听存在五个层次水平和四种模式等，这些观点在一定程度上解释了教学倾听的存在特点和复杂样态，深化了对于教学倾听的理论认识。

值得肯定的是，作者还富有建设性地倡导"走向'倾听着'的课堂教学"。将倾听视为一种持续进行的行为和理念，它基于倾听、在倾听中、通过倾听来实现教学目的的达成，是一种理想的教学追求。具体来说，所谓"倾听着"的课堂教学其氛围是润泽的，模式是多边多向的相互倾听，外在表现为说者位置的空缺，实质是学习共同体的结成。并提出达成"倾听着"的课堂教学的策略：提高倾听主体的素质、建立宽松的教学制度、创设理想的课堂话语环境等。这些探讨对于教师实践"倾听着"的课堂教学提供了有益的启发和切实的指导。

宋立华博士在读期间表现出认真勤奋的学术热情和深入细致的治学风格，经由广博的学术视野拓展和严格的学术规范训练，其发现问题的敏锐性、分析问题的深入性和论证观点的严密性等，均得到明显的提升。相信此次她博士论文的正式出版，一定会成为其学术之路的崭新起点，对于她今后更进一步的发展，我们是可以"静待花开"的。

是为序。

李如密

2016 年 2 月 26 日于南京师范大学仙林校区

前　言

　　倾听是基于人类的听觉器官——"耳朵"所具有的先天的"听"的生理功能的基础上而形成的具有丰富意蕴的词语，它与教学关系密切，具有多重考察维度与多种存在形式。对教学倾听进行研究从内部来看主要是缘于理论上倾听之于教学有重要的价值以及实践中对倾听的忽视与误解，而对本真教学的理解、对倾听思考历程的加深以及多学科关于倾听的研究成果则从外部催生了对其进行深入研究的可能。本书试图对教学领域中长期被忽视的重要问题——倾听进行全面系统的考察，在明晰其丰富意蕴、多种维度、现实状况的基础上构建"倾听着"的课堂教学，其目的在于以倾听为关键点，在丰富教学理论研究、加强对教学实践解释力的同时，促进二者之间的转换，使课堂教学真正成为师生生命有意义的构成部分，进一步推进课程改革向纵深方向发展。

　　本书分为三个部分，遵循的是"是什么——为什么——怎么做"这样一个基本的思路。第一部分是"何为教学倾听"，包括第一章"倾听：一个意蕴丰富的词语"和第二章"教学倾听：内涵、性质与审美阐释"，主要从多学科角度对倾听的丰富意蕴以及教学倾听进行理解和阐释，解决"是什么"的问题。通过研究发现，倾听是一个具有丰富意蕴的词语。生理学考察显示，倾听是一种复杂的思维活动；社会学考察显示，倾听是人际交往沟通的重要方式，蕴含着关怀、理解等积极的人文态度；哲学考察显示，倾听具有生存意味、共在特征与德性特点。而教学倾听则是指教学过程（活动）中，教师和学生基于相互尊重、平等的立场，细心听取彼此的各种表达、以倾听的方式表现出来并在此基础上达成的知识、思想、生命、情感等层

1

面的交往和互动。教学倾听具有目的性与工具性共存、求真性与向善性共在、情感性与智慧性相伴、创造性与审美性相随等性质。对教学倾听进行审美阐释，发现它的美主要表现在理性的探险和训练、师生关系的和谐共生、精神的相遇相知、生命的关怀与成长等方面。这种美是手段、目的、境界三个层次的教学美的综合，它直抵教学美的内核，体现了教学内在本质的美。

第二部分是教学倾听两维与主体分析，包括第三章"教学倾听的两维分析"与第四章"教学倾听的主体分析"，揭示了教学倾听的优秀所在以及教师和学生成为倾听者的原因、角色诉求以及彼此之间的关系变化等，解决"为什么"的问题。通过研究发现，教学倾听的品性之优主要表现在教学中"我—你"相遇与共在，体现了教学的自成目的性；理性之优表现在创造三重意义与关系，是一种教学实践智慧。教学的应然要求、学生权利的体现以及教师专业发展的需要等原因决定了教师应该成为倾听者。教师作为倾听者的角色溯源发现，孔子与苏格拉底都具有超强的倾听能力，他们的倾听表现在多个方面且与所处时代有关，需要辩证地借鉴吸收。教师作为倾听者意味着教师工作重心以及角色诉求发生了由知识的传递者变为研究者与反思者、由知识的旁观者变为学生经验建构的帮助者、由技术行动者变为实践智慧的拥有者三个重大的转变。学生作为倾听者具有一定的可能性与必然性，其目标是成为能将德性与创造性融为一体的"会倾听的人"，学生作为倾听者意味着在学习过程中的任务与角色发生了从"空的容器"变为具有不同经验的经验者、从经验的拥有者转变为经验建构者两个重大转变。师生倾听体现了教学关系发展的逻辑。

第三部分是走向"倾听着"的课堂教学，包括第五章"课堂教学倾听的现状"和第六章"走向'倾听着'的课堂教学"，在分析当今课堂教学倾听现状的基础上构建了"倾听着"的课堂教学，试图将倾听的价值与丰富意蕴在现实的课堂中实现，解决"怎么做"的问题。基于倾听水平、主体与两维的现状考察发现，当今教学倾听存在着倾听缺失、选择性倾听、评价性倾听、解释性倾听以及移情性倾听五个层次水平；存在着学生单向倾听教师、学生与教师之间的双向倾听、基于师生双向倾听又允许学生彼此倾听以及师生、生生多边多向相互倾听四种模式；在品性与理性上皆有不理想的情况。为此，需要构建基于倾听、在倾听中、通过倾听来进行的"倾听着"的课堂教学。"倾听着"的课堂教学的课堂氛围是润泽的，模式是多边多向的相互倾听，外在表现为说者位置的空缺，实质是学习共同体的结成。达克沃斯的教学、佐藤学观察并倡导下的教学、瑞吉欧教育模式中的教学都是"倾听着"的课堂教学在实践中的典型诠释。倾听主体视角下的"倾听着"的课堂教学的实践操作过程大体是倾听前倾听意识的萌生，倾听中注重倾听技巧、态度情感的参与，倾听后注意倾听智慧调控下的回应。在教学走向"倾听着"的过程中遇到的困难主要来自倾听主体方面、教学制度方面、课堂话语环境方面。为此，提高倾听主体的素质、建立宽松的教学制度、创设理想课堂话语环境等是达成"倾听着"的课堂教学的若干策略。

目　　录

导　　论

善于倾听是美好生活的开端。

——古希腊历史学家普鲁塔克

或许，在理想世界之外，没有任何一个时代、任何一种现状能够完全令人满意。正因为如此，人类的各种探索和追求就从来没有停止过。教育领域也大体如此：对各种现实教育状况的不满和反思、对理想教育图景的追寻和构建就成了教育研究与实践的永恒话题和不竭动力。教学倾听走进笔者的研究视野大体也是如此的因缘。

一　研究缘起

（一）理论审思：倾听意义重大，对其关注是教学论研究实践品性的体现

听，是由人类听觉器官赋予的人与生俱来的本能，倾听却是人的"有意而为之"的行为。它不仅"会通中华民族的传统智慧，体现时代精神"，[①] 亦是人类感知世界、人与人之间交往对话的途径。在涉及人的各种活动中，倾听都广泛存在着并以潜隐的形式对活动中的人、活动的结果产生影响。有数据统计分析显示，人们 40% 的时间用于倾听，35% 用于交谈，16% 用于阅读，9% 用于书写。[②] 如果将你来我往的人际沟通比作一个圆，很明显，它是由倾听和表达两个半

[①]　张华：《研究性教学论》，华东师范大学出版社 2010 年版，第 119—136 页。
[②]　厉荣：《如何提高倾听技能》，《新疆职业大学学报》2005 年第 6 期。

圆组成的。前者是信息的输入，后者是信息的输出，输入与输出起到同等重要的作用。可以说，倾听是人际交流沟通过程中不可分割的一部分，缺失了倾听的交流是不可能存在的。① 古希腊历史学家普鲁塔克（Plutarchus）所说的"善于倾听是美好生活的开端"，表达的即是对倾听与我们生活之间关系的认识。因而，追求良好的倾听效果用以满足人们的社会、心理需求自然成为各种活动中人们不懈努力的目标。

从本质上说，教学也是一种人际交往和沟通，它是以语言为媒介的、基于师生之间的交往沟通并指向教师和学生共同发展的一种特殊的活动。这种特殊的活动有着特殊的交往目的、特殊的交往内容、特殊的交往主体与特殊的交往过程，它离不开教学主体之间彼此的倾听。在以语言为媒介的教学世界中，倾听作为基本的语言交际和交往的行为与理念之一，与人、与教学本质相关联。它不仅是师生的本真存在方式，也是师生之间、生生之间进行信息传递、思想沟通和情感交流的非常重要的交往沟通行为方式之一。这种存在方式和交往行为对教育教学的进行和师生的沟通具有本原意义，它体现了师生之间彼此的关心、尊重与接纳，带有浓厚的伦理意蕴与智慧特征，亦是教学得以进行的必要条件，达成教学目的重要手段和方法。② 翻开厚厚的一部教育史，细细品读那些对后世有重要影响的教学思想和实践，我们会发现倾听行为及精神在其中灵动地存在着，它使学习成为真正的学习，使教学成为真正的教学。

从教学论的学科属性来看，教学论既是一门理论性的学科，也是一门实践性的学科，理论性与实践性是教学论学科的二重性。③ 因此，教学论研究不仅要注重自身理论体系的完善，还要走进真实的教育教学生活，关注丰富多彩的教育教学实践。甚至在某种意义上来说，教学论的"特质和生命就在于它面向实践，是解决实践具体问题的方法

---

① Suzanne Rice, "Toward an Aristotelian Conception of Good Listening", *Educational Theory*, Vol. 61, No. 2, 2011, pp. 141 – 153.

② 宋立华、李如密：《教师的言说与倾听——超越博弈，走向共生》，《全球教育展望》2011 年第 12 期。

③ 徐继存：《教学论学科的二重性及其规约》，《课程·教材·教法》2010 年第 9 期。

论利器，而不是一般原理的认识论和知识论"。① 然而现实情况是，我国的教学论研究往往倾向于文本研究而忽视对现实教学问题的研究，这使得教学论的实践品性色彩淡化，失去了对教学实践应有的解释力和影响力，弱化了教学论的活力，影响阻碍了教学论的学科发展。尤其是在当前课程改革的大背景下，涌现出许多实际的教学问题，需要教学论学科担负起实践的责任，将关注研究的重心下移到实践中的相关领域，并对这些领域中出现的问题给予学理上的辨析与辩护、批判与重建。唯有如此，才能在彰显和提高教学理论实践品性的同时达成通过实践促进教学理论自身发展完善的双重目的。对教学倾听的关注即是教学论研究实践品性的要求和体现。随着我国课程改革向纵深方向发展，倾听作为教师尊重学生、理解学生、教育学生的标志和条件，倾听之于教学的重要价值与意义，逐渐受到教育学界的广泛关注和认可，成为理论研究者和实践工作者关注的焦点之一。甚至有学者认为"倾听已成为课程改革的关键词，如果我们对它的认识还只停留在表层，那么倾听就有可能成为一个空泛而乏味的口号"。② 为此，需要对教学倾听进行理论层面上的阐释、确证以及实践层面上的探索和建构。

（二）现实审视：课堂教学忽视倾听，"静悄悄的革命"势在必行

人是教育教学的出发点和最终落脚点，关注人的整体性发展是课程改革的重要问题。③ 课程改革中无论是"知识与技能、过程与方法、情感态度与价值观"三维目标的确立，还是各种门类课程知识的架构都源于并导向于人的整体性存在——"全面的教育应当考虑到人的各个方面：体智力、审美观、情感和精神，争取实现'一个生活在和谐世界上的完美的人'的这一长期梦想"。④ 关注于人的整体性的

---

①　黄伟：《建构面向实践的本土化的教学论——从课程与教学关系谈起》，《教育学报》2007 年第 4 期。

②　成尚荣：《倾听——教育的另一种言说》，《人民教育》2004 年第 24 期。

③　王爱玲：《课程改革的重要问题——关注人的整体性发展》，《教育研究》2009 年第 7 期。

④　联合国教科文组织国际 21 世纪教育委员会：《教育——财富蕴藏其中》，教育科学出版社 1996 年版，第 221 页。

发展离不开课堂教学这个主阵地。然而当我们对当今课堂教学进行全景敞开式观察的时候，我们发现它离实现"一个生活在和谐世界上的完美的人"这一梦想太远，课堂低质低效，与时代所需人才有一定的差距，与师生发展的理想相悖。造成这一现象的原因有很多，其中之一就是忽视当前教学变革的重要任务——聚焦并促进学生学习，① 课堂仍旧是教师表演的舞台，是以"教"为核心的教学行为的聚集。对此，有学者提出要进行以"倾听"为关键词、以学生学习为中心的"静悄悄的革命"。② 实质上，在教学中，"倾听对于有效交流的重要意义很少受到关注"，③ 更遑论其他作用。即便是在课程改革进行十余年之久的今天，这种忽视倾听以至于影响了"生活在和谐世界上的完美的人"这一培养目标的现象仍旧随处可见。仅以师生言语交流中的倾听为例，就笔者工作与读书期间在中小学听课、评课等活动中所观察到的真实情况而言，结果令人十分担忧。④

见闻一："我知道你能听见我，但是你在听吗"？
在 L 老师的课堂上，师生都非常投入。笔者注意到这样一个细节：L 教师抑扬顿挫地讲课的时候，坐在教室最后一排的一名学生脸上露出疑惑的神情，将手高高举起，嘴里焦急地嘟囔着："老师，老师，我觉得不是这样的……"L 老师眉头一皱，眼睛扫过该名学生后迅速移开，似乎什么都没有看到也没有听到，一如既往地讲解着，直至下课……

当笔者在课后提及这件事情分别询问时，举手的那个学生疑惑地说："我觉得老师讲得不对，我以前看过这些内容。可是我的手举得那么高，都快站起来了，老师应该看到了也听到了。可是为什么不叫

---

① 李如密：《聚焦学生学习的教学变革》，《江苏教育研究》2011 年第 2 期。
② ［日］佐藤学：《教师的挑战：宁静的课堂革命》，钟启泉、陈静静译，华东师范大学出版社 2012 年版，中文版序第 1 页。
③ Lyman Steil, *Effective Listening*：*Key to Your Success Reading*，MA：Addison-Wesley，1983，p. 3.
④ 以下案例皆来自笔者在实验学校中的见闻并经整理而成。

我说一下呢？是不是嫌弃我学习不好，不愿意听我说啊?" L 老师则对我解释说，该生是个差生，经常会问些与教学内容无关的问题，不能因为倾听他的发言而影响教学进度。

　　见闻二："猜猜我想听的是啥"？

　　在一堂小学一年级的语文课上，师生要学习的教学内容是李白的诗《古朗月行》。授课的 W 老师刚从师范院校毕业没多久，他的导入是这样进行的：首先在黑板上画了一个类似于半圆的图形，边画边问："大家仔细看看，老师现在画的是什么呢?"学生的答案五花八门，但是就是没有人回答到"正解"——月亮上。W 老师略显着急，在否定此起彼伏的"不正确的答案"之后，改变策略用彩色粉笔涂上颜色并在圆内画上了树的形状和人抱兔子的图案，重新发问："这回大家再看看，老师画的是什么呢?"这次，全班同学几乎异口同声地说："月亮。"W 老师评价道："对！老师画的是个月亮。月亮是非常美丽的，有关月亮的诗歌也很多。那么今天老师就带着大家学习一首和月亮有关的古诗。"……

在上述教学进行过程中，笔者的第一反应是哑然失笑。以笔者二十多年受教育过程中所习得的"经验"来看，凡是老师导入时的提问，一定与即将学习的内容有关，要想回答得准确，只需看一下课本即可。显然，一年级的小学生在这方面经历得还很少，没有摸到"门路"，完全按照自己的真实想法来回答老师的问题，以至于数次没有"猜中"老师的心思，造成了 W 老师的尴尬，也令笔者感慨于小学生的天真率直。但反过来一想，这种看似正常的现象又是多么的不正常：课堂中教师的倾听似乎是由一根看不见的丝线牵引着，这根丝线来自于教师心中的"预设"答案或者课本上的标准答案，学生则演变为提线木偶，被丝线操纵着指引着回答的方向。整个师生之间对话倾听的过程就是寻找预设答案的过程，教学异化为猜谜、接对游戏——猜猜老师想听的是啥，接过并对出老师预设的答案。

　　见闻三："还有必要听学生说吗？该讲的我都讲了。"

Z老师是学校一位中年教师，入职已经近十年了。在她的教学理念中，教师要有扎实的基本功，尤其是在对教材的把握和教学的设计上。所以，她把大部分的时间都放在备课上。听她的课，能够感觉非常强烈的控制特征，无论是教材内容的讲解、教学时间的把握、教学环节的进行、教学目标的完成，一切都在她自如的掌控之中。Z教师也经常自豪地说，这是她多年苦练的结果。在教学过程中，她的声音总是教室中最响的。她认为，一名优秀的教师就是能够把该讲的内容毫无疑义、清晰明了地向学生传递。面对我的关于倾听学生的询问，她诧异地回应："还有必要听学生说吗？该讲的我都讲了。"

见闻四："热闹的发言，一无所获的结果"。

这是一节小组合作学习课，教师将学生分为五个组，每组八人。在讨论阶段，组内各个同学发言都非常积极，教室呈现一派热闹的场景。但仔细观察，就会发现，这些学生的发言都是自说自话，和他人没有交集。热闹发言之后，复归平静，教师又将教学重点重新讲解了一遍。

以上几例虽是笔者偶然间经历的，但并非个别现象。回想自己曾经受教育的经历，更是有感于教学过程中对倾听的忽视。从教学活动中师生倾听的外在表现来看，教师"过度言说"、学生"呆坐静听"与学生"众声喧哗"、教师用"虚假倾听"来推进预设的教学等现象在当前课堂教学中经常上演。这样的课堂往往走向两个极端：或者机械、沉闷、程式化，或者热闹、活跃、无思考。既很少出现对他人的尊重、关怀与真诚的接纳，更缺乏对智慧的挑战和对好奇心的刺激，学生的生命力、创造力以及精彩观念和独特个性被遮蔽，教学呈现出明显的"假性主体症"，① 也与关注于人的整体性发展的本真教学相悖。日本学者佐藤学在参访欧美和亚洲近15个国家后深深地感受到

---

① "假性主体"与"真正主体"相对，在教学中，其症状为从表面看来通过各种形式尊重了学生的"主体"地位，但课堂教学的本质仍为知识取向，学生仍旧没有成为教学中真正的主体。

世界各国的课堂里正在波澜壮阔地进行着"静悄悄的革命"。① 这种
"静悄悄的革命"与我们熟悉的传统的课堂风景不同：它在学习方式
上反对习得、记忆、巩固的呆坐静听，提倡探究、反思、表达的活动
性学习，在教学方式上反对传递、讲解、评价，提倡触发、交流、分
享。② "静悄悄的革命"与时代发展相一致，它的关键和核心是倾听，
实质是师生相互倾听着的课堂教学。在我国，"课堂中静悄悄的革命
已经从规模上量的扩张逐步发展到质的提升阶段"，③ 这既是当今时
代发展以及世界改革大潮对我国教学的影响和要求，亦是对全景敞开
式观察下课堂教学出现的若干问题的应对。因此，对教学倾听进行研
究具有一定的现实紧迫性。

（三）思考历程：从教学技巧到丰富内涵的渐进理解

笔者对教学倾听这个主题的思考历程大体可以分为两个阶段，每
个阶段关注与理解的重点不同，呈现了一个思维上的递进与深度上的
进展。最初的接触是缘于工作期间与导师合作编写《中学课堂教学艺
术》一书，笔者负责编写的章节为课堂教学沟通艺术，分为课堂教学
提问艺术、课堂教学对话艺术与课堂教学倾听艺术三部分。当时的考
虑是三者在课堂教学沟通方面的功能各不相同、各有侧重。相对于影
响较大、接受程度较广、外显程度较高的教学提问、对话等形式，教
学倾听还处于一个边缘的、未被众人所关注的境地。导师敏锐地觉察
到倾听所包含的理念和精神与当今课程改革、时代发展有着密切的联
系并且在人际交往领域的作用越来越多地得到认可，因此，将其与对
话、提问等教学艺术形式并列。在该书中笔者主要将倾听作为一种具
体的行为方式，从教师倾听学生言语表达过程中易出现的几个误区入
手，分析教师倾听过程中应该注意的一些具体可操作的技巧性策略。

---

① ［日］佐藤学：《教师的挑战：宁静的课堂革命》，钟启泉、陈静静译，华东师范大
学出版社 2012 年版，中文版序第 1 页。
② 同上。
③ 同上。

这些思考同时也以论文的形式发表在当年的《课程·教材·教法》上。① 在随后一段时间中，当笔者为中小学一线教师进行培训时，一些教师主动提到这篇文章并说因为阅读了这篇文章而和以前相比能够主动意识、反省教学过程中倾听行为的存在。这令笔者欣喜，也似乎看到了理论研究用"两条腿走路"的力量。② 但当笔者实际深入到这些教师的课堂教学进行听课、评课等活动时，才发现这种注意、反省、重视并没有抓住倾听的核心：有些教师将言说完全让渡给倾听，甚至不吝于低眉顺目地去倾听；有些教师过于注重提高倾听技巧而忽视对内容的深入思考；有的个别学校甚至具体规定教师课堂讲授的时间以便教师能够倾听学生。如此种种，看似在发挥倾听的作用，然而细细思量，总是觉得这样的倾听只是言说的对立，徒具倾听的外形而无真正的倾听之实。笔者将其归结为言说与倾听的博弈，并提出"教师的言说与倾听应该超越博弈，走向共生"的观点，③ 试图改变二者形式上的对立，认为倾听的精神并非体现在外在的形式上，倾听的价值也并非在于完成预设的任务，沦为体现新教学理念的幌子。从某种意义上说倾听与言说都是教学不可缺少的手段，二者是殊途同归的。至此，笔者对倾听的认识仍旧停留在技巧、形式等外显的可操作的层面上。这是思考的第一个历程。

审美是人类掌握世界的一种特殊形式，它能够将"隐藏在世界之中的意义呈现出来"。④ 在博士生的《教学美学专题研究》这门课上，受导师的启发，我从美学的角度探讨了教学倾听的审美表现及其创生策略，认为教学倾听中蕴含的美不是单一的教学手段的美，也并非教学目的的美，而是教学手段、教学目的、教学境界三个层次的教学美的综合，它在促进教学目标达成的同时使学生情意

① 李如密、宋立华：《课堂教学倾听艺术探微》，《课程·教材·教法》2009 年第 11 期。
② 教育科学应该有两条腿，一条腿是教育科学的解释力，另一条腿是教育科学的影响力。详见蒋建华《教育科学——解释力、影响力两手抓，两手都要硬》，《中国教育报》2004 年 4 月 24 日。
③ 宋立华、李如密：《教师的言说与倾听——超越博弈，走向共生》，《全球教育展望》2011 年第 12 期。
④ 叶秀山：《美的哲学》，东方出版社 1991 年版，第 45—46 页。

和个性全面和谐发展，使师生"悦志畅神"，直抵教学美的内核，体现了教学内在本质的美。教学倾听的这种美主要表现在理性的探险和训练、师生关系的和谐共生、精神的相遇相知、生命的关怀和成长等几个方面，它们是教学倾听的真正魅力所在。① 美学视域的引入以及同期所阅读的有关"听的哲学"的书籍引发了笔者对教学倾听丰富意蕴及其实现的探寻。倾听的丰富意蕴到底是什么？我国传统文化与近代西方哲学对倾听的重视到底是缘于倾听的何种精神和价值？教学倾听与一般情境中的倾听区别在哪里？教学倾听的独特价值何在？它的魅力到底是体现在工具理性指导下服务于更好地推进预定的教学还是师生间心灵的敞开、相互的理解？教学倾听过程的焦点在倾听形式上还是在倾听过程中与倾听共同发生的事物？教学倾听是技术性的操作还是实践智慧的体现？教学倾听在于意义的创生还是"导管式"的传递？在教学场域中什么与倾听相伴发生，最终产生了什么样的结果？用解释学的经典话语来表述就是倾听过程中"什么与我们的意愿同时发生"？倾听的结果是复制还是创造，是知识的传递还是情感的交流与意义的产生？如何才能使倾听的丰富意蕴和价值在教学中得以体现和实现？这时，笔者对教学倾听的理解已从行为方式、技术技巧维度上的思考扩展到一种关切、尊重与理性、智慧同在的维度，上升到与本真教学相一致的高度并试图构建"倾听着"的教学。这种问题域的敞开使其凸显了作为一个研究主题的可能性，也使笔者对教学倾听这个来源于教学现场同时具有一定理论探究价值的主题的兴趣愈发浓厚。"疑与问、惑与思"的行进是基于教学实际并试图对其有更强的解释力和影响力。正是这样的期盼与动力坚定了笔者的研究信念，将其选为博士论文的研究对象。一滴水可以折射出太阳的光芒，一粒沙子可以看到整个宇宙。教学不仅需要宏大叙事的研究，还需要精细分析的研究。笔者希望能够通过倾听这个视角反映出当前教学实践中存在的真实问题，并在此基础上进行深入的挖掘，进而引起更多人的关

---

① 宋立华：《教学倾听艺术的审美阐释及其创生》，《教育理论与实践》2013 年第 32 期。

注，在一定程度上对理解和改变教学现状有所帮助。若真如此，研究价值的大与小，不过是一种外在的形式而已，其实质和精髓都是相通的。

（四）条件催生：对本真教学的理解以及多学科的启发

一切事物的本真也许只存在于人们乌托邦式的幻想和不懈的追求之中，但这并不妨碍人们对它的各种解读和想象。这种解读和想象，且不论精当、准确与否，却多少能够管中窥豹，知其精髓。对本真教学的解读是理解教学倾听和实现"倾听着"的课堂教学的可能标准，多学科关于倾听研究的相关成果的存在是教学倾听研究的现实路径和方法。二者作为外在的条件共同催生出对教学倾听的新理解与新建构。

1. 对本真教学的理解

从目的上看，本真教学应该是"以人为本"的。人是一切教学活动的出发点和最终落脚点，教学要承认这一基本命题并围绕着这一基本命题展开，否则就极易造成南辕北辙的现象。"以人为本"的教学将人视为一个整体性的存在，是神性与人性、理性与非理性、自然性与社会性、善性与恶性、建设性与破坏性的统一整体。"以人为本"中的人是独特而又具体的个体存在。这种独特和具体不仅仅是生理学意义上的，更是指社会学和教育学意义上的。"以人为本"中的人是与教学环境相互建构的，在建构中不断生成与变化。如果教学中没有考虑到人的这些特性，割裂人的整体生命，忽视人的独特具体性，否认与环境的交互性，那么，就极易把人当作工具，教学也就变为"目中无人"的教学。这种"目中无人的教育不是真正的教育"，[①] 它撕裂了人的生命整体性，摧残了人的智慧生命，压抑了人的求知创新，诋毁了人的求善意向，扼杀了人的生命活力，也根本不可能培养出真正的人。

从方式上看，本真教学应该用"教化精神"促进人的发展。教

---

① 刘德华：《让教育焕发出生命的价值》，广西师范大学出版社 2003 年版，代前言第 3 页。

化并非驯化与奴化，也非教养，它强调在尊重个人的前提下采用自然的方式促使人的精神处于不断的成长、发展和自我形成的过程中，促使精神培育和精神的自我创造相结合，进而使得我们在追寻存在的可能性中发展成为一个全新的现实的自我，"成就我们每个人的自我……把我们引入到可能的生活中，让我们自由地、自然地实现着自我的优秀和卓越"，① 它通过消除那些强加于个人身上的阻碍自我的反理性、反德性的东西，使得个人得以充分展现精神的可能性和丰富性。由此可见，教化精神重在促进人的发展尤其是人的"精神的自由成长"，这要求教学活动既注重知识和技能的获得，也注重对终极价值的追问；既在意教学的"善"的目的，更在意"以善至善"。尤其是后者"以善至善"，它"高扬生命价值与尊严的人性假设是一切本真教育的前提和起点，"② 也是最不能被我们忽略掉的。用"教化精神"促进人的发展要求教学在观照表面性的工具价值的同时指向深层的本体价值，要在尊重学习者的差异化、个性化的基础上，促进并发展学习者的差异化和个性化。可以说，教化精神是本真教学的精魂所在。

从内容上看，本真教学应回归人的生活世界。面对现代社会中价值理性日渐式微、工具理性日益膨胀以及人生与具体生活分裂等情况，胡塞尔提出了"生活世界"这个概念。在他眼中，生活世界是建立在日常交往基础上由存在的主体与主体之间所结成的；是保持着人生目的、意义和价值的丰富生动的世界；是人生活于其中、与他人发生相互联系、和他人内在统一的世界。③ 教学与生活有着密切的联系。当今，教学中存在着各种异化与偏离生活的现象，呼唤并迫切要求教学回归到生活世界，用生活的意义和价值引导教学世界的行走。

总之，以人为目的、以教化精神为方式、以生活世界为依托的本真教学使得教学成为促进师生生命发展和生命价值实现的活动，成为

---

① 金生鈜：《规训与教化》，教育科学出版社 2004 年版，第 8 页。
② 刘万海：《以善至善：教学道德性论题的儒学启示》，《全球教育展望》2011 年第 3 期。
③ 孟献华、李广洲：《教学世界对生活世界的观照——兼论"教学回归生活世界"》，《教育理论与实践》2011 年第 5 期。

教会师生体验幸福和创造幸福的活动，成为合乎目的、德性与创造性的生活活动。本真教学是包括教学倾听在内的一切教学行为、理念和形态的圭臬与永远的追求。

2. 多学科关于倾听研究成果的启发

"倾听"是个意蕴丰富的词语，在诸如传播学、生理学、哲学、社会学、心理咨询等众多领域中，倾听都作为一个关键词引起研究者的重视，研究成果也颇为丰硕。这些学科关于倾听的研究成果对理解教学倾听有一定的帮助。这里尤为值得一提的是哲学对教学倾听研究的适切性及启示。

哲学在其现实性上是具体时代文化生态中的一种文化样式，它最大程度地渗透、凝聚和浓缩着文化的精神，负载着文化的精神，对人文社会学科研究起到引领的作用。杜威深刻地意识到哲学与教育学之间的内在亲缘性，他在《从绝对主义到实验主义》一书中说道："任何有理性的人都能想到，哲学研究可能集中在作为人类最高利益的教育上。"① 从哲学的发展趋向去探寻教育学的危机与新生不仅可能而且必要。在倾听的认识上，不仅中国传统文化中存在着丰富的资源，形成独特的倾听哲学，而且西方文化尤其是当代以解释学为发展方向的西方哲学亦是对倾听独有偏好。解释学是当今哲学研究的前沿与主流，它是有关理解的理论。随着解释学的发展，解释的范围从"理解另一个人的书面语言"扩大到包括了人与人之间用符号媒介进行的一切交流和相互作用，解释由此具有普遍的重要性。且不说解释学的经典《真理与方法》等巨著的影响力，仅以肖恩·加拉格尔（Shaun Gallagher）的《解释学与教育》为例，该书的观点不仅适切于解释学理论与教育理论，而且在诸如音乐理论、护理、艺术和建筑、精神治疗、新闻学、工程学和设计、心理咨询与戒毒、老年学甚至园艺学等其他学术领域也产生了一定的影响。② 如此之多的方面和研究领域强有力地说明了解释学的普遍重要性的特点。在倾听研究方面，解释学

---

① ［美］杜威：《从绝对主义到实验主义》，载《杜威传》，单中惠译，安徽教育出版社 1987 年版，第 66—67 页。

② ［美］肖恩·加拉格尔：《解释学与教育》，张光陆译，华东师范大学出版社 2009 年版，中译本前言第 1 页。

的贡献也尤为突出。西方文化传统"由视至听"的转变意味着听觉价值在当代已经取得应有的重视与地位。以海德格尔、伽达默尔为代表的哲学家对于倾听的作为人的存在方式、倾听与理解的关系等有关倾听的本体阐释、对于"理解"的解释理论等都为教学倾听研究奠定了坚实的基础。美国学者 Michael Purdy 的著作《哲学解释学对倾听研究的贡献》更是明确地指出哲学解释学与倾听研究之间的关系。① 这些相关成果的出现为我们借由哲学来反思我们"熟知"但并非"真知"的教学倾听提供了研究的现实路径和方法。用"倾听哲学"的认识加以其他学科的研究成果审视与重新解读并建构"倾听着"的课堂教学,试图赋予教学倾听与本真教学的契合,可以摆脱以往的尴尬境遇,达到一个新的理解和操作的高度。

二 国内外相关研究述评

"倾听"是一个人们熟悉的概念,在有关人际沟通的诸多领域以及哲学当中都有所研究。前已论及,这些学科领域可以为教学倾听的研究提供诸多启示和思考。因此,我们的综述是从相关领域和教育领域两个维度展开的,试图全面展示倾听研究的立体图景。

(一) 相关领域中的倾听研究

1. 生理学有关倾听的研究

在生理学上,对倾听的关注主要集中在倾听的过程上。澳大利亚学者斯皮卡利特用 34 种不同的试验对墨尔本当地学校近 500 名六年级学生进行了倾听感觉测试,发现与记忆能力、听觉抵抗力、推理论证能力、集中注意力的能力、语言理解能力等能力相比,倾听"完全是一种独立于阅读、记忆以及其他智力活动的人类行为,尽管它们之间互相依赖"。② 沃尔文和科克利构建了倾听结构理论和倾听过程

---

① Michael Purdy, *Contributions of Philosophical Hermeneutics to Listening Research*, www. eric. ed. gov, Jan. 1, 1986.

② [美] 安德鲁·D. 沃尔文, [美] 卡罗琳·格温·科克利, [中] 吴红雨:《倾听的艺术》,复旦大学出版社 2010 年第 5 版,第 44—58 页。

模型,① 该模型显示,倾听是由各种刺激和上下分离的倾听椎体、反馈椎体组成的。倾听行为中的刺激有听觉刺激和视觉刺激,这些刺激是倾听的触发器。这个模型还显示,倾听行为包含接收、注意和解读意义三个部分。

倾听的生理学研究告诉我们,倾听与听见不同,当声音刺激我们的耳鼓膜产生振动并将振动传向大脑时,这是听见。当我们的大脑将传递过来的刺激转化为相应的意思,这时候才涉及倾听。也就是说,听见是倾听过程的一个自动的、物理的成分,倾听则是一个积极主动的选择、注意与意义解读的过程。另外,生理学的研究还使我们明白,倾听中所受的刺激不仅仅包括听觉刺激,还包括视觉刺激。这些研究成果丰富了我们对倾听的理解。

2. 人际交往与传播领域中有关倾听的研究

在人际交往与传播领域,倾听被当作与言说同等重要的沟通方式之一,对沟通效果起着举足轻重的作用,甚至许多人认为倾听比言说更为重要。这样的体悟并不是一时兴起、人云亦云的结果,而是实践中经验和教训的反馈使得人们意识到人际交往和传播领域中倾听的缺失会造成交流与沟通的不顺畅、不完整,乃至于不成功。关于倾听的研究主要集中在倾听的意义、蹩脚倾听问题以及不同场合的不同倾听。如戴尔·卡耐基所著的《赢在影响力:人际交往的学问》分析、论证了倾听的重要意义以及如何去倾听,并要求人们做一个出色的倾听者,鼓励他人谈论他们自己。② 斯通和佩顿在《哈佛沟通书》中提出了用心倾听就是学习,倾听可以改变对话;倾听他人,让他人倾听自己;忘掉字面的意义,找出真理;倾听时要注意心里的声音,掌握内在的声音等观点。③ 还有一些著作根据不同的场合、不同的关系、不同的交际目的对如何倾听进行了有针

---

① [美]安德鲁·D. 沃尔文,[美]卡罗琳·格温·科克利,[中]吴红雨:《倾听的艺术》,复旦大学出版社 2010 年第 5 版,第 44—58 页。

② [美]戴尔·卡耐基(Dale Carnegie):《赢在影响力:人际交往的学问》,韩卉译,机械工业出版社 2003 年版。

③ [美]道格拉斯·斯通、布鲁斯·佩顿、希拉·汉:《哈佛沟通书》,张立芬译,中国友谊出版公司 2005 年版。

对性的、具体的阐释。①

关于倾听的技巧、分类在人际交往与沟通中也有很多的研究。如伊恩·麦凯所著的《倾听技能》从"找出倾听的绊脚石""关注讲话者所谈论的主题""聆听话语中的真实内涵""提出正确的问题"等方面，阐明有效倾听的重要性、探究倾听经常被忽视的根源，并通过技巧和活动教会学习者如何倾听。② 刘婷婷所著的《赢得信任的倾听术》从 LISTEN（听）这个单词入手，透过分析推理、归纳总结，并结合现实生活中有代表性的例子，从六个方面指导在事业和生活中如何去正确地倾听。③ 美国洛克赫文大学教授桑德拉·黑贝尔斯博士和美国博林格林州立大学教授理查德·威沃尔二世合著的《有效沟通》是当今美国的沟通方面的畅销书，已再版七次。④ 在这本书中，作者探讨了倾听在人一生发展中的重要性，详述了倾听过程的各个部分，解释了导致蹩脚倾听的问题，将倾听分为获取信息式、批判式、情感移入式、享受式四种类型，提出了如何提高各种形式倾听的技巧。另外，美国马里兰大学传播学院教授、普渡大学传播学博士安德鲁·D. 沃尔文主要研究领域为倾听行为，他融合了传播学、听力学、神经学、心理学、教育学和社会学的诸多知识所著的《倾听的艺术》一书主要阐述了有效倾听的重要性及作为沟通行为的倾听的复杂性；以分类学（辨别性、礼节性、治疗性、批评性和欣赏性）为基础，介绍了如何提高有效倾听的各种技巧；把对倾听的理解和倾听技巧引入传播的各种情景中。⑤ 该书从多个角度为我们展示了倾听的复杂过程，并强调了一个我们

---

① ［美］麦克·P. 尼可斯：《倾听让关系更美好》，邱珍琬译，译林出版社 2011 年版。［美］米尔顿·赖特：《倾听和让人倾听：人际交往中的有效沟通心理学》，周智文译，新世界出版社 2009 年版。［美］马修·麦凯：《沟通的艺术》，严霄霏译，北京师范大学出版社 2009 年版。

② ［英］伊恩·麦凯：《倾听技能》，周志平译，上海人民出版社 2006 年版。

③ 刘婷婷（台湾）：《赢得信任的倾听术》，安徽文艺出版社 2009 年版。

④ ［美］桑德拉·黑贝尔斯、查德·威沃尔二世：《有效沟通》，李业昆译，华夏出版社 2005 年第 7 版。

⑤ ［美］安德鲁·D. 沃尔文，［美］卡罗琳·格温·科克利，［中］吴红雨：《倾听的艺术》，复旦大学出版社 2010 年第 5 版。

易忽视的理念，即倾听是一种主动积极的行为，它要承担沟通过程中的很多责任，这样的责任需要倾听者投入到积极的、动态的、互动的沟通过程中，同时要善于运用各种倾听技巧从而达到理想的倾听效果。

人际交往与传播领域中有关倾听的研究尤其是倾听技巧的研究给我们许多启示，这些成果也使我们意识到倾听与沟通者之间的关系、与沟通的目的是密不可分的，它们从沟通和传播的视角为教学倾听研究提供了宝贵的借鉴价值。

3. 心理咨询与治疗中有关倾听的研究

心理咨询与治疗是一种特殊的人际交往，在这个领域中，对倾听的研究主要集中在它的价值意义与倾听技术策略等方面。许多有关心理咨询和治疗的经典的专业书籍都会重笔浓墨地为倾听的价值与技术等专辟章节。比较一致的看法是，倾听对于心理咨询与治疗具有非常重要的价值和意义，它是咨询师展开工作的首要步骤，恰当使用一定的倾听技术、掌握一定的倾听策略是心理咨询成功的重要保证。心理咨询中的倾听通常涵括四个方面：观察和觉察来访者的非语言行为；倾听和理解来访者的语言信息；联系其所生活的社会环境，对整个人进行倾听；注意倾听来访者歪曲现实的局部经验。[①] 心理咨询中尤为重视倾听的技术，并有一套诸如探寻、鼓励、澄清、释义、情感反映、概述等具有明显操作流程的倾听技术。[②] 这些研究使我们对倾听的认识从单纯的生理层面上升到技术层面，关注点转移到倾听的价值意义以及提高倾听效果和品质的方法上，这是倾听研究的重要转向。

另外，在对心理咨询与治疗中的倾听进行研究时，有个特别现象引起了我们的注意：在面对同一治疗者的同一倾诉的时候，不同学派的治疗师往往会对治疗者的症状产生不同的理解，形成不同的治疗效果，这明显与倾听到的内容、倾听的技术、技巧相关性不高。出现这种情况的主要原因在于"不同的治疗师看待被治疗者的言语行为本身

---

① ［美］吉拉德·伊根：《高明的心理助人者》，郑维廉译，上海教育出版社 1999 年版。

② 江光荣：《心理咨询的理论与实务》，高等教育出版社 2005 年版。

不同，而如何看待被治疗者的言语行为又直接决定着治疗师企图在对方言语中倾听到的内容"①。因此，有研究者认为在心理咨询与治疗中并不存在纯粹的倾听与言说技术，任何一种听、说方式都建立在不同学派对症状不同工作假设的理论背景之下，"在具体治疗实践过程中，治疗师从被治疗者言说中试图倾听什么，是远比一般心理咨询指导手册中所提出的治疗师必须'耐心、关注'这样的倾听态度更为重要的问题。"② 这种现象告诉我们，倾听的技术技巧与态度虽然很重要，但是属于工具性质的使用，起根本作用的是对倾听目的的认识，它决定了我们试图倾听到什么。

4. 哲学中有关倾听的研究

哲学是一切科学之母，哲学研究的动态与成果往往能够为其他学科带来新鲜的气息。"听"与"视"（或看、观）是哲学研究的重要内容之一，关于二者的地位与认识，中西方传统哲学呈现出不同的特点。杜维明认为中国传统哲学一向注重"耳"的观念和"听"的艺术。③ 中山大学哲学系张丰乾以"圣"和"智"为线索，分析了中国传统哲学文献尤其是 1993 年出土的文献（如郭店竹简、简帛《五行》等）中的"听"和"见而知之""闻而知之""以心听与以神听""圣智五义"等，认为中国传统哲学对倾听是极为重视的。④ 李景林在分析中国儒家"闻而知之者圣"这个命题的形而上学意蕴时更进一步指出，中国传统哲学强调倾听的优先性和基础地位，主张"闻知与见知""圣与智"的融合，体现了"以听涵视""藉听至真"的特点。⑤

在西方实体本体论哲学发展史上，与"听"相对的"视"曾占有重要的地位，在那里，"观"的思维方式与实体主义的思维方式内

① 张晶燕：《心理治疗中的言说与倾听》，《四川大学学报》（哲学社会科学版）2000 年第4 期。

② 同上。

③ 杜维明：《听的艺术，听觉功夫》，载杜维明《一阳来复》，上海文艺出版社 1997年版，第 409—413 页。

④ 张丰乾：《竹简〈文子〉探微》，博士学位论文，中国社会科学院，2004 年。

⑤ 李景林：《教化的哲学——儒家思想的一种新诠释》，黑龙江人民出版社 2006 年版，第163 页。

在相通：世界是作为主体的人"观看"的客体，"观"世界的结果是
"实体"。可以说，肇始于古希腊的西方哲学传统就是"看"（视觉）
的"智慧"传统。① 到了当代，海德格尔认为与"看"的"智慧"
相对应的还有"听"的"智慧"，并构建了以"思"与"听"为核
心的、包含了生存论意味的哲学。在这里"倾听以人和世界万物的和
谐统一为前提，倾听的接受是全面的，倾听中的人处在与天地神人的
共在和交流之中，倾听中的人的精神不是实体，但却与人一起存
在。"② 叶秀山认为"倾听"这层意思的开发，对于西方哲学传统来
说，意义重大。人们认识到，我们眼前的事物，都有它的"过去"
和"未来"。③ 伽达默尔则在解释学视域中对倾听思想进行了重新的
解读和诠释，建立了"倾听哲学"④。他认为理解事物就是倾听事物
所说的语言，理解与倾听是一体两面的，倾听指向的声音蕴含着丰富
的多向度意蕴，在此基础上，伽达默尔还阐明了真正倾听的态度和方
法。⑤ 成中英教授认为伽达默尔的倾听哲学"显示了哲学解释学以听的
活动作为认知和理解的主要途径"。⑥ 美国西北大学哲学系教授大卫·
米希尔·列文（David Michael Levin）在其专著《倾听着的自我——个
人成长、社会变迁与形而上学的终结》一书中证明了听是一种拥有解
放、自我实现和自我发展的潜在能力，他认为这种潜能的实现、发展
和完美就是一种关心自我的实践。倾听不仅是一种个人的存在，而且
是一种社会的存在，听的能力的发展可以改变交往的过程，有利于理
性的普遍运用和意志形成的政治过程，因而可以引起社会的变迁。列
文还提出了他称之为"道的方式的听的方式"，认为这种方式对生活

---

① 罗嘉昌等主编：《场与有——中外哲学的比较与融通（五）》，中国社会科学出版社
1998 年版，第 15 页。

② 王瑾：《从注视到倾听——关于西方哲学演变的一个思考》，《学术月刊》1998 年
第 3 期。

③ 叶秀山：《论"事物"与"自己"》，载罗嘉昌等主编《场与有——中外哲学的比
较与融通（五）》，中国社会科学出版社 1998 年版，第 16—17 页。

④ ［德］伽达默尔：《论倾听》，载成中英《本体诠释学》（第二辑），北京大学出版
社 2002 年版，第 15—23 页。

⑤ ［德］伽达默尔：《真理与方法——哲学诠释学的基本特征》，洪汉鼎译，上海译文出
版社 1999 年版，第 591 页。

⑥ 成中英：《本体诠释学》，北京大学出版社 2002 年版，序第 1 页。

在地球上的生物来说是一种较好的生活方式之一。[①] 意大利哲学家菲乌马拉（Gemma Corradi Fiumara）所著的《语言的另一面：倾听哲学》[②]（*The Other Side of Language：A Philosophy of Listening*），从对逻各斯的全面理解、西方文化中"逻各斯中心"倾向入手，探讨了提问传统中的倾听哲学、倾听的力量、对话的相互作用和倾听、内部倾听、助产术式倾听、倾听的途径等问题，使我们的关注点从言说转移到倾听这个潜隐的、被忽略的领域。

总而论之，西方哲学对倾听价值认识的转变、对倾听的解读以及倾听与社会发展关系等的论述使我们对倾听有了更高层次的理解。

（二）教育领域中的倾听研究

1. 国内研究

在我国，"倾听"观念于 20 世纪后期被引入到教育教学领域并随着基础教育课程改革的深入发展得到人们普遍的接受。在中国期刊全文数据库（1979—2012）以"倾听"为篇名进行查找，检索到 441条，剔除掉"倾听"日常语言意义上使用的文章（如"倾听读者心声，欢迎发表意见；倾听荒野之声，传递绿色梦想——记……，倾听贫困生……），与教育教学相关的约为 250 篇。这些文章时间分布情况为：1979 年至 1996 年 0 篇，1997 年至 2002 年六年间共计十余篇，2003 年至 2008 年每年在 20 篇左右，2009 年至 2012 年每年在 30 篇左右。可见对倾听的研究已经引起了人们的重视，并呈现快速增长的势头。在学位论文方面，以"倾听"为题目检索中国博、硕士学位论文全文数据库，检索结果相关的 6 篇。[③] 这些博硕士论文有些被作

---

① ［美］大卫·米希尔·列文：《倾听着的自我——个人成长、社会变迁与形而上学的终结》，程志民等译，陕西人民教育出版社 1997 年版。

② Gemma Corradi Fiumara, *The Other Side of Language：A Philosophy of Listening*, London：Routledge，1990.

③ 这些论文以时间为序依次为：罗秋明：《"言说"与"倾听"——课堂教学中的教育价值研究》，硕士学位论文，湖南师范大学，2003 年；曹莉：《幼儿园教育活动中教师倾听的价值与特点研究》，硕士学位论文，东北师范大学，2006 年；史金榜：《教学倾听艺术》，硕士学位论文，曲阜师范大学，2008 年；刘彦霞：《小学低年级学生倾听能力培养的实验研究》，硕士学位论文，内蒙古师范大学，2011 年；周杰：《倾听教学研究》，博士学位论文，华东师范大学，2012 年。

者拆解为不同的部分发表在期刊杂志上，与中国期刊网上的论文检索有重合之处。在著作方面，并无专门的教育教学倾听方面的专著，只是在有关对话与教育沟通的著作中作为一部分被提起。① 综观这些研究成果，大多是以教师为倾听主体进行探讨的，并没有严格的教育倾听、教学倾听之分。由于研究的视角与定位不同，在这些成果中，倾听呈现出不同的面貌，比较典型的观点是将倾听视为教学艺术之一、教师教学基本功之一、被忽视的教学能力之一、师生沟通的有效方式之一、重要的学习方式之一、教师教学必备的素质之一等。② 还有的学者将倾听与教学、与言说、与对话相联系，甚至从其隐喻层面进行探讨。③ 按照主题，这些研究又可以细分为以下几个方面。

（1）对倾听价值的初步认识与呼吁

一些研究者总结实践中成功的经验和失败的教训，意识到倾听无论在师生交往中还是在课堂教学中都有重要的作用，进而呼吁人们重视教育教学中的倾听，有意识发挥倾听的作用，并对倾听的具体价值进行了初步的探讨，认为其价值体现在主体的凸显、互动的加强、情感的交流、德行的升华、心灵的沟通等方面。④ 还有学者从哲学和教育学的视角出发，认为倾听的教育价值体现在本体论价值、道德价值、交往价值、疗治价值、审美价值和知识价值等方面。在此基础

---

① 屠荣生、唐思群：《师生沟通的艺术》，教育科学出版社2007年版；邵亮，杨来喜：《小学课堂教学微观技术丛书：反馈》，上海教育出版社2004年版。

② 相关文章分别为：冯新芝：《倾听——教师教学的一门艺术》，《现代教育科学》2003年第5期；李如密、宋立华：《课堂教学倾听艺术探微》，《课程·教材·教法》2009年第11期；刘永吉：《倾听——新型教师的基本功》，《人民教育》2003年第22期；魏汉明：《倾听——一种容易被忽视的教学能力》，《课程教材教学研究（中教研究）》2005年第26期；张金福：《倾听——师生沟通的有效方式》，《当代教育科学》2007年第16期；汤卫红：《教学倾听能力发展策略研究》，《江苏教育》2010年第4期；王庆明、涂红霞：《倾听——教师教学必备素质》，《中国教育学刊》2008年第12期。

③ 相关的文章有：杨钦芬：《教学即倾听——意蕴与可能》，《教育理论与实践》2008年第12期；成尚荣：《倾听——教育的另一种言说》，《人民教育》2004年第24期；张光陆：《对话教学中的教师倾听》，《全球教育展望》2011年第10期；王海英：《"凝视"与"倾听"——感官社会学视野下的师生观》，《教育理论与实践》2005年第11期；宋立华、李如密：《教师的言说与倾听——超越博弈，走向共生》，《全球教育展望》2011年第12期。

④ 罗秋明：《"倾听"与"言说"——课堂教学中的教育价值研究》，硕士学位论文，湖南师范大学，2003年。

上，学者们从各自的经验和假设出发，探讨了实现倾听的教育价值的途径，这些途径比较典型的有构建教育过程中的"主体间性"、和学生建立友好关系、注重学生精神世界的构建；① 反思前见、对前见和话语保持警惕、学会换位思考、倾心投入与积极参与；② 敞亮教育生活世界的"我在性"、建构民主自由的课堂文化、教师角色的自我确认等。③

（2）对倾听过程中存在的问题及其原因的分析

这部分研究因为与教育教学实践关系紧密联系的缘故，成果较多。有学者将教师倾听中存在的问题概括为失聪和泛化两种情况。前者表现为病态的倾听、虚假的倾听、错误的倾听，后者表现为教师倾听但不给予任何反馈、错将跑题理解为生成等。并将这些问题归因为读图时代重视视觉文化弱化了教师的倾听能力、传统教学观念阻碍了教师倾听学生、教学实践中以"教"为中心影响了教师倾听学生等。④ 也有学者认为教师倾听中存在的问题主要表现为以自我为中心进行说教和训话，表面关注、虚假倾听，打断话语、过早指导、不健全倾听和错听四个方面，这些问题是主客体二元论对教育造成的诸多不良后果，是由对技术的过分依赖和沉迷，社会文化制度、教育制度以及倾听技巧的缺失，传统教育的知识中心主义的统治等原因造成的。⑤ 还有学者注意到了在新课程改革提倡合作学习的背景下英语合作学习中的学生之间相互倾听中断的现象，认为是由学生对课程内容缺乏兴趣、对人际交往技能缺乏了解、上课时不专心、英语能力偏低等原因造成的。⑥ 除此之外，许多一线教师根据自己的教学体会分学

---

① 海莺：《"理想的说话者"与"理想的倾听者"——教师职责之检讨》，《天津市教科院学报》2002 年第 10 期。

② 张光陆：《对话教学中的教师倾听》，《全球教育展望》2011 年第 10 期。

③ 罗秋明：《"倾听"与"言说"——课堂教学中的教育价值研究》，硕士学位论文，湖南师范大学，2003 年。

④ 陈彩萍、李如密：《课堂教学倾听的常见误区及归因分析》，《江苏教育研究》2012年第 1A 期。

⑤ 李政涛：《倾听着的教育——论教师对学生的倾听》，《教育科学》2001 年第 11 期。

⑥ 霍海洪：《合作学习中学生倾听现象研究》，《山东师范大学外国语学院学报》2003年第 1 期。

科、学段探讨教师或教学中倾听过程中出现的问题和原因。

（3）对倾听态度、技巧及策略等的探讨

提高倾听的效果是许多人的追求，大部分学者认为，倾听效果与倾听意识、态度、技巧、策略等有关。因此，关于端正倾听态度、提升倾听技巧的劝诫、方法探讨得较多。在这方面，有学者认为教师要有倾听意识，倾听时要专注，适时点拨；[①] 有学者认为教师做到真诚倾听的必要条件是淡化权威意识，创造民主和谐的教学氛围；展开师生、生生对话，给学生创造展示和表达的机会；热情鼓励、保护学生表达的热情；[②] 还有学者提出了教师应具备的诸如接纳和平等、专注和警觉、鉴赏和学习、执着和冷静、参与和体验等具体的倾听态度。[③]

（4）以倾听为核心的教育教学体系的构建

张华教授在批判把教师的讲授置于教育核心地位的"讲授"教育学的基础上，构建了把教师的倾听以及师生间、生生间的相互倾听置于教育核心地位的"倾听教育学"。[④] 他认为倾听教育学在价值论上以培养把德性与创造性融为一体的自由人格为教育目的；在知识论上，把教育过程视为合作创造知识的过程；在方法论上，把倾听、描述、解释、行动四种要素融为一体。周杰以"倾听"为核心词，在解析倾听精神与教学真谛相契合的前提下，构建了包括目的观、过程观、评价观、师生观为一体的倾听教学体系[⑤]。也有学者认为倾听教育就是关于倾听的教育、以学会听为目的的教育，具体来说，就是在课堂、课外等情境中，通过一定的学校行为使全体人员学会倾听、善于倾听、乐于倾听并优化教学效益、促进生命成长的一种教育理念和教育方法。[⑥]

2. 国外研究

在国外，伴随着"由视至听"的哲学转向以及对教育教学实践的

---

① 张杰：《教师要善于倾听》，《通化师范学院学报》2004 年第 5 期。

② 冯新芝：《倾听——教师教学的一门艺术》，《现代教育科学》2003 年第 5 期。

③ 李政涛：《倾听着的教育——论教师对学生的倾听》，《教育科学》2001 年第 11 期。

④ 张华：《走向倾听教育学》，《全球教育展望》2010 年第 10 期。

⑤ 周杰：《倾听教学研究》，博士学位论文，华东师范大学，2012 年。

⑥ 冯卫东：《教育，有必要从倾听开始》，《江苏教育》（管理版）2010 年第 1 期；冯卫东：《倾听教育——培养一双道德的耳朵》，《福建教育》（小学版）2010 年第 4 期。

切身体会，许多学者逐渐注意到了倾听的独特价值和作用，形成了系统的研究并在实践中得以实行。

（1）对倾听在教育教学中作用的基本认识与探讨

对倾听在教育中的作用学者们早就有所认识并通过不同的词汇表达了这种认识。杜威曾用"视觉是个旁观者，而听觉则是一个参与者"这一说法道出了自己对倾听的参与特性的认识；[①] 苏霍姆林斯基则强调教师在课堂上讲解教材时要"观察每一个学生怎样工作，某些学生在感知、思维、识记方面遇到哪些障碍"，[②] 这种对学生的观察、关注实质就是用心倾听学生的反应；罗杰斯的"以学生为中心"的非指导性教学虽未直接提到倾听在其中的作用，但是他曾明确指出倾听与学习、倾听与生活的密切关联："在对于自然之音的倾听中，在对于音乐之声的倾听中，以及在对于他人言说的倾听中，我们不断学习与成长，我们也帮助他人学习与成长，并且认识到闻听是宝贵的，为我们所欣然接受的天赋。"[③] 在此基础上，罗杰斯强调我们要"发展倾听技艺，学习集中听力的方法，改变所习惯的强加于听觉情境之中的结构的方法"，这样才能够"使世界更幸福，使世界成为我们所居住的更美丽的地方"。[④] 从这些论述中，我们可以看出罗杰斯对于倾听的重视，而且倾听中所蕴含的关注、尊重等思想也与他的非指导性教学的精髓一脉相通。[⑤] 美国学者纳卡穆拉（Raymond M. Nakamura）认为教师要想通过健康交流的方式与学生建立积极融洽的人际关系，不仅要能将思想和感觉沟通得很好，还要对倾听艺术掌握得很好。他认为学生需要理解，倾听学生意味着体现接纳和重视，要倾听学生的声音并允许他们有属于自己的感受。教师在教学中要掌握倾听的各种技巧尤其是反应式倾听的

[①] 路文彬：《视觉时代的听觉细语——20世纪中国文学伦理问题研究》，安徽教育出版社2007年版，第42页。

[②] ［苏］瓦·阿·苏霍姆林斯基：《给教师的建议》，杜殿坤编译，教育科学出版社1980年版，第213页。

[③] ［美］大卫·米希尔·列文：《倾听着的自我——个人成长、社会变迁与形而上学的终结》，程志民等译，陕西人民教育出版社1997年版，第48页。

[④] 同上。

[⑤] 同上。

技巧。① 穆尔（Moore，Kenneth D.）则将教学交流过程中的倾听划分为听见、注意、理解和记忆四个步骤，认为有效学习离不开这四个步骤的熟练，为此，教师和学生必须克服一些坏习惯，需要提高倾听的技能，并且精通于各种类型的倾听。②

（2）对教育倾听哲学的探讨

在美国教育研究中，与言说相比，倾听也曾是一个被忽视的研究领域。这种状况直至 21 世纪初才有所好转，出现了一批对此进行关注的专家学者。美国西北大学教育与社会政策学院教授 Sophie Horoutunian-Gordon 和哥伦比亚大学教师学院教授 Megan J. laverty 认为③，这些学者主要有伊利诺伊大学的 Nicholas Burbules（博布勒斯），美国西北大学教育与社会政策学院教授 Sophie Horoutunian-Gordon，堪萨斯州立大学课程与教学系教授 Suzanne Rice，坦普尔大学教育领导与政策研究所教授 Leonard J. Waks，弗吉尼亚理工大学教授 Jim Garrison，昆尼皮亚克大学教育学校教授 Mordechai Gordon，哥伦比亚大学教师学院教授 Megan J. laverty，圣文森特山大学教育学院教授 Andrea English，罗斯福大学教授 Elizabeth Meadows，华盛顿大学教授 Walter Parker，宾西法尼亚大学教授 Kathy Schultz 和 Stanton Wortham 等。他们的关注主要集中在教育倾听哲学以及其他方面。2011 年，美国《教育理论》（Educational Theory）杂志以主题专刊的形式刊发 Sophie Horoutunian-Gordon、Suzanne Rice、Leonard J. Waks、Mordechai Gordon、Megan J. laverty、Andrea English 等人的文章。他们从倾听的目的、倾听的实质、倾听者的作用以及倾听者与言说者的关系四个方面分别对亚里士多德、柏拉图、卢梭、赫尔巴特、杜威、布伯等教育家的教育倾听思想与实践进行深入的研究。④ 这是对教育倾听历史的追溯，它

---

① ［美］纳卡穆拉：《健康课堂管理：激发、交流和纪律》，王建平等译，中国轻工业出版社 2002 年版。

② ［美］穆尔：《中学教学方法》，陈晓霞、李剑鲁译，中国轻工业出版社 2005 年版。

③ Sophie Horoutunian-Gordon，"Listening：An Exploration of Philosophical Traditions"，*Educational Theory*，Vol. 61，No. 2，2011，pp. 117 – 123.

④ Sophie Horoutunian-Gordon，"Listening：An Exploration of Philosophical Traditions"，*Educational Theory*，Vol. 61，No. 5，2011，pp. 117 – 123. Jim Garrison，"A Deweyan Theory of Democratic Listening"，*Educational Theory*，Vol. 46，No. 4，1996，pp. 429 – 451.

使我们认识到教育倾听思想与实践的历史脉络。与此同时，哲学解释学对倾听研究的兴趣也日益浓厚。如美国学者 Michael Purdy 的《解释学对倾听研究的贡献》①、John Stewart 的《倾听：从移情到解释》②分别用解释学的理解、游戏、前见等理论去理解倾听的特殊性。在这里，倾听从心理事件变为交流事件，强调倾听过程中的双向、生成及意义的流动。

除此之外，学者们也关注了"倾听对教师的挑战"。美国《教师教育大学记录》杂志（Teachers college record）2010 年以专刊的形式对此专题进行了发表。众多研究者认为倾听在教与学中的研究中长期被忽视，而且忽视的程度令人吃惊。教师面临的倾听挑战主要有：良好倾听的一般挑战，移情、同情与敬畏倾听的挑战，民主倾听的挑战，倾听沉默的挑战，在嘈杂中教师分散注意力的挑战五个方面，并从亚里士多德德性的角度对教育中的倾听进行了分析。③ 这些研究成果从纵向和横向上加深了我们对倾听的认识和理解。

（3）以倾听为核心的教育教学实践探索

将倾听的重要价值和作用进行实践探索比较典型的有三个。一是日本学者佐藤学，他认为"倾听这一行为，是让学习成为学习的最重要的行为"，我们应该追求的不是"发言热闹的教室"，而是"用心地相互倾听的教室"，在这样的课堂中，"教师以慎重的、礼貌的、倾听的姿态面对每一个学生，倾听他们有声的和无声的语言"，让"相互倾听"成为教学中的常态。④ 为此，佐藤学在自己的著作中宣传这种观点并在日本学校中就课堂教学中倾听的诸多问题进行实践阐释。⑤ 二是美

---

① Michael Purdy, *Contributions of Philosophical Hermeneutics to Listening Research*, www. eric. ed. gov, Jan 1, 1986.

② John Stewart, "Interpretive Listening: An Alternative to Empathy", *Communication Education*, volume32, 1983, pp. 379 – 391.

③ 详见 *Teachers College Record*, Vol. 112, No. 11, 2010.

④ ［日］佐藤学：《静悄悄的革命：创造活动、合作、反思的综合学习课程》，李季湄译，长春出版社2003年版，第72—73页。

⑤ 相关内容可以参考下列著作：［日］佐藤学：《教师的挑战：宁静的课堂革命》，钟启泉、陈静静译，华东师范大学出版社2012年版，第6页。［日］佐藤学：《静悄悄的革命：创造活动、合作、反思的综合学习课程》，李季湄译，长春出版社2003年版，第22页。

国学者达克沃斯（Eleanor Duckworth），她明确表达"教学即倾听"的观点并在自己的教学中对这种思想进行了实践阐释与探索。她说"教学就是去倾听学习者，并让学习者告诉我们他们的思想"。她认为倾听学习者具有使其他人（教师和其他学生）了解言说者心中所想、使言说者在言说自己观点的同时促进思想变得更加倾听、鼓励认知对待自己的观念等三个主要目的。在达克沃斯的著作《多多益善——倾听学习者解释》和《精彩观念的诞生——达克沃斯教学论文集》中，我们可以清晰地看到"教学即倾听"的思想在具体教学实践中的应用。① 三是瑞吉欧学前教育模式中的倾听实践探索。瑞吉欧教育作为 20 世纪世界上最有影响力的幼儿教育模式，其重要教育理念就是"教师是幼儿的倾听者"，他们认为教师角色的核心就是关注幼儿并以行动来倾听他们的声音。所以他们强调并践行教师通过倾听来了解幼儿的需要进而去调整或修改预定的课程计划。瑞吉欧人挖掘倾听的人文意蕴，认为倾听幼儿就是尊重幼儿，就是对幼儿的关注，就是对幼儿及幼儿意见敞开心扉的最好方式。② 鉴于实践中的巨大成就，有学者对瑞吉欧中的倾听进行了总结和理论上的提升，Carlina Rinaldi 等人从教师倾听的视角对瑞吉欧教育模式进行研究并构建了倾听教育学。他们将倾听理解为一项技术，一种教学的方法论，一种思考方式，一种看待我们与他人以及世界关系的方式，并详细阐述了倾听的诸如敏感性、开放性、主动性以及倾听自我等内涵以及倾听对于教师自身的学习和发展的重要价值。③ 这些观点及做法对世界各国的教育产生了一定的影响。

（三）对倾听研究现状的分析

上述相关研究文献为我们呈现了有关倾听研究的国内和国外两种

---

① ［美］爱莉诺·达克沃斯：《多多益善——倾听学习者解释》，张华等译，高等教育出版社 2004 年版，第 165—168 页。［美］爱莉诺·达克沃斯：《精彩观念的诞生——达克沃斯教学论文集》，张华等译，高等教育出版社 2005 年版。

② 屠美如：《向瑞吉欧学习什么：〈儿童的一百种语言〉解读》，教育科学出版社 2002 年版，第 29 页。

③ Andrea English, "Interrupted Experiences: Reflection, Listening and Negativity in the Practice of Teaching", *Learning Inquiry*, Vol. 1, No. 2, 2007.

截然不同的图景和研究取向。比较而言，二者研究的不同之处在以下几个方面体现得较为明显：一是研究基础的差异。相对来说，国外的成果比较重视倾听的研究基础，诸如倾听的教育哲学传统探讨、解释学对倾听的研究等都是值得研究借鉴的。我国有关教育倾听的研究基础比较薄弱，多数文章是从实践中得出的主观的感受和总结归纳，或者简单借鉴并移植人际交往领域中的倾听研究成果，没有对教育教学倾听进行更深层次的思考，也未意识到教育教学活动中的倾听与其他活动中倾听的差别。实质上，在以语言为中介的教学活动中，倾听的地位要比日常活动重要得多，倾听的目的与倾听者的角色作用都与日常活动中有很大的差别。教学的教育性原则使倾听具有特殊的使命和色彩，哲学理论能够在更高层面指导我们的认识。这些属于现有研究的薄弱之处，需要我们认真思考。第二个不同表现在研究者的层次上。可能是查找资料途径不同的缘故，笔者所能够得到的数据库及书籍都是国外比较权威的或者比较有影响力的，所以现有国外资料研究者以来自著名高校的大学教授居多。如前文所述的学者分别来自美国西北大学教育与社会政策学院、哥伦比亚大学教师学院、伊利诺伊大学、堪萨斯州立大学课程与教学系等。相应地，研究成果显得比较厚重。而我国，由于得到各种层次的资料比较容易，因此，研究者以一线教师居多，高水平的成果不多，研究质量良莠不齐，相互借鉴痕迹明显，具体学科、学段的教育教学实践活动的经验总结或教育教学杂感很多，呈现出一定的"跟风"特征。这既造成了我国教育教学倾听研究表面上"虚假繁荣"，同时也反映出我国对教育教学倾听的认识和研究还有待进一步的深化和挖掘。第三个不同表现在理论研究与实践的结合上。教育理论与实践之间的密切关系要求教育科学研究既要有解释力，也要有影响力，而且"要两手抓，两手都要硬"。[①] 在国外，无论是达克沃斯的"教学即倾听"的实际探索，抑或是瑞吉欧教育模式和日本学者提倡的"静悄悄的革命"，它们都是基于对倾听的深刻理解、阐释，围绕着倾听并将倾听融入到具体教育教学实践

---

① 蒋建华：《教育科学——解释力、影响力两手抓，两手都要硬》，《中国教育报》2004 年 4 月 24 日。

中。这种理论研究对实践的观照和影响使得其具有独特的魅力和影响力，而我国有关倾听的现有研究并未产生如此大的影响，这既为我们前行提出了要求，又指明了方向。

当然，这样的一种中外研究的差异，我们还应客观看待产生的原因。由于受社会背景、教育基础、文化脉络等"原生环境"因素的影响，中西方的教学倾听呈现不同的特点，面临不同的问题，需要不同的解决方式。如西方的课堂教学相对而言更多地呈现自由、民主的特征，学生拥有较多的言说权；而我国的课堂教学更多地体现了一种控制与效率为先的特点，学生集体失语与倾听遮蔽异化现象更为明显。因此，尽管国外的倾听研究有一定的可取之处，但那些具体的研究成果我们不能顶礼膜拜、盲目移植，否则极易出现"水土不服""南橘北枳"的现象。我们能够借鉴的是它的研究思路与研究方法，这才是一种"为我所用"的科学态度。

三 研究思路、方法与价值

（一）研究思路

通过上述对研究资料的整理与分析，笔者认为，在前人已有研究的基础上，关于教学倾听还有许多值得关注的地方。根据笔者的研究兴趣、相关学科的启示以及教育教学改革的迫切要求，笔者将研究定位于以下问题的深化探究。一是对教学中倾听丰富意蕴的理解，这是涉及教学倾听的本质问题。倾听绝不是教师或学生的简单的行为。实质上，当我们用到"倾听"一词而非"听"时，除了强调它是人们主观的、有意识的行为，更为看重的是倾听所蕴含的那种人文意蕴精神以及代表着这种意蕴精神的行为，而这才是倾听的本质和魅力所在，也是我们对教学倾听进行探讨的前提和基础。倾听作为一个具有丰富内涵和时代精神的词语，它"既是具体的、直观的，又是弥散的、渗透的，具有多重考察维度"，[①] 可以表现为一种意识、态度、能力、技巧、智慧、精神，一种方法、理念、目的、手段层次的存

---

① 颜敏：《"倾听教育"视野下的教学活动探微》，《中国教育学刊》2011 年第 2 期。

在。但是，对于课堂教学而言，我们究竟如何去理解才能展现其丰富内涵和时代精神？作为教学活动中的倾听，它的特殊性何在？就目前掌握的资料可见，许多研究都热衷于采取各种倾听措施、技巧去提高教学效果，而忽视对教学倾听是什么的基本认识，进而影响到对倾听目的、内容与实践操作的正确认识，具有明显的技术倾向与功利取向。克尔凯郭尔在《非此即彼》中明确指出"耳朵是最由精神决定的器官"，① 这句话告诉我们，倾听是一种受倾听者主观意识控制的行为，倾听的结果与主体对倾听、对倾听价值、对倾听目的认识紧密相关。教学倾听的技术、技巧、态度等虽然很重要，但是属于工具性质的使用，对倾听是什么、为什么倾听的认识和理解决定了倾听者会听到些什么。因此，教学倾听研究的原点首先是"是什么""为什么"，然后才是"怎么做"的问题，即对教学倾听的意蕴、特点、性质等本质问题进行明晰，否则基本问题上的认识混乱与错位易造成行进中的南辕北辙，也唯有对这些进行深刻理解才能够使我们得以"云开雾散见真颜"，避免将倾听沦为一种推进知识教学的工具或者一种技术性、技巧性的简单操作。二是对教学倾听的基本维度和主体的认识。教学倾听与其他情境中的倾听相比，在理性之维与品性之维上有着自己的独特之处，这是教学倾听的价值所在、优秀所在。同时，倾听的丰富意蕴与价值的实现离不开倾听主体，教师和学生作为课堂教学倾听主体，各自的角色含义、作用及要求并不相同。因此，需要对此进行明确。三是如何将倾听落实在具体的教学中，实现"倾听着"的课堂教学。我国学者黄伟教授认为，不能仅从哲学层面或过于热衷从哲学层面来探讨对话，而是应该将其聚焦到课堂教学的特定情境，关注实践性操作，这样才能使得对话教学避免凌空蹈虚、远离教学现实的境地，避免蜕变成徒有对话形式而流失了教育教学特质的呓语妄谈。② 黄伟教授的这段论断也适用于教学倾听的研究，如果仅仅是从多学科角度去认识倾听而并未将其落实在具体的课堂教学中，不去关

---

① ［丹］克尔凯郭尔：《非此即彼》，陈俊松、黄德先译，光明日报出版社 2007 年版，第 18 页。

② 黄伟：《对话语域下的课堂提问研究》，博士学位论文，上海师范大学，2008 年，第 175 页。

注它的实效性操作，那么它的研究价值将大打折扣，易将其蜕变成徒有形式而流失了教育教学特质的"呓语妄谈"。

　　基于上述理解和认识，本书试图从三个方面进行研究，所遵循的是"是什么——为什么——怎么做"这样一个基本的思路。首先，第一部分是"何为教学倾听"，包括第一章"倾听：一个意蕴丰富的词语"和第二章"教学倾听：内涵、性质与审美阐释"，主要是从多学科角度对倾听丰富意蕴进行理解并对教学倾听的内涵、性质与审美进行阐释，解决"是什么"的问题。第二部分是教学倾听的两维与主体分析，包括第三章"教学倾听的两维分析"与第四章"教学倾听的主体分析"，揭示了教学倾听的品性之优、理性之优以及教师和学生成为倾听者的原因、角色诉求以及彼此之间的关系变化等，解决"为什么"的问题。第三部分是走向"倾听着"的课堂教学，包括第五章"课堂教学倾听的现状"和第六章"走向'倾听着'的课堂教学"，在分析当今课堂教学倾听现状的基础上，描述了"倾听着"的课堂教学样态、实践操作以及达成的策略，试图使倾听的价值与丰富意蕴得以在现实的课堂中实现，解决"怎么做"的问题。论文的具体结构如下图所示。

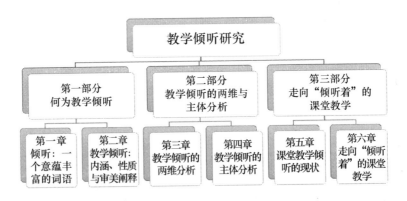

（二）研究方法

　　黑格尔说"方法也就是工具"。就本书而言主要运用了文献研究法、案例法、观察访谈法等。文献研究法是本书进行研究的一个基础方法。由于本书所涉及的是教学与倾听问题，这就要求必须首先对与倾听相关的如哲学、生理学、教育学等领域的文献进行阅读，以便寻找到可以借鉴的相关资料，把握教学倾听的本质和核心所在。这是一个对文献资料的搜集、整理、提炼、消化、吸收和借鉴的过程，这个过程贯穿了整个研究。使用文献研究法要坚持历史与逻辑的统一、观点与材料的统一、整体与部分的统一，不片面抽取、曲解材料，在此基础上提出自己对教学倾听的理解和合理的论证。案例因其能够鲜活地再现一些具有普遍性或个别性的事件而在教育研究中具有独特的价值。在本书中，案例有时是作为观点的佐证材料，有时是作为理论应用的事实证明，有时是为了引出所要说明的问题。这些案例的来源渠道有些是从其他研究者已有的案例中进行选择并重新解读，有些是通过自己深入一线教学实践观察所获得的，还有一些是对笔者曾经的受教育经历的回忆与反思。观察法与访谈法能够为教学倾听实践图景研究提供最真实、最鲜活的第一手资料。在本书中，观察法主要用于对课堂教学倾听中存在问题的了解，知道师生之间、生生之间的倾听到底是什么样态，什么水平，存在哪些问题，有哪些影响因素；访谈法主要是对有代表性的具体的倾听行为做进一步的了解，比如对隐藏在这些行为背后的最初动因的了解，师生对教学倾听的理解，对自己倾听行为的解释以及评价等。观察法与访谈法的使用将增强论文中教学倾听实践部分的真实性与说服性。而观察与访谈则来自于工作以及读博期间与合作学校的诸种教研活动。当然，在这样的观察和访谈中，笔者要时刻注意"把自己作为教室中与大家共同生活的一员"，因为笔者深信"如果没能与教室中的一个个学生和教师共鸣的话，那么，真实而生动的观察和访谈是不可能的"。①

（三）研究价值

　　本书的价值主要体现在对教学领域中长期被忽视的重要问题——倾听进行了全面系统的考察，在明晰其丰富意蕴、多种维度与现实状况的基础上构建了"倾听着"的课堂教学，丰富了教学理论研究，

---

　　① ［日］佐藤学：《静悄悄的革命：创造活动、合作、反思的综合学习课程》，李季湄译，长春出版社 2003 年版，译者序第 2 页。

加强了对教学实践的解释力。同时，以倾听为关键点，促进了教学理论与实践的转换，使课堂教学真正成为师生生命有意义的构成部分，进一步推进课程改革向纵深方向发展。众所周知，课程改革以及师生日常生活的重心是课堂教学，对于教师与学生而言，缺少的并非是一些先进的教育教学理念，而是如何将这些理念转化为具体的教学行为。这是一个从"我知道该做什么"到"我知道该如何做"的过程，也是一个真正关系到课程改革成败的着手点之一。倾听作为体现课程改革的先进理念和具体行为之一，① 担负着这样的使命。因此，对教学倾听的研究能帮助师生将先进的教学理念体现到具体的教学行为中，对实践教学起到一定的影响作用。

当然，任何研究都试图追求所谓的创新或发现，科学家科斯特勒曾这样论述过创新的本质。他说："从把数学和几何学结合在一起的毕达哥拉斯，到把伽利略的'抛射运动的研究'与开普勒的'星体轨道的均衡研究'结合起来的牛顿，再到把'质'与'能'统一起来的爱因斯坦，都可以发现一种统一的式样和说明一个同样的问题：创造活动不是按照上帝的方式，从无中创造出某物，它只是将那些已有的但是又相互分离的概念、事实、知觉框架、联想背景等结合、合并和重新'洗牌'"。② 自然科学如此，人文科学亦是如此，对已有研究的结合、合并、换角度思考和重新洗牌都有其存在的价值。本书出自对现实的观照、呼应现实的需求并最终落回到现实之中，它是在已有研究成果基础上更近一步的思考，所提供的也许并非是一些新鲜的概念与惊人的观点，更多的是思维的转换和看待本真教学的另一视角。但是它能够加深我们对教学理论的进一步理解并对教学实践起到一定的促进作用，这也是许多教育科学研究的共同价值所在。

---

① 屠美如：《向瑞吉欧学习什么：〈儿童的一百种语言〉解读》，教育科学出版社2002年版，第90页。

② ［英］科斯特勒：《机器中的鬼魂》，转引自滕守尧《文化的边缘》，作家出版社1997年版，第13页。

第一章

倾听：一个意蕴丰富的词语

> 当我转向知觉时，［我］发觉在我的知觉器官中活动着一种比我的年岁更老的思想，而那些器官只不过是它留下的痕迹。
>
> ——梅洛·庞蒂　《知觉现象学》

倾听是基于人类的听觉器官——"耳朵"所具有的先天的"听"的生理功能的基础上而形成的具有浓厚人文意蕴的一种行为方式，它广泛存在于人类的各种活动领域中并对各种活动产生非常重要的影响。倾听是一个意蕴丰富的词语，这种判断是缘于多学科的考察以及现象学的精神旨归所在。从多学科的考察来看，词源学、生理学、社会学以及哲学等都对倾听有所关注，并在自己的领域内做出其特有的阐释。这表明倾听已超越最初的单纯的意义而走向丰富。从现象学的角度来看，"如其所是"是其研究方法的精神。对于一些人类感官的认识，生理学或心理学往往遵从严格的科学标准与步骤进行研究。问题是，即便人类科学发展到了高级阶段，有了最为精密的仪器和科学的实验手段和方法，也很难寻找到有力的证据表明我们的感觉器官在接受刺激时所能够辨别并体会到的快乐与痛苦、尊重与肯定、自由与压迫、正义与邪恶等。这正如梅洛·庞蒂在《知觉现象学》中对身体和肉体所进行的区分一样，我们的身体自身有一个世界有一个域，它是灵与肉的紧密结合，是拥有自己的时间和空间的活生生的整体，我们很难用精神化的肉体抑或肉体化的精神抑或上帝的"道成肉身"

等传统语言来描述。① 换句话说，科学研究与人文思考之间并不是一一对应的关系，而是相互补充的关系。现象学的"如其所是"要求我们将现象揭示出来，展现出它原有的面貌。因为这样两个原因，我们拟从多个视角对倾听进行描述，展现其"横看成岭侧成峰，远近高低各不同"的面貌。

一　词源学考察：倾听基本含义的初现

词源能在原初意义上表达出人们对词语使用的最初理解。因此，若想深入理解"倾听"的意蕴，细究词源并通过追根溯源再现其昔日表意以及在此基础的现代延伸不仅是必须的，也是最基础的工作。这样的一种考察方式，并不仅仅是试图恢复或找回"倾听"的本质真义，更重要的是，"它是一种生活方式的重构：它自发地从深层激活我们生活中的语言，当我们谈及自己时，我们便更加真实地意识到了我们是谁"。② 循着这样的理解，我们对倾听进行了汉语语境和英语语境中使用的考察，发现倾听的基本含义高度一致，指的都是"用心细听"。

（一）汉语语境中的"倾听"

在汉语语境中，"倾听"是一个偏正词组，其中，"听"是表示核心意义的中心词，"倾"是表示"听"的状态的修饰词。

"倾"字会意兼形声，《说文解字》将"倾"注解为"仄也。从人从顷，顷亦聲。"从人，表示人的动作行为；从顷，与顷相通。徐灏注："顷、倾古今字。""顷"字从匕，从页。"匕"有排列比较、不正之义；"页"，指"头"。二部首合起来表示头偏。《说文》中的解释为，"顷"即意指"头不正也"。段玉裁注："顷者，头也。"《康熙字典》引注曰："视流则容侧，必有不正之心存乎胷中，此君

① ［法］梅洛·庞蒂：《知觉现象学》，姜志辉译，商务印书馆2001年版，第75页。
② ［加］马克斯·范梅南：《生活体验研究——人文科学视野中的教育学》，宋广文等译，教育科学出版社2003年版，第4页。

子所以慎也。"可见，"倾听"中之"倾"，本义指"头"之偏正，头之偏正，低头与仰头，头的左右摇摆，隐含着一种态度。一般来说，"倾"字表达的意思有五种。一种是"侧"也（《说文》），在古文中此种用法较多。如"倾耳而听之"中的"倾"用来形容偏侧着耳朵去听（见《礼记·孔子闲居》）；"日既西倾，车殆马烦"中的"倾"用来形容太阳偏向或倾向西方（见曹植《洛神赋》）。"倾"的第二种意思是"倾塌、倒下"。如李白《梦游天姥吟留别》一诗中"对此欲倒东南倾"、范仲淹《岳阳楼记》中"樯倾楫摧"、《论语·季氏》中的"安无倾"，都取此意。第三种是用尽、竭尽的意思。如《三国志·蜀书》中的"倾家竭产"、孙楚《征西官属诗》中的"倾城远追送"等即属此意。第四种是超越、胜过的含义。如《汉书·田蚡传》中"欲以倾诸将相"即取此意。第五种是钦佩、倾慕的含义。如《汉书·司马相如传》中的"一坐尽倾"即是此意。在"倾听"一词中，"倾"是用来修饰动词"听"表示"听"的状态，从上述"倾"的五种用法中我们可以看出，"倾听"中的"倾"为第一种和第三种意思："侧着头去听"或者"竭尽全力地听"，表达了"听"时认真的态度和全身心投入的状态。

　　"听"是个古老的字，其流变从甲骨文到金文大篆、小篆与繁体隶书四个阶段分别被写作 🜀、🜁、𦔻、聽。《说文》将其解释为："听，聆也。从耳、㥁，壬声"。段玉裁注："耳㥁者，耳有所得也。"可以看出，"听"的最初含义就是用耳朵感知到口中发出的声音，用耳朵去接收别人说的话。从各个阶段"听"字的形态演变上看，人们对"听"的认识也逐渐丰富。甲骨文中的"听"字（🜀）左侧似人的耳朵，右侧上部和下部相同，似两个"口"，整个字好像是一个人拉长耳朵屏息静听别人口中发出的声音，有听者专注地分辨说话者的话语的含意，基本上是"听"的最原初意思。金文大篆、小篆"听"字逐渐复杂，到繁体隶书阶段，"听"的字形演变为左侧有耳，耳下有王，右侧与"德"的右侧相同，由"十、目、一、心"组成。从"听"的左侧来看，"耳下有王"，可见，"听"与"王"是相联系的。何为"王"者？在古代，"王"是为"圣人"而非凡人。《说文解字》中说："王，天下所归往也。董仲舒曰：'古之造文者，三书而连其中谓之王。三者，天、地、人也，而参通之者，王也。'""王"或"圣"与"听"何以能够联系起来？这全靠耳朵的功能。耳朵作为人的听觉器官具有全纳性、流动性以及被动性，能够将其附近的声音全部接收。因为有耳朵的存在，人类可以听；因为在用心细听，人类获取了许多有用的知识；因为知识的丰富异于常人，因而成王成圣。也就是说，用心细听是成王成圣的途径之一。从"听"的右侧来看，"目"和"心"，意味着"听"不仅是耳朵的功能，还与眼睛的观察、心的思考有关。"十、目"与"一、心"的组合字形似"德"。"德"字，《说文解字》中释为"内得于己，外得于人"，表示"发自内心而表现出的对人对己都有益的正直行为"。据此可知，"听"涉及道德或善的行为。至此，"听"有了更多超越本体的"用耳朵听到声音"的本义，而逐渐具有"成王成圣"及道德的意味。

"听"除了本义"用耳朵感受声音"外，还有其他六种相关的含义。其一，接受，听信，接纳。如《战国策·魏策》："不听寡人"；《史记·项羽本纪》："故听之"。其二，治理、判决。其三，侦察。其四，听任、任凭。其五，耳目、间谍。其六，听亦通厅。① 这六种含义，虽然除了第一种今天还在广泛使用，其他用法已经很少见了。但从中可以看出"听"在古代先民那里的崇高地位，将其作为治理、判决、侦察等的重要手段。

"倾""听"二字作为一个词合而用之最早见于《礼记·曲礼上》："立不正方，不倾听。"孔颖达疏："不得倾头属听左右也。"② 侧转头部，此动作表达的是一种倾向和关注的态度，因此其蕴含着一种感兴趣、恭敬的态度或愿意听的意向，后多被引申为用心细听，具有尊重关怀等态度。总之，"倾听"的词源学分析为我们显示了这样一个初步的印象：倾听不等同于简单的声音接受的"听"。相反，它是一种与"耳、心、目"有关的行为，更是成王成圣的途径。这样

① 《辞源》，商务印书馆1979年版，第253页。
② 《辞海》，上海辞书出版社1989年版，第284页。

的分析结果既反映出崇尚倾听是我国传统文化宝贵的智慧结晶之一，它是在人类历史早期中华民族对听觉在帮助人们了解真理、达成智慧的过程中所起作用的朴素的原初认识，同时也为我们挖掘倾听的其他丰富意蕴留下了许多空间和想象力。

（二）英语语境中的"倾听"

在英语中，"倾听"有四个相近的对应词：hearken、audition、listen、hear。其中，前两个是古语，在今天已不太常用。后两个中，hear 表达的是"听到、听见"的意思，侧重强调的是"听"的结果，即有某种声音"进入到耳朵中"，这种进入只要有听觉感受器即可，未必是人主观有意识的行为。与之对应，listen 的基本含义是："to give attention with the ear; attend closely for the purpose of hearing"。[①] 即用耳朵去注意，为了听到而有意参与。可见，listen 表达"听"的意思时侧重强调的是"听"的过程，即想尽量听清楚正在持续发出的声音，这种"听"是有意识的、主观努力的结果。二者经典辨析的句子是"我认真去听，但什么都没听到"（I listen carefully, but I hear nothing），前一个"听"为"listen"，后一个听为"hear"。

单就"listen"来看，在词源学上，该词的拉丁语是 ob-audire，其含义是"以恭敬的态度去听取对方的声音"，所表达的是"对于对方的关怀，通过接受对方的声音，成为了对方世界的参与者。"[②] 现代英语中"listen"有两个词根，一个是 lustnen，与耳朵相关，表达"倾斜耳朵或侧耳听"的意思；另一个是 hlosen，与有期待地等待有关，表达在不确定的听觉范围内去等待某种预期听到的声音。当 listen 与 up、to、for 各自搭配的时候，表达的意思也有细微的差别。"listen up"表示"关注，遵从"（to pay attention; heed; obey），即被某人说服或仔细听以便遵守。常见教学场景中老师命令学生"listen up!"（好好听！）就是这个意思的表达。"listen for"表示"警觉地捕

---

① Webster, *Webster's Encyclopedic Unabridged Dictionary of The English Language*, New York：Gramercy Books, 1989, p.836.

② 路文彬：《视觉时代的听觉细语——20 世纪中国文学伦理问题研究》，安徽教育出版社 2007 年版，第 63 页。

捉所期待的声音"。如当我们等待即将到来的客人时我们有期待地去听敲门的声音。"listen to"则是表达"用心细听"的本意。坦普尔大学教育领导与政策研究所教授 Leonard J. Waks 认为，listen 的词根表明"倾听不是对发生在倾听者听觉领域内的声音单纯的、被动的接收，而是一个积极地注意、选择甚至是竭力去听和理解的过程，倾听者指向言说者，是把耳朵借给了言说者"。① 可见，英语语境中倾听的基本含义也为"用心细听"。

通过对中外语境中"倾听"的词源进行考察，我们可以得出倾听的基本含义是"用心细听"这样一个结论。这与《现代汉语辞海》中将"倾听"一词解释为"细心地听取"颇为相似。② 从倾听者的角度看，"用心细听"意味着倾听者全身心地投入到倾听情境中，进入到倾听对象的内心深处或幽深之处，去感悟理解那些表面的或潜隐的话语。因此，"用心细听"关涉到耳、目、心等多种器官。从被倾听对象的角度看，倾听表达了一种关怀和参与的意向和态度，它是"成王成圣"的重要途径之一。"倾听"的丰富内涵在词源学上已初见端倪。

二 生理学考察：倾听是复杂的思维活动

生理学从倾听行为发生的生理过程进行考察，认为它是"对各种听觉和视觉刺激的接收、注意和解读的过程"③。这样的论断，重点突出了倾听涉及的"复杂思维加工"的一面，并将其视为人类最复杂的行为之一。

（一）倾听是一种主动、复杂的行为

在生理学中，倾听与听见是不同的。听见是一个由于耳鼓膜受到

---

① Leonard J. Waks, Listening and Reflecting: an Introduction to the Special Issue, *Learning Inquiry*, Vol. 1, 2007, pp. 83 – 87.
② 现代汉语辞海编辑委员会：《现代汉语辞海》，中国书籍出版社 2003 年版，第 895 页。
③ ［美］安德鲁·D. 沃尔文，［美］卡罗琳·格温·科克利，［中］吴红雨：《倾听的艺术》，复旦大学出版社 2010 年第 5 版，第 43 页。

声音的刺激产生振动并将之传向大脑的纯粹的生理反应，是对信息的无选择的接收。倾听则是对刺激的一种积极主动的选择、注意与意义解读的过程。从身体的表现状况上看，科克利的肯塔基倾听实验显示，倾听时会出现心跳加快、血液循环加速、体温稍微升高等变化，许多参与者为避免费心而自动地闭眼或低头，或警惕地坐着以保持清醒，或是由于过分集中注意力而将身体和嘴绷得紧紧的。① 从思想上看，倾听也是一种智力行为，倾听者试图抓住讲话者哪怕是一点点的想法，对此阿德勒解释道，"倾听者一定得穿透那些话语并找到隐藏于其中的思想……这实际上意味着，倾听者需揭示出其中的思想而不管说者是如何表达的"。② 可见，倾听是一种主动的、复杂的、和智力有关的行为。

倾听的这种主动、复杂性使其成为独立于其他智力活动的独特行为。研究表明，倾听尽管与阅读、记忆以及其他智力活动相互依赖，但它是一种完全独立的人类行为，③ 而且倾听与智力的关系并不是正相关的。有些人看上去很聪明但却不是一个"良好的倾听者"，好的倾听者需要掌握一些必要的技巧，否则他对倾听到的东西的理解力会很弱。

（二）倾听涉及多种刺激和思维活动

倾听并非单纯地对听觉刺激的接收，倾听行为中包含听觉刺激和视觉刺激两种。听觉刺激也并非仅仅是有意义的言语信号，它包括语言信息（音素、发音和词语等）、有声信息（语音提示，如音量的升高和音调的降低），以及非语言符号信息（如烟雾警报门铃声）。视觉刺激则包括诸如眨眼、倾身或点头等。听觉刺激和视觉刺激都是倾听的触发器。倾听过程由三部分组成。第一部分是接收，它是指听到或看到的包括音素、词语、语音提示、非语言声音以及非语言视觉提示在内的听觉或视觉刺激的生理过程，包括看的过程和听的过程。第

---

① ［美］安德鲁·D.沃尔文，［美］卡罗琳·格温·科克利，［中］吴红雨：《倾听的艺术》，复旦大学出版社 2010 年第 5 版，第 45 页。
② 同上。
③ 同上书，第 42—43 页。

二部分是注意。注意是指对筛选的信息进行集中的感知，它同时包括接收一个潜在的刺激之前的过程和接收的过程。面对环绕在我们周围的许多刺激，我们需要对这些刺激进行注意。注意不仅是积极而有选择性的，而且是不断起伏波动的。第三部分解读意义是指理解或者翻译所听到（或看到）和注意到的刺激。因为信息的发送者和接收者有不同的经历、不同的感受以及对未来的不同期望，因此这个解读意义的过程因人而异。倾听中的对多种刺激的接收、注意以及解读尤其是解读显示出倾听是一种思维活动的特点，没有这种思维活动，人的倾听则不可能发生。

　　生理学中关于"倾听"的考察和分析使我们认识到倾听是对言语信息、非言语信息的接收、注意和解读的过程，它是一个主动的、复杂的、独立于其他智力活动的独特行为，是人的一种"复杂的思维加工过程"。在倾听前，倾听者需要对多种刺激进行注意、选择、接收；在倾听过程中，倾听者需要"衡量信息的信度、理解说话人的述说、思考呈现的思想、怀疑信息的有效性、归纳说话人的主题思想、获知省略的内容、思考怎样完善信息等"；[1] 在倾听后，倾听者需要针对所获知的信息进行准确的回应与反馈。可见，"倾听"的过程就是"思"的展开的过程，它与人的理性和知性的参与直接相关。

三　社会学考察：倾听蕴含着积极的人文态度

　　社会学是通过社会关系和社会行为来研究社会整体的一门综合性学科，社会学视野中的倾听，尤为看重关系性与行为背后的意义，强调倾听是人与人之间交往沟通的重要方式之一，行为中蕴含着关怀、尊重与理解等积极的人文态度。

（一）倾听是人际交往沟通的重要方式
　　人是社会关系的产物，自出生起就处在诸如亲属关系、朋友关

---

　　① 施良方、崔允漷：《教学理论——课堂教学的原理、策略与研究》，华东师范大学出版社 1999 年版，第 257—258 页。

系、学友（同学）关系、师生关系、雇佣关系、战友关系、同事关系、邻里关系等各种复杂的社会关系网络之中。作为内嵌于关系网络中的人，如同网络中的节点，需要与网络之中的其他节点相互连接，这就涉及交往和沟通。这种交往和沟通既是人的外在生存的需要，也是内在自我成长的需求，它在给人带来存在感以及各种美好的生命体验的同时，也使人从单纯的生理层面的存在意义提升到为了获得尊重、责任、荣誉等社会层面的存在意义。

倾听是交往和沟通的重要方式之一。如若以日常口头交流为例，美国若干研究者调查了倾听在成年人生活中的使用频率，得出的结论是"倾听是种重要的交流方式，它所占的平均比例高达46%"。① 可以毫不夸张地说，在多重人际关系的交往和沟通中，倾听是连接并维系彼此关系的重要纽带。"是以鹿鸣而相呼，伐木同声而求友"的以声传情，表达的就是动物和人类处在孤独的情况下希望自己的声音传出去，希望外界的声音传过来的愿望。人与人之间的这种相互倾听并对对方传递的信息做出回应是自我生命与他人生命互动、互惠的过程：自我的生命在这个过程中得到了完整，人际关系在这个过程中得到了平衡。所以说，倾听与被倾听的需求，是人性中最强烈的动力之一，它满足了个人与社会、与他人紧密相连的心理和自我表达的愿望。一个处在无人可交往、无声状态中的生命是残缺的、孤独的。人际交往和对话中倾听的缺失、异化或者相互倾听的渠道和途径不畅通，极易造成误解甚至是对立等现象的发生；而人际交往中良好的倾听由于理顺了人与人之间的沟通交流而益处多多。从小的方面来说，能够改善个人关系和工作关系，给人们带来诸如销售量回升、消费者和雇员满意度增加、生产效率提高、信息基地扩大、自我评估提高、生活更加丰富等回报；从大的方面来说，还可以跨越代际的鸿沟，超越种族、贫富甚至是文化之间的差异，给人们带来理解和快乐。可见，倾听在人类交往和沟通中扮演着至关重要的角色。

---

① ［美］安德鲁·D.沃尔文，［美］卡罗琳·格温·科克利，［中］吴红雨：《倾听的艺术》，复旦大学出版社2010年第5版，第12页。

（二）倾听蕴含着积极的人文态度

倾听具有关系属性，指向他人。"用心细听"对他人能产生重要的影响，因此，该词也相应地包含了浓厚的感情色彩，蕴含着关怀、尊重与理解等人文态度。每个人都有一种被倾听的天生的需求，以便满足我们自我表达及与他人沟通联系的需要，没有倾听就没有真正的交往。即便是婴儿期的微笑、烦躁及哭泣，都是他们需要被倾听到并进而得到帮助的讯号。一个家庭的欢乐原因所在，一个孩子的快乐源泉所在，很大一部分就是构建了一种彼此之间能够相互倾听的密切关系。当我们所说的话被真正倾听，就会产生一种被承认、被接受、被理解、被重视、被爱的感觉，就会增强我们的自信心。从这个角度说，"听不仅是宾格自我的一个被动行为，而且也应是一个主动行为，但这个主动并不意味着自我的自由，而意味着自我在他人要求之前就寻求他人的支配并在他人说话之间就回答（response），即承担责任（responsibility），这种责任同时也就是爱。这并不意味着爱在'听'之前，而是说'听'需要爱，爱就在听中。这样，听就不是消极的听，而是积极的听，即'倾''听'"。① 如果一个人说的话没有人听或没有真正被他人用心听到，说话者便无法实现传递想法与表达情感的目的，与此同时便会产生自己不被他人重视、自己不被他人欣赏、自己的想法不被采纳等一系列负面的情绪。安德鲁·D. 沃尔文所著的《倾听的艺术》一书中就曾描绘了这样的一个场景。②

　　　　爸爸正在看报，儿子走进来说："嗨，爸爸，我能和你谈谈吗？"

　　　　爸爸的眼睛并没有离开报纸："当然可以，谈什么？"

　　　　儿子先谈学校，他说："我毕业学分不够，需要参加暑期学习。"

---

① 孟彦文：《语言从存在论向伦理学的转换》，《安徽大学学报》2004 年第 3 期。

② ［美］安德鲁·D. 沃尔文，［美］卡罗琳·格温·科克利，［中］吴红雨：《倾听的艺术》，复旦大学出版社 2010 年第 5 版，第 3 页。

爸爸很显然没有在听，回答说："那很好。"

儿子第二次尝试引起爸爸的注意力。他说："爸爸，我想我要退学了。我不想去任何地方。"

爸爸依然在看报纸，咕哝道："嗯，为什么呢？"

最后，儿子说："喂，今天我要第一次旅行。"

爸爸回答："好的。只要你认为是最好的。"

在上面的这个场景中爸爸虽与儿子有言语上的互动和信息的交流，但由于没有真正地倾听儿子意欲表达的想法，因而没有听出儿子的焦虑、担忧、渴望帮助以及在种种努力失败后的绝望的选择。爸爸所传递的是对儿子的不重视、不欣赏、不关注的信息，在将儿子拒于千里之外的同时也使儿子产生强烈的挫败感和无助感，以至于自暴自弃地要放弃学业并离家出走。

实质上，他人的倾听与注意不仅能够协助我们在肯定自己的过程中厘清思绪与感受，而且当我们所说的话在别人身上引起反应时，我们的感觉、行动及用心就有了意义，我们也在与别人的对话中定义及维护自我。因此，这种被听见给我们表达自己的所思所感营造了一个自由的空间，这种被听见意味着被重视，意味着别人把我们当回事，知道我们的想法及感受。可以说，被倾听不仅是逃开孤立以及衔接人与人之间的桥梁，能够满足自我表达及与他人沟通联系的需要，克服与他人之间的分隔感，而且会创造一种被理解及有价值的感受，不被倾听则造成不安全感。如果人的这种被倾听的需求长期没有得到满足，往往会产生心理疾病。精神病学家华特·曼宁格博士认为，大多数人都需要有人倾听他们，如果没有人听他们的话，没有人尊重他们所说的话，那么他们通常会产生绝望的情绪，以至于严重时只能失望地求助于心理医生。此时，这些看似有病的人身体上的疾病只是伪装的、试图使他人倾听的"准入证"，其目的是通过这样的表现见到那些能够倾听他们抱怨的人。为此，华特·曼宁格提醒医生要多花费些时间来仔细倾听病人，因为这种做法不仅有利于引导医生进行深入的诊疗，揭示疾病的困惑，甚至还可能由于医生的倾听行为而对病人达到比开十次镇静剂都有用的效果。① 由此可见倾听行为对每个人、对被倾听者的重要性。它蕴含着对他者现实状况的关怀、对他者人格地位的尊重以及由于倾听而产生的对他者的理解等"善"的人文态度，"当你真正倾听时，爱就在你身边"。②

四　哲学考察：倾听的生存意味、共在特征与德性特点

（一）倾听是人本真的存在方式

在人类历史的早期，人们尤为重视各种感官在帮助人们认识真理、达成智慧的过程中所起到的作用，而且赋予"每一种精神活动由于不同的肉体感觉而得出自己的隐喻"。③"倾听"和"观看"作为听觉和视觉的主要功能，同为哲学中以隐喻的形式来表达和思考思维的抽象的哲学观念，但是二者并非是同等的地位。与东方注重"听"的文化不同，西方文化自古希腊历经中世纪直至近代，都是一个以视觉感官为支点的"看"的哲学。那时，人们普遍认为在认识论上，由于视觉具有距离性的特点，因而能够提供有关对象的、有利于反思和抽象的客观信息，帮助人们形成有关世界的知识；在道德学上，视觉距离性的特点使人从对对象的占有或依附状态引向纯理智的静观进而被认为是一种不会导致欲望的放纵；在审美上，视觉是一种纯形式的观照，视觉的对象被认为是美的对象，视觉的活动所引起的快感是在一定范围内，即便导向放纵也不足为害。④ 视觉的这种在认识论、道德学、审美等方面的优越性是听觉所不可比拟的。因此，自古希腊时期始，通过柏拉图，"视觉能力与理性认知、眼睛与理念相互表达，合而为一"的观念得到进一步的认可；⑤ 新柏拉图主义和中世纪神学

---

① ［美］安德鲁·D. 沃尔文，［美］卡罗琳·格温·科克利，［中］吴红雨：《倾听的艺术》，复旦大学出版社 2010 年第 5 版，第 8 页。

② 同上书，第 18 页。

③ ［德］阿伦特：《精神生活》，凤凰出版传媒集团 2006 年版，第 110 页。

④ 吴琼：《视觉性与视觉文化——视觉文化研究的谱系》，《文艺研究》2006 年第 1 期。

⑤ 高燕：《论海德格尔对视觉中心主义的消解》，《上海大学学报》2010 年第 4 期。

乃至启蒙时代对光的热情则进一步推动了视觉所代表的可见性这一隐喻；西方近代哲学对形而上学的先验立场的推动则是借助于视觉的主客二分特点下的对主体性的强调；近代尼采、胡塞尔等人因执着于视觉中心而造成对形而上学的反驳仍陷于形而上学的藩篱。① 直至20世纪，人们才逐渐意识到视觉的诸如确立主体性的权力性的缺点、压抑着感情投入的冷漠性缺点以及很难实现主体间亲密互动的疏离性等缺点。② 此时，听觉则从后台走向前台，人们"借助于听的能力去思考、回忆存在的可能性"。③ "倾听"的存在论意味凸显出来。海德格尔说："我们听并不是由于我们有耳朵，我们有耳朵并且在身体上配备有耳朵，乃是因为我们听。人听雷霆、林啸、水流、琴声、摩托、噪音等，仅仅是因为人已经以某种方式隶属于这一切。"④ "当存在尚未开口说话时，我们无话可说！我们要做的且能做的只是：在倾听中默默地承担起我们作为'此在'之在的生命意义。"⑤ 可见，倾听是我们的生存方式，人与听本质地联系在一起，倾听的意义不仅显现于人的生存本质之中，而且人也在倾听中绽放自身生存的意义。

（二）倾听体现了共在的关系

海德格尔认为，从物理学的角度把"听"理解为某种频率的周期性气压变动，或者从解剖学和生理学上把"听"当作感觉器官耳朵的功能，这些都不能把握住"听"的真谛。他对"倾听"的分析是从对德文 **λογόρ**（言说）的理解开始的。他认为，德文"言说"一词来源于动词形式 **λγειν**¹（置放），因此言说的意思就是"被聚集起

① 高燕：《论海德格尔对视觉中心主义的消解》，《上海大学学报》2010年第4期。

② 赵一凡等：《西方文化论关键词》，外语教学与研究出版社2006年版，第351页。

③ ［美］大卫·米希尔·列文：《倾听着的自我——个人成长、社会变迁与形而上学的终结》，程志民等译，陕西人民教育出版社1997年版，第10页。

④ ［德］海德格尔：《演讲与论文集》，转引自洪汉鼎《理解的真理》，山东人民出版社2001年版，第347页。

⑤ 邹诗鹏：《"倾听"——哲学生存论的意义阐释与反省》，《江海学刊》1997年第3期。

来，又有聚集作用的，让事物一起呈放于眼前"。① 既然言说不是从有声表达方面被规定的，那么与言说相应的"倾听"也不是耳朵对声音的接受这种简单的行为。那么倾听到底是什么呢？海德格尔认为，"'倾听'就是这样一种自行聚集，即留神于要求和呼声的自行聚集。倾听首先是被聚集起来的倾听（Horchen），所听在倾听中显身而出。"② "倾听"的性质是什么呢？海德格尔认为是"归属"。"当我们归属于被传呼者时，我们就听到了"。③ 海德格尔的这种将"倾听"归为"归属"性质是从"听"的德文词源进行分析得出的，"隶属性"的德文词是 Zugehoerigkeit，它来自于动词 Zuhoeren，而倾听是 Hoeren 或 Zuhoeren，因此，倾听与隶属性存在关联。海德格尔认为人可以倾听世界万物的声音和召唤，这表明人隶属于世界，人与世界存在着难以割裂的关联，体现了人与人、人与世界、人与我的共在关系。倾听是进入对方，它"表明主客界限消失，主体自失于客体之中，……是精神与精神的交流，是欣赏而非操作，是融合而非征服"。④ "倾听"的这种归属的性质，使"倾听"成为一种"共在"。"'此在'作为'共在'对他人是敞开的，向某某东西听就是这种敞开之在。……此在'听命'于他人和它自己，且因听命而属于他人和它自己。共在是在相互闻听中形成的。"⑤ 共在表明我们的存在是作为生命整体与大自然融为一体的，"对于所有'在者'的存在意义而言，倾听首先表征了这一'共在性'：由倾听所获得的生存论体认即是这一共在性的自觉展开。"⑥ 通过倾听，也即海德格尔所谓的生存论上的倾听，世内其他存在者的存在的意义才能向此在的在世界中

① ［德］海德格尔：《演讲与论文集》，生活·读书·新知三联书店 2005 年版，第226 页。

② 同上书，第 227 页。

③ 同上书，第 228 页。

④ 安希孟：《信仰与聆听——西方哲学与神学对聆听的解读》，《江海学刊》2004 年第 2 期。

⑤ ［德］海德格尔：《存在与时间》，生活·读书·新知三联书店 1999 年版，第191 页。

⑥ 邹诗鹏：《"倾听"——哲学生存论的意义阐释与反省》，《江海学刊》1997 年第3 期。

的存在显示出来，此在在世界中存在的世界才能作为"姻缘联络"的整体得到领悟。生存论上的倾听证实了此在的在世之在是共在，即和世内其他存在者一同在世界中存在。① "倾听"归属于他人，并在相互听闻中形成共在，这是人与人之间交流、教育教学得以进行的基本条件。

（三）倾听具有德性特点

德性是亚里士多德伦理学的核心概念，美国堪萨斯州立大学课程与教学系教授 Suzanne Rice 认为"虽然亚里士多德并没有直接论述过倾听，但是倾听作为一种日常现象，用亚里士多德提供的德性理论可以进行更为充实明晰的描述"。② 而且这种描述"在很大程度上如同那些具有伟大和持久的意义的人类经验的描述：疾病和健康，物质的分配，身体欲望的管理等等"。③ 当然，这里的德性并非个体意义上所指称的人存在的精神状态，而是本体论意义上的作为活动（事物）的道德性，在此指称那些能够使拥有它们的人们相对很好地处理的经验。它是"人们对于人的出色的实现活动的称赞"，是"使得一个事物状态好并使得其实现活动完成得好的品质"。④ 用亚里士多德常用的例子来表述，即当"我们称赞一项竞技比赛或一个竞技者是有德性的，并不是说出了在那项竞技活动的完善状态所应包含的那些性质之外，它（他）的活动还具有其他的某种性质。相反，我们指的是，它（他）的活动出色地，即比一般的这类活动更为突出地具有这类性质"。⑤ 交流对人类的一系列努力至关重要，而倾听是完整交流的一部分。缺失了倾听，交流就不可能存在。因此，遵循着 Suzanne

---

① 亓校盛、郭庆堂：《倾听和沉沦——海德格尔论此在的在世》，《聊城大学学报》（社会科学版）2004 年第 4 期。

② Suzanne Rice, "Toward an Aristotelian Conception of Good Listening", *Educational Theory*, Vol. 61, No. 2, 2001, pp. 141 – 153.

③ Martha C. Nussbaum, *Non-Relative Virtues: An Aristotelian Approach*, Midwest Studies in Philosophy, Vol. 13, No. 1, 1988, pp. 32 – 52.

④ ［古希腊］亚里士多德：《尼各马可伦理学》，廖申白译，商务印书馆 2003 年版，第 xxv、xxvi 页。

⑤ 同上书，第 xxvii 页。

Rice 教授的理解与前期工作，我们试图对倾听从德性方面进行分析。

　　亚里士多德将人类的优秀品质分为品性之优（excellence of character）与智力之优（intellectual excellence），品性之优即我们通常所说的德性，它包括勇气、适度、慷慨、大方、性情平和、机智、诙谐、公正等。亚里士多德认为人在实现人所特有的实现活动的程度上差别很大，有些人能够出色地实现这种活动，另一些人则只能在有限的程度上，那种对出色的实践的称赞即是德性。德性是智慧和道德的统一，"能被看作内在而确定的并且不会变得过分的仅有德性就是智慧、普遍仁爱、公正这样一些品质；它们的概念中都明显包含着已预先确定的善的概念。智慧是对善及获得善的手段的直觉；仁爱表现在被称为行善的有目的的行为之中；公正（当被当作一种内在而确定的德性时）则存在于无偏袒的按正当的规则分配善（或恶）之中。"① 如果我们将德性进行划分，亚里士多德认为因为人的灵魂有一个逻各斯的部分和一个没有逻各斯的部分，相应地，人的德性可以分为道德的德性与理智的德性两部分。理智德性又可以分为理论理性的德性和实践理性的德性。理论智慧是理论理性的德性，是人的最高等的德性，实践智慧是实践理性的德性。德性意味着选择或者以选择为条件，德性是一种选择适度的品质，适度所对应的反面是过度与不及两个极端。智力之优即理性。亚里士多德将其区分为科学的和算计的两部分。所谓算计就是思量。而实践智慧就属于这一部分（一，13，1103a1-8,；六，1，1138b-1139a；六，3，1139b），实践智慧就是在关乎道德的实际事务中进行思量的能力。亚里士多德说："我们的特征性活动是依据实践智慧与德性而达成的"（六，12，1144a）。二者尽管分属不同的领域，但却是交融的。正如唐热风所理解的"德性是一个包含理性选择的状态，是一个相对于我们并取决于理性的中道——而理性则是有实践智慧的人借以决定中道的东西，实践智慧与德性二者是彼此包含、互为条件的"。② "离开了实践智慧就没有严格

　　① ［英］亨利·西季威克：《伦理学方法》，廖申白译，中国社会科学出版社1997年版，第408页。
　　② 唐热风：《亚里士多德伦理学中的德性与实践智慧》，《哲学研究》2005年第5期。

意义的善，离开了道德德性也不可能有明智。"① 没有实践智慧就不可能有真正的善，没有德性也不可能有实践智慧。德性是从道德意义上看，实践智慧是从理性意义上看，二者都是"一个人在面对与道德有关的具体事务时表现出的品性之优"。② 通过亚里士多德的论述，我们认为，倾听具有德性特点，可以分为品性与理性两个维度，这两个维度能够更好地反映倾听的特征。

倾听具有品性之优。真正的倾听往往与尊重、关怀、理解等好的品质相联系。倾听的品性之优，既表现为对己，也表现为对人。从对己的方面上看，德性强调适度的品质，它具有自成目的性，是种自我实现。关于倾听的适度方面，亚里士多德认为"听是容易的，任何人都能做到。但倾听正确的人，带着合适的关注，在恰当的时间，有好的结局，以正确的方式，不再是容易的，也不是任何人都能做到的了"。③ 而且"听人家谈些什么以及怎样听，……同什么人谈听什么人谈这方面也有恰当不恰当的问题"。④ 倾听者要在倾听的一系列相对的品质诸如专注—疏忽、好奇—淡漠、耐心—无耐心等品质之间进行选择以便使倾听行为适度。即便是对于关系亲密的人，好的倾听者的参与程度也具有很大的易变性：有时是亲密的介入，有时是随意的应和，有时是陪着默默地流泪，有时不倾听就是最合适的选择。关于倾听的自成目的性方面，亚里士多德认为："有实践智慧的人，就是善于考虑对于他自身是善的和有益的事情。不过，这不是指在某个具体的方面善和有益，例如对他的健康或强壮有利，而是指对于一种好生活总体有益。"⑤ 也就是说，实践智慧的目的在于活动之内，活动是向善的，活动本身就是目的，不会超出目的不择手段。"如果在我们活动的目的中有的是因其自身之故而被当作目的，我们以别的事物

---

① ［古希腊］亚里士多德：《尼各马可伦理学》，廖申白译注，商务印书馆2003年版，第190页。

② 唐热风：《亚里士多德伦理学中的德性与实践智慧》，《哲学研究》2005年第5期。

③ ［古希腊］亚里士多德：《尼各马可伦理学》，廖申白译注，商务印书馆2003年版，第122页。

④ 同上。

⑤ 同上书，第172页。

为目的都是为了它，如果我们并非选择所有的事物都为着某一别的事物，那么显然就存在着善或最高善。"① 在这一点，实践智慧与科学、技艺相区别。倾听对一个人来说，并不是完成某种目的的手段，倾听行为本身就能使人们体验到快乐与满足。听君一席话，胜读十年书。因为在倾听，人们的知识不断增长；因为在倾听，人们的思想得到改变；因为在倾听，给他人带来的快乐的感觉也会感染倾听者。从对人方面上看，倾听行为是在与人交往时完成的，它也是一种对人的德性。倾听过程中倾听者展现的是耐心、开放、宽容、同情等良好的品质，传递的是一种关怀、尊重与理解。这正如美国学者大卫·米希尔·列文所说："我们的倾听不仅仅是一种认知能力；它总是同时也表现出一种情感能力和形成动机的能力。"② 这种对人的德性并不是强行将倾听对象纳入到倾听者自己的思维框架之中的，而是以一种共情的方式达成的。共情实现着倾听者与倾听对象的融合，体现了倾听的对人的德性，为构建良好的关系奠定了基础。同时倾听的这种品性之优的"对人"方面并非单纯指个体意义上的人，还可以指由人的聚集而成的社会。大卫·米希尔·列文认为由于"倾听本身不仅是一种个人存在，而且是一种社会的存在"，所以，"倾听能力的发展可以改变交往的过程，有利于理性的普遍运用和意志形成的政治过程，进而可以引起社会的变迁"。③ 当我们认为作为社会合理性的本质的社会公正依赖于我们的言论自由时，那么社会公正同样依赖于我们听觉的道德品质，这也是倾听的品性之优的体现之一。

倾听具有理性之优。滕守尧教授在《文化的边缘》一书中将耳朵的生物学功能与耳朵的特殊构造相联系，认为人和某些动物的耳朵之特殊构造"看上去好像专为捕捉流动不居的信号或符号而设：有些可以自动地张合，有些虽然固定不动，却能随时保持一种动态的平衡，就像一个动物处于警惕状态那样。更奇特的是，大部分耳朵看上去都像一个

---

① ［古希腊］亚里士多德：《尼各马可伦理学》，廖申白译，商务印书馆 2003 年版，第 5 页。

② ［美］大卫·米希尔·列文：《倾听着的自我——个人成长、社会变迁与形而上学的终结》，程志民等译，陕西人民教育出版社 1997 年版，第 41 页。

③ 同上书，中文版前言第 6 页。

通向大脑内部的漏斗，显然是为了把接收到的外部世界的信息，迅速地导向一个监督、选择和决策的中心。耳壳上的那些皱折和迂回曲折的渠沟，一方面保证了它与外部世界做最大限度的接触，另一方面又逼迫这些信息通过种种过滤性的通道，大概是为了把最需要的信息过滤出来，以减少不必要的浪费。无区别的东西变成清晰的和适宜的，使自然中的一切东西都以'危险的'或'有益的'两种典型形式出现。'听'正是所发生的这种种加工转换活动的操纵者。"① 尽管滕守尧教授用了一些诸如"看上去好像""大概是为了"等表达不太确定的判断的语句，但从中我们还是可以看出即便是"听"的过程也绝对不是一个简单的、对所有声音都接收的行为。实质上，每时每刻都有大量的信息充溢在我们的周围，如若令这些信息无选择地进入耳朵，那么人的耳朵乃至大脑不仅不会高效工作，而且极易处于乱码的崩溃状态。而倾听更是"听"的更高层次，是"用心细听"，它与理性息息相关。倾听过程中涉及注意的深度、内容甚至倾听品质都是随情境而变化的，没有一个固定的、可以放在任何情境中都适用的模式。试想不同情境倾听过程中注意的深度是不同的：注意是有选择性的，倾听单个人与倾听群体时所需要的注意的深度不同。当面对群体倾听时我们往往选择那些最能吸引我们或最需要被关注的事情，这时就涉及判断、识别相对值得关注的事项，以便调整我们所给予不同事项的注意的深度的问题。倾听的内容也是如此。一个人听什么和怎么听总是密切联系在一起的，不同的原因决定我们倾听到的内容不同。此情境中好的倾听对于彼情境却未必，比如"耐心"对于倾听某人非常关键，而"共情"却可能在另外一个倾听情境更为适合。再如倾听后的反应也随情境变化，心理咨询中倾听的目的是找出咨询者的困惑所在，帮他打开心结提供必要的帮助，因此，倾听者在倾听之后必须对话语以不同的方式进行有所回应；而警察对犯人供述的倾听，更多的是真实揭示犯罪事实，倾听后不必提供自己的看法与观点。再如倾听时的反应也需要大脑高度地运行，倾听时的反应大多是即时的，包括何时接过对方所说的话语使自己变成言说者，怎么接着对方的所说将谈话继续或结束谈话，如何从对方话语中听出自己所需要的信息

---

① 滕守尧：《文化的边缘》，南京出版社 2006 年版，第 138 页。

或者对对方所说进行判断，这些都是伴随着倾听进行的，所需要的都是瞬间的、即时的反应，慢半拍或事后诸葛亮式的回应不仅是不合时宜的，甚至会造成交往沟通上的障碍。总之，倾听需要理性的参与，需要智慧的参与。倾听的这种理性之优并非一种经过缜密反思后清晰、严密的逻辑理性或者一种技术程序性的活动，不能由事前决定的技术、规则或长时间缜密的逻辑理性进行分析而做到。倾听需要随着具体的情境、变化着的情境而变化，它具有一定的具体性、灵活性和可变动性，这需要倾听者具有对情境的理解、敏感、宽容等智慧。

正如本章开始所说，当我们把一个司空见惯的现象或词语纳入到研究范围的时候，我们会发现它往往呈现出意想不到的面貌，其意蕴脱离原本的单一理解而逐渐走向丰富。倾听，一个建基于生理学的行为，在众多领域中都有自己的一席之地，词源学的视角着眼于考察"倾听"的昔日表意，它不仅使我们知晓了中国古代丰富的"听的智慧"，更为我们寻求其现代意义解读找到了一个有力的"基点"。在那里，倾听既是一种与耳、心、目有关的行为，又是一种"善"的行为，借由倾听我们可以"成王成圣"。生理学的视角着眼于倾听的生理过程，它使我们大概了解倾听发生的生理过程以及此过程的复杂性与智慧参与的必要性。社会学的视角着眼于倾听的关系性，将其理解为人际关系的方式之一，被倾听是人的一种社会性的需求，倾听他人则表现了尊重、关怀与理解等人文态度。哲学的视角使我们站在生存论的高度去理解倾听，体会到倾听的共在特征以及品性与理性之优。由此可见倾听的丰富意蕴。这些视角的考察和分析并不是想将对"倾听"的理解导向混乱和故弄玄虚。恰恰相反，这是一个试图恢复并召回教育学中"倾听"本质真义的必经途径。"倾听"之"倾"与"听"使其带有浓浓的人文色彩，超越了单纯的对生理上的"听"的理解和阐释，使其具有了行为背后的阐释。从现象学的角度看，多个视角和维度的挖掘和阐释正是"面向事情本身"，把握事情本身真相的做法。这样的逻辑思考和探索，使我们对倾听研究的视域变得越来越开放。

第二章

教学倾听：内涵、性质与审美阐释

教的活动大半存在于倾听之中。

——黛博拉·梅尔（Deborah Meier）

倾听是一个意蕴丰富的词语，多维度的考察展现了倾听的词源学所指、生理学的发生过程、社会学的人文含义以及哲学的思考，这是一幅多姿多彩的有关倾听的种种理解的图景，它为我们理解教学倾听打下了坚实的基础。教学倾听是发生在教学活动中的倾听，它既与上述多学科中的倾听有关联，同时又因教学活动的特殊属性而具有自己专属的理解。厘清教学倾听的概念，廓清教学倾听的内涵，归纳教学倾听的特点并进行审美阐释，是分析教学倾听维度、构建"倾听着"的课堂教学的必要环节。

一　教学倾听的定义及其解析

（一）教学倾听的定义

倾听与教学关系密切，并因教育教学的特殊性而带有独特的所指和内涵。前已述及，倾听的考察维度众多，在教学中，它既可以表现为直观的、具体的行为，也可以表现为一种抽象、弥散的态度和意识。因此，不同的研究者对教学倾听的侧重和理解也不尽相同。通常来说，对教学倾听一般的理解是完全基于生理学和语言学，将倾听理解为在生理学上是听觉器官的功能，在语言学上是一种与言说相对的语言现象。此时，教学倾听就是师生之间在言语交流过程中接收言语信息、通过思维活动达成一定的认知、理解等的过程。它通常是伴随着提问、讲授、讨论、辩论等有声言语活动出现，是潜隐地存在于这些可听的言语行为背后的行为。笔者认为，这种理解是取"倾听"这个词语最主要的部分——"听"，却忽视了其最人文色彩的"倾"的含义以及二者合而用之的更丰富的意蕴，使其成为干瘪的、单一的、纯粹与言说相对的行为，失去其与时代精神、本真教学相符的生命力。实质上，即便是普通的人际交往中的倾听，国际倾听协会也认为对其下定义是一种"挑战"，是"一项艰巨的任务"。① 更何况教学情境中的倾听比一般的人际情境中的倾听更为复杂，它不仅涉及双方的精神世界的相互作用，而且还包含着知识、思想和意义的传达以及关系的建构。因此，如若严格按照亚里士多德所说的"种加属差"的方式为教学倾听下一个准确的定义，这种做法不仅困难，而且会因无法囊括倾听的丰富内涵而产生理解上的"贫乏"和"呆板"。维特根斯坦的"家族相似"理论认为，一个家族中的成员之间由于遗传的缘故会在某一点上有相似的地方，但不大可能在几代人中找到共同的特点。这提醒我们不要对着空洞的概念体系一味地构思，而是要使思想符合语言的实际用法，要走进生活中去，观察日常语言的运用。因此，我们不再试图从"纷乱"的语言现象中寻找出教学倾听的所谓的"本质特征"，转而用描述性的语言从更为广义的层面上来理解教学倾听。这种理解是基于生理学和语言学的含义，同时吸纳哲学、社会学的理解，认为所谓教学倾听是指教学过程（活动）中，教师和学生基于相互尊重、平等的立场，细心听取彼此的各种表达（言语表达与非言语表达等）、以倾听的方式表现出来并在此基础上达成的知识、思想、生命、情感等层面的交往和互动。在教学过程中，师生之间这种以倾听的方式表现出来的交往和互动具有教育自身的特点，它是师生在教学中的本真存在方式；是师生之间交往沟通的重要方式；它多数表现在教学过程中的语言交际行为之中，是一个感官、智

---

① ［美］安德鲁·D. 沃尔文，［美］卡罗琳·格温·科克利，［中］吴红雨：《倾听的艺术》，复旦大学出版社 2010 年第 5 版，第 43 页。

力和情感共同参与的、对教学信息进行注意、接收、解读以及反馈的过程；它的核心是思考，实质是全身心的理解和接纳。这种基于"家族相似"而不得以采用的描述虽然显得模糊，却由于外延的敞开而具有随语境变化的"丰富"的意味和"灵活性"，更加符合教学的特质以及倾听的丰富意蕴。为了更为清楚地理解教学倾听，我们从以下几个方面对其进行解析。

（二）教学倾听定义解析

1. 教学倾听是师生在教学活动中的本真存在方式

从教学活动中的倾听主体角度考察，倾听是师生在教学活动中的本真存在方式。虽然在关于人的存在与意识的关系问题上，笛卡尔提出"我思故我在"的观点，意指"我思"是"我在"的前提。然而，仔细考究，人在世界中的存在实质是先于主体的自我意识的，生命的存在以及由于生命的存在而发生的对世界的各种感受才是个体与世界产生种种关系的起点和基础。"主体首先是'我在'，然后才是'我思'，这样，'我思'是'我在'的一种存在方式"。[1] 此时，"'存在'既不是时空中的事实（客体），也不是超越时空的人（主体），它是在主客体分化之前混沌原初的状态，是存在物自身的呈现和展示。"[2] "我在"意味着我用多种感官形成的感性存在去感受世界与自我，感受世界与自我的关涉并建立各种关系，是"我"自身的呈现和展示。《尚书·洪范》中言五事，"一曰貌，二曰言，三曰视，四曰听，五曰思。貌曰恭，言曰从，视曰明，听曰聪，思曰睿。恭作肃，从作乂，明作哲，聪作谋，睿作圣。"可见，"倾听"作为"五事"之一，既是我们利用感官去认识与感受世界与自我的重要能力，承担着人类认识世界的任务，也是我们"在世"的一种证明，人的本己的存在方式之一。诚如海德格尔所言："当存在尚未开口说话时，我们无话可说！"[3] "我们要做且只能做的是：在倾听中默默地承担我

---

① 邹诗鹏：《"倾听"——哲学生存论的意义阐释与反省》，《江海学刊》1997 年第 3 期。

② 王攀峰：《走向生活世界的课堂教学》，教育科学出版社 2007 年版，第 66 页。

③ 邹诗鹏：《"倾听"——哲学生存论的意义阐释与反省》，《江海学刊》1997 年第 3 期。

们作为'此在'之在的生命意义。"① 从人的社会性的角度看，人是在与人的关系中"变成"人的，"'我'必须有'他人'作为对象，必须以'他人'这一对象确证'我'的存在。"② 这类似于巴赫金所说的："一个意识无法自给自足，无法生存，仅仅为了他人，通过他人，在他人的帮助下才能展示自我，认识自我，保持自我。最重要的是构建自我意识的行动，是确定对他人意识（你）的关系。"③ 倾听意味着"听"与"说"的共在，意味着"听者"与"他者"的共在。正是因为有了他人的听，或者是自己对他人的听，我们才能在"他人"中确证自己的存在，无倾听自然很难体会到他人言语在自身以及自己言语在他人身上的反应。因此，倾听是人的本真存在方式之一。当然，我们将倾听理解为人的存在方式，这是用展示的方式而非推导的方式得出的结论，这种理解"好比阳光下的水晶石那样自然地显现自己的色彩光芒，而不用通过人为的技术加工对其作物理、化学的分析研究"。④

教学活动作为人类活动之一，虽然在目的、内容、方法、手段等方面与其他活动存在着差异。但不可否认的是，教学中师生仍旧是使用耳、目、手等器官去探索未知世界、获得知识、发展自我的。倾听使师生用耳、用心去感受并体验沉浸于其中的教学事件的发生与发展，此时，倾听为作为倾听者的师生所带来的是"我"身处在教学之中、"我"用身心在体验教学的感觉，教学通过倾听向"我"进行渗透、启迪和暗示，"我"沉浸在其中并达成对教学生活的理解。在此基础上，"我"才能够表达"我"在教育中所经历的教育事件为"我"带来的启迪、体验、态度等，而且这种表达在很大程度上是基于"我"所倾听到的一切，此时，倾听与言说共同构成了师生在教育活动中本真的存在方式。在这个层次上，美国学者 Carlina Rinaldi

---

① 邹诗鹏：《"倾听"——哲学生存论的意义阐释与反省》，《江海学刊》1997 年第 3 期。

② 王尚文：《语文教学对话论》，浙江教育出版社 2006 年版，第 4 页。

③ ［俄］巴赫金：《陀思妥耶夫斯基诗学问题》，白春红、顾亚玲译，生活·读书·新知三联书店 1992 年版，第 344 页。

④ 王攀峰：《走向生活世界的课堂教学》，教育科学出版社 2007 年版，第 67 页。

认为"倾听不仅仅是一种对话的技术，也是一种看待与思考我们自己与他人和世界的方式。倾听是连接的一种元素，是人类生命的一部分，存在于生活本身这个概念中……"① 可以说，借由倾听，师生确认了自己在教学中的存在以及存在的意义。借由倾听，师生在教学中与他人、与世界建立起密切的关系，"世界向来已经总是我和他人共同分有的世界。此在的世界是共同世界。"② 借由倾听，使得师生得以认识世界与自我，"在此在的存在之领会中已经有对他人的领会"③。师生在倾听中不断完善、成长，倾听即是师生在教学活动中自身的呈现和展示，在倾听中，师生不仅感悟到他人生命的存在，也感知到自己生命的存在，这种倾听对于师生而言就是"去自我更新，去成长，去不断地生成，去爱，去超越孤独的内心自我之牢笼，去关心，去给予"。④ 倾听即是师生在教学活动中的本真存在方式。

2. 倾听是师生之间交往沟通的重要方式

从教学活动中倾听主体间的相互关系上看，倾听是师生之间在教学活动中交往沟通的重要方式，也是教学的本质。人的社会属性决定了人与人之间交往沟通的必要性。人的"存在就意味着进行对话的交往。对话结束之时也就是一切结束之日"。⑤ 而体现人的对话交往的是多声音的参与。"单一的声音什么也结束不了，什么也解决不了。两个声音才是生命的最低条件，生存的最低条件。"⑥ 多声音的参与并不是多个声音之间的孤立存在独自发声，而是声音发出者之间的相互倾听以及在倾听基础上的相互回应，离开了倾听也就无所谓对话与交往的发生。所以，倾听才成为人与人之间对话交往的重要方式。人的社会属性以及教学活动促进学生发展的特殊目的使师生之间的交往

---

① Carlina Rinaldi, "The Pedagogy of Listening: The Listening Perspective From Reggio Emilia", *Innovations in Early Education: The International Reggio Exchange*, Vol. 8, No. 4, Fall, 2001.

② ［德］海德格尔：《存在与实践》，陈嘉映等译，生活·读书·新知三联书店1999年版，第138页。

③ 同上书，第143页。

④ ［德］弗洛姆：《占有或存在》，北京国际文化出版公司1989年版，第77页。

⑤ ［俄］巴赫金：《诗学与访谈》，河北教育出版社1998年版，第340页。

⑥ 同上。

沟通更为频繁与迫切。师生之间的这种沟通交流通常由两部分组成：一个是说出自己心中的想法，以便让自己的所思所想能够被他人倾听到并得到一定的理解；一个是知道他人心中的想法并对他人的想法进行回应。这个沟通交流的过程从外在来看，是由言说以及言说所发出的各种声音所组成，从内在来看，是由倾听以及倾听的效果所决定。在教育发展的每个阶段，倾听都是课堂教学中师生交流沟通的重要方式。有研究者通过对超过 1000 个美国课堂的观察作了报告，结果发现学生和老师之间口头的交流事件占到了课堂总时间的 53%，其中教师与学生讲话的时间比例为 3∶1。其他一些研究人员的调查也有类似的结论。① 这里需要一提的是，倾听作为师生之间交往沟通的重要方式并没有得到应有的重视，人们更为重视的是作为外显的言说在沟通交往中的作用。这也是在人际交往中各说各话的真实体现。

3. 倾听多数表现在教学过程中的语言交际行为之中

语言是人的特性，也是为人服务的，它广泛存在于使用者之间的对话交际之中，"当我们与其他的言说者和倾听者相互交往时，我们顺利地使用、理解词语和句子"。② 在以口头语言、书面语言来表达、沟通和交流的过程中，倾听与言说一样，都是一种语言交际行为。只不过，言说是外显的语言交际行为，倾听是内隐的语言交际行为。在传统的结构主义那里，言谈仅仅被理解为一种简单的从说者到听者的接受行为，说者说，听者听。因此人们更多地注意"说"，而忽视"倾听是语言另一面"③，一个非常重要的方面。实质上，"人正是在回应语言的意义上讲话，这回应就是倾听"。④ 一个讲话的人必须倾听，无论这人是否想要去听。不听，他无以去说；无人去听，他的言说也将缺少意义。苏联哲学家、美学家、文艺理论家米哈伊尔·巴赫

① ［美］安德鲁·D. 沃尔文，［美］卡罗琳·格温·科克利，［中］吴红雨：《倾听的艺术》，复旦大学出版社 2010 年第 5 版，第 11—12 页。

② ［德］龚特·阿贝尔：《语言和世界——一个超分析和超诠释学的探察》，鲍永玲译，转引自潘德荣，付长珍主编《对话与和谐——伽达默尔诠释学思想研究》，安徽人民出版社 2009 年版，第 150 页。

③ Gemma Corradi Fiumara, *The Other Side of Language*: *A Philosophy of Listening*, London: Routledge, 1990, p. 1.

④ 王枬：《语言——师生心灵之约》，《教育研究》2002 年第 2 期。

金建立了以"言词""言谈"和"情境"三个概念为基础的超语言学话语。他认为言谈作为一种复杂的社会交往行为，是一种双向的理解活动，说者既说又听，听者既听又说。"言谈"是外在说者说与听、听者听与说情境中的产物，而"情境"则是语言的生存环境。至此，"语言在日常言谈中实现于自我和他人身上"①，彰显着巴赫金超语言学理论的"使语言走向人，走向自我与他人的社会交往中"的人文精神。② 可以看出，巴赫金的超语言学理论认为言谈包括"言说"与"倾听"，二者都是语言交际现象，共同组成充溢着语言的"情境"。伽达默尔也将倾听与理解、语言连接起来。他认为倾听是通向整体、达成理解的途径，甚至在某种意义上来说，倾听就是理解。而"一切理解都是解释，一切解释都发生在语言的媒介中，这种媒介让对象进入语词之中，但同时它又是解释者自己的语言"。③ 理解通过语言来进行，我们的倾听就是倾听语言的过程，在倾听中听到，听到整体，听到能被理解的存在。而且这种倾听，并不是人的行为所带来的听，而是因为"我们隶属于语言，我们被言说"。④ "我们惟有通过音调里所说出的意义，才能理解言说的语言。然而最重要的是，言说语言已不属于我自己的了，而是属于倾听。"⑤

　　课堂不是一个死寂的无声的世界，正相反，它是一个充盈着声音的场域。课堂教学活动中这些声音的显现大部分是以语言的形式来进行的。语言是人类保存认识成果、进行思维和传递信息的重要载体和交际工具。卡西尔认为，语言"从我们生命伊始，意识初来，就围绕着我们，它与我们智力发展的每一步紧依为伴。语言犹如我们思想和情感、知觉的概念得以生存的精神空气。在此之外，我们就不能呼吸"。⑥ 确实如此，在"众生喧哗"的世界中，语言与语言之间的交

---

① ［俄］巴赫金：《巴赫金文论选》，佟景韩译，中国社会科学出版社 1996 年版，第 339 页。

② 同上。

③ ［德］伽达默尔：《真理与方法》，上海译文出版社 2004 年版，第 389 页。

④ 同上书，第 65 页。

⑤ ［德］伽达默尔：《论倾听》，《安徽师范大学学报》2002 年第 1 期。

⑥ ［德］卡西尔：《语言与神话》，于晓译，生活·读书·新知三联书店 1988 年版，第 127 页。

流与沟通是维系我们社会生活的重要手段，没有语言，我们将"思之无物、言之无物"。语言通过给存在物进行命名，将存在物带入词语和显象，使存在物彰显自己的存在并从遮蔽状态走向澄明之境。语言对于人而言，可以张扬人的尊严，提高人的地位，它对我们的思想"所起的独特作用不是为表达观念而创造一种物质的声音手段，而是作为思想和声音的媒介"①，因此"使人成为富有主体意义的自我的存在"。② 正是因为语言，事物和世界向人敞开，人的自我也同时敞开。

从教学倾听的主要表现样态来看，它多数体现在教学过程中的语言交际行为之中。人类生活在一个声音的世界中，无论我们是拒绝抑或是接受，始终都会被弥漫耳际的声音包围着。无处不在的声音传递着各种信息：笑声表达的是人们的喜悦，雷声预示着大雨的来临，新生儿嘹亮的哭声宣示着生命的诞生，甚至是语音、语调、停顿或沉默等都有着一定的寓意。这些声音需要我们用心去倾听、去理解、去回应。不难想象，没有声音所传递的各种信息或者说我们没有倾听、理解这些声音，人类的生存境遇将变得何等艰难与枯燥。课堂具有多方面的属性特点，声音特性是课堂场域的基本属性之一。课堂场域中的声音多种多样，既有纯粹的物理学上的由于声波震颤所导致的有意义发音或无意义发音，也有隐喻层面上的、根据研究情境具有多元内涵指称的声音。③ 这些声音裹挟着不同的教育信息以各不相同的响度、数量、内容在不同的教学时间内出现，从而具有不同的教育内涵。在这其中，最为重要和常见的是两类教学主体即教师和学生发出的声音，有时它们反映了在位置之间客观关系的网络或图式的场域中资本、权利的运作情况；有时它们揭示了教学主导权的占有情况；有时它们代表了不同教学理念在实践中的具体操作，有时它们表明了各自的角色特征与现实状况。这些声音，无论以何形式出现，沉默抑或喧闹、主流抑或旁支、配合抑或反抗、和谐抑或刺耳、提问抑或应答、

---

① ［瑞士］索绪尔：《普通语言学教程》，高名凯译，商务印书馆1987年版，第157—158页。
② 冯铁山：《诗意言说与德育的实效性》，《教育评论》2007年第6期。
③ 王丽华：《"教师声音"之研究及启示》，《全球教育展望》2007年第5期。

讲授抑或静听、讨论抑或附和，都是在课堂场域中客观真实地存在着、诉说着，以或隐或显的方式参与到教学的过程中，体现了多种多样的师生交往样态，共同奏响、演绎着现实的课堂教学。

当然，在这里，我们说倾听多数表现在教学过程中的语言交际行为之中，这意味着在非言语交际中也存在着倾听的现象。这既是我们生活中一个普遍的认识，而且我们认为不用借助于外在的语言交际行为而能够直接得到准确的信息是那些异于常人所具有的一种能力。在中国历史上，管仲曾将东郭牙称为"圣人"，其原因就在于东郭牙根据管仲的表情和手势判断出齐要伐莒。对此，《吕氏春秋·审应》中高度评介这种"听于无形"的能力："凡耳之闻，以声也。今不闻其声，而以其容与臂，是东郭牙不以耳而闻也。桓公、管仲虽善匿，弗能隐矣。故圣人听于无声，视于无形。詹何、田子方、老聃是也。"①可见，倾听未必一定是对语言交际中声音的倾听，"听于无形"是倾听的一种，而且是倾听的较高境界。

4. 教学倾听是一个感官、智力和情感共同参与的、对教学信息进行注意、接收、解读以及反馈的过程

从教学倾听发生的具体过程来看，它是一个感官、智力和情感共同参与的、对教学信息进行注意、接收、解读以及反馈的过程。教学过程中的倾听主要涉及三个方面的信息，首先是涉及言者和听者之外的内容（如知识等）；其次，关系到互主体关系——师生关系；最后，倾听关系到说者与听者内心的主观的精神和情感世界。换句话说，教学倾听的内容是教学过程中的各种信息，它既包括人类千百年来传承下来的知识文化，也包括师生对这些知识文化的理解掌握情况，以及各种伴随着知识文化学习过程中的情感、态度、价值观等。教学过程中师生对这些信息的接收是伴随着多种器官参与的智力和情感的共同作用：教师和学生用耳朵来接收那些有声的信息，用眼睛观察伴随着声音出现的那些非言语信息，用大脑去解读那些有声、无声的信息的表面含义以及隐藏的真实的含义，用心灵去感知并对这些信息进行回应并实现着相互的理解和沟通。这个过程倾听者的眼睛、耳朵甚至是

---

① 《吕氏春秋·审应》。

触觉等感官在努力获得更多的信息，同时伴随着倾听者的情感投入与说话者的情感表达，并传递给大脑进行分析、理解，及时进行回应与反馈。所以说，教学倾听是一个感官、智力和情感共同参与的、对教学信息进行注意、接收、解读以及反馈的过程。

5. 教学倾听的核心是思考，实质是全身心的理解和接纳

从教学倾听的实质来看，它是一个理性参与的过程，与思考、理解密不可分。伽达默尔认为"听把话语同领会、理解和可理解性的联系摆得清清楚楚了。如果我们听得不'对'，我们就没懂，就没'领会'"。① 因此，"没有理解的纯粹倾听是不存在的，然显而易见，也不存在某种没有倾听的理解"。② 倾听何以能够达成理解，原因是有思的作用。"'思'就像是一条幽静的森林小径，人们置身其中，这条小径似乎才能够显露出来，但是，人的漫步轨迹取决于这条小径，当人们行进在这路途上时，思想就必须努力地推开杂树，紧跟着这条小径，从而展现出林中空地。这条路其实就是人被存在领上的路。"③ "思"负载着存在的特征，使倾听与听相区别，它使倾听者能够对各种信息进行辨别、分析、选择、判断，知晓倾听到的内容的准确含义，并在此基础上达成理解和接纳。

关于理解，法国当代著名思想家埃德加·莫兰（Edgar Morin）认为有两种类型④，一种是理智的或客观的理解，准确感知到话语内容的准确含义，类似于计算机的一种解读和翻译，它可以通过解读和说明来实现；另一种是人类主体间的相互理解，它超越了说明，不能靠客观的、科学的分析解决，这恰如不能靠测量一个孩子眼泪中含盐量的浓度而理解他为什么哭泣一样，此时需要"同化、移情、投影"等的参与。师生倾听过程中在感知话语准确含义的基础上对话语中渗

① ［德］伽达默尔：《真理与方法》，上海译文出版社2004年版，第218页。
② ［德］伽达默尔：《论倾听》，《本体诠释学》（第二辑），潘德荣、成中英等译，北京大学出版社2002年版，第17页。
③ ［德］海德格尔：《海德格尔式的现代神学》，刘小枫译，华夏出版社2008年版，第146页。
④ ［法］埃德加·莫兰：《复杂性理论与教育问题》，陈一壮译，北京大学出版社2004年版，第75页。

入的而又未明说的想法进行理解，并在此基础上欣赏、体味隐藏在话语背后的心情想法产生共感共鸣，就属于后一种理解。日本著名的教育家佐藤学先生在《静悄悄的革命》一书中描述了三年级语文讲授"冬青树"一课的场景：① 深夜，豆太在沉睡中被大叔熊一般叫喊肚子疼的声音所惊醒。尽管平时豆太胆小到夜晚连撒尿都不敢去，但是他却一下子冲出小屋去给大叔请医生去了。当时教学过程老师针对豆太闭着眼睛跑下山的插图对学生进行提问："豆太是怀着什么样的心情在跑啊？"这时有一男孩答道："豆太他在叫头疼啊！"在大家齐声反驳叫疼的应该是大叔，而且大叔叫的是肚子疼的情况下，男孩仍旧坚持自己的判断不让步。老师问他这个想法是从哪里来的，男孩回答道："因为书上写着，豆太整个身体蹦起来跑出去了。"此时，作为倾听者的老师和其他同学通过男孩的话语想象出了当时的场景：漆黑漆黑的夜晚，很小很小的屋子，睡得正香的豆太一听到大叔叫疼，迷迷糊糊中整个身体蹦起来朝门边猛跑，必定是狠狠地碰到门上了。所以豆太在跑的时候叫的是头疼，自己的头疼。当其他同学和老师真切地理解了豆太时，"真不简单啊"的叫好声、感到有趣的欢笑声随之爆发。在这一刻，师生之间的倾听从男孩话语的表面意思转到了男孩尚未说出的话语上，并产生了深深的赞同和由衷的欣赏，情感、思维在此达到了同频共鸣，这就是人类主体间的相互理解。

日本著名作家、电视节目主持人、联合国儿童基金会亲善大使黑柳彻子在《窗边的小豆豆》一书中也曾描述过自己因淘气被原学校退学后，来到巴学园，第一次见到校长小林宗作的情景，它也从另一个侧面反映了倾听的理解与全身心地接纳：校长并未向其他老师一样要求小豆豆站立在他面前说话，也未向其他老师一样提些问题要求小豆豆回答，而是在小豆豆对面坐下，让小豆豆随便说，把自己想说的话全部都说给校长听。所以，小豆豆开心极了，全然不顾自己说话的顺序、方式，拼命地说着那些什么电车跑得快、以前读书的学校、家里的狗、幼儿园的事情、流鼻涕时挨骂等等诸如此类在她看来有趣又

① ［日］佐藤学：《教师的挑战：宁静的课堂革命》，钟启泉、陈静静译，华东师范大学出版社2012年版，第6页。

重要的事情。校长先生对于这些远离自己生活、不符合自己年龄的事情不仅没有不耐烦，反而边听边笑，有时赞同地点头，有时好奇地追问。小豆豆更为开心，终于有人对她说的话感兴趣了。可是时间长了，可说的越来越少，小豆豆由最初的兴奋、开心、滔滔不绝慢慢地变为无话可说，绞尽脑汁也找不到什么可说的了。校长站起来，用温暖的大手摸摸小豆豆的头，说："好了，从今天起，你就是这个学校的学生了。"①

《窗边的小豆豆》一书中的这段小豆豆的经历很好地诠释了倾听的理解性特点以及倾听对他人的重要意义。面对着一个儿童滔滔不绝地说着自己感兴趣而成人认为无关紧要的事情，校长小林宗作先生接连四个小时专注地倾听着，没有一次打哈欠，没有一次露出不耐烦的样子，向前探出的身体，不时的追问，满脸的关切，这些都使小豆豆产生了和校长在一起的时候是非常安心、非常温暖、心情好极了的感觉，认为校长先生一定是真正喜欢自己的，要是"能永远和这个人在一起就好了"，进而将这种感受迁移到对到巴学园上学的渴望上。校长对小豆豆的倾听就是一种在理解儿童心理基础上的、对儿童的一种无条件的、全身心的接纳。

二　教学倾听的性质

教学倾听与一般情境中的倾听相比，有自己的一些特殊的性质。这是由教学活动的特殊性所导致的。关于教学的特殊性，叶澜教授有一段颇为经典的论述："儿童专门意义上的学习活动，主要是通过学校以'课'的形式进行的教学过程来完成的。不管人类社会对教育的需求达到怎样普遍化的程度，不管学校教学、课程的内容怎样不断地随时代发展而变化，作为'教学过程中的学习成长'不同于'日常情境中学习成长'的性质这一点不变。那是一种个体要进入符号抽象意义的精神文化世界所必需的学习，与通过日常生活实践获得现实

---

① ［日］黑柳彻子：《窗边的小豆豆》，赵玉皎译，南海出版公司2003年版，第18—22页。

世界生存经验意义的学习相关，但绝不相同。如果没有这样的性质区别，那么学校教学这种专门的、人为的学习形式就失去了存在的根基。也许这就是为什么在人类教育史上虽屡次出现学校回归生活世界的思潮和初衷，但都不能以取代学校教学的方式长久持续、普遍出现的重要原因之一。"① 简单地说，教学的特殊性可以表现在它的目的性、内容的选择性、符号性与道德性上。所谓目的性，是指教学是一种有目的的引导性活动，它的目的是引导受教育者不断地发展、完善。所谓内容的选择性，是指为达成教学的特殊目的需要从人类的知识文化宝库中精选那些适合并能更快更好地促进受教育者发展的内容。所谓符号性，是指教学的过程主要是引导、指导学生以符号为表征对间接经验的学习。所谓道德性，是指教学的内容、手段、情境等方面都蕴含一定的道德教育意味。在教学中，"我们不是以道德的方式教，就是以不道德的方式教"，② "教学如果没有进行道德教育，就只是一种没有目的的手段"。③ 基于对教学特殊性的认识，教学倾听也呈现出有别于一般情境中倾听的特殊性质。

（一）目的性与工具性共存

大部分的人际交往中的倾听者将倾听视为达成自己预设目的的工具，比如记者、社会研究者、警察等，他们的倾听常常有直接的为自己的实用目的：或者是为了挖掘有价值的新闻，或者是为了某一项课题的数据，或者是为了获得所需要的事实真相，或者仅仅是为了窥探他人的秘密。在这种情况下，倾听者是带着自己的实际目的、愿望和梦想去倾听的，倾听是达成实际结果的一种手段和工具。倾听者感兴趣的是言说者所说的内容而对言说者本人是没有兴趣的，与目的不相关的内容全部被倾听者忽略掉。教学中的倾听具有工具性与目的性共存的双重性质。工具性是指师生将倾听视为获得教学信息、完成预定教学任务的工具：

① 叶澜：《"新基础教育"论——关于当代中国学校变革的探究与认识》，教育科学出版社 2006 年版，第 263 页。

② ［美］麦金太尔：《追寻美德——道德理论研究》，宋继杰译，译林出版社 2003 年版，第 87 页。

③ 张焕璐：《西方资产阶级教育论著选》，人民教育出版社 1964 年版，第 257 页。

教师通过倾听了解学生的掌握情况，推进预设的教学进度；学生通过倾听掌握相关的知识，完成基本的学业任务。此时，倾听是教学中的一种具体的方法，是一种教学技术，是以顺利推进预设的内容，提高教学效益，获得一个满意的教学效果为目的的。目的性是指教学中的倾听更为关注言说者的生命存在与"成人"，具有明显的教育意图和"为他人"的特征，其重心在于促进言说者的发展，使其在倾听的过程中学会倾听，成长为"会倾听的人"。此时的倾听，在内容上不仅包括知识这个教学的主要任务，还包括情感、态度、价值观等言说者全部生命表现方面，更是通过倾听者具体的倾听态度、倾听技巧、倾听意识去影响言说者倾听能力的形成。通常来说，将倾听完全视为工具性的人所营造的倾听情境中真正的倾听态度和氛围并没有形成，是围绕着"预设""自己所想"进行的，情境中可能会充溢着傲慢、偏见、漠视、嫉妒、不屑和对他人失败的幸灾乐祸；而将倾听视为工具性与目的性并存的人所营造的倾听情境中则可能洋溢着尊重、关怀与支持的氛围以及"为他人""与他人同在"的精神。

（二）求真性与向善性共在

教学倾听兼具求真性与向善性双重属性。求真性是指教学倾听强调倾听内容的准确性以及理解的正确性，这是倾听的一般要求。向善性是指教学情境中的倾听有时更为强调倾听者的移情、关怀等品质而不以准确、正确为唯一标准，这是教学教育性的要求。Temple 大学教授 Leonard J. Waks 曾描述了一个叫作格林的四年级老师的教学倾听，说明了这种求真性与向善性在课堂教学中共生共在。[①] 格林老师在教授口语朗读课时根据全班学生朗读的程度，分别以老鹰组、老虎组、兔子组代表高、中、低三种表现程度的朗读者。格林老师在倾听学生朗读故事的某一段落时，严格按照诸如朗读的准确性、流畅性等指标将学生分到不同组别当中。这是完全按照倾听的求真性进行的，也是格林老师的一贯做法。但是某一次，格林老师在对待那些因为朗读能

---

① Leonard J. Waks, "Two Types of Interpersonal Listening", *Teachers College Record*, Vol. 112, No. 11, 2010, pp. 2743 – 2760.

力低而即将被划归为稍带歧视性的兔子组的同学时，她忽然从那些同学的声音中倾听出焦虑、不安以及曾付出的努力和进步。此时，她的评价不再简单地只是关于朗读标准这一单一向度，而是打开心扉感受隐藏在朗读流畅性、准确性背后的那些情感因素以及付出的努力，在评价分组上也做了相应的调整。格林老师以移情的方式感知学生积极向上之心，小心呵护这些不可测量的"珍贵之物"，体现的就是教学倾听的向善性。

（三）情感性与智慧性相伴

杜威认为，"耳朵同充满活力的和乐于交流的思想情感之间的联系，比起眼睛要格外密切而且更加多样。"[1] 此话表明与视觉的距离性和客观性相比，听觉往往能够令倾听者及倾听对象间的冰冷距离融化，从而创造出二者双向交流的契机，因此，倾听较之注视更加饱含着情感。"'注视'主体的主动投射，其目光集聚在静止和孤立的原子式的实体上；'倾听'则是人的承受，它从四面八方感受到万物的声息。'注视'中的人受概念理性的制约和支配；'倾听'中的人则是本真的充满灵性的人。"[2] 教学倾听是一种情感，它由情感激发，受他人情感的影响，也产生情感。[3] 美国哲学家列文也认为"我们的倾听不仅仅是一种认知能力；它同时也总是一种情感能力和激发能力。"[4] 倾听由情感而激发，一旦开始倾听，便意味着倾听的主体已经投身到了对象的世界，这时倾听者拥有的不仅是耳朵，还有眼睛和心。我们看到街头那些可怜的乞讨者时往往慷慨解囊，其原因并不在于我们听到了反复哀求的那句"可怜可怜我吧"，而是乞讨者那褴褛

---

[1] John Dewey, *The Public and Its Problems*, Ohio：Ohio University Press，1954，pp. 218 - 219. 转引自路文彬《视觉时代的听觉细语——20 世纪中国文学伦理问题研究》，安徽教育出版社 2007 年版，第 42 页。

[2] 王珉：《从注视到倾听——关于西方哲学演变的一个思考》，《学术月刊》1998 年第 3 期。

[3] Carlina Rinaldi，"The Pedagogy of Listening：The Listening Perspective from Reggio Emilia"，*Innovations in Early Education：The International Reggio Exchange*，Vol. 8，No. 4，Fall 2001，pp. 1 - 4.

[4] David Michael Levin，*The Listening Self*，London：Routledge，1989，p. 43.

的衣服、哀求的眼神、可怜的生存状态使得我们对他的处境深切同情。这个时候，我们拥有的除了耳朵，还有眼睛和心，是情感激发了倾听并在情感中发展。

教学倾听是一种教学实践智慧。与一般的人际情境中的倾听相比，教学倾听在这方面更为复杂：从倾听的模式上看，它不仅包括单个主体间的倾听，还包括单主体与群体之间的倾听；从倾听的内容上看，它不仅包含对师生之间进行人际交往时对双方的需要、意图、意见等的理解和倾听，还包括对知识、思想等意义的倾听，它使学生获得知识意义、思想，使学生在倾听中获得经验与精神的生长，获得自我理解；从倾听后的反应上看，它涉及中断、宽容、串联等更为复杂的行为。因而，在教学中，师生的倾听不是技术性的行为，也没有固定的程序可走，更无标准答案可遵循，要想获得良好的效果，就需要智慧的参与，甚至可以说，教学倾听本身就是一种实践智慧。

（四）创造性与审美性相随

教学倾听具有创造性，主要表现在两个方面，一是表现在倾听的实践智慧上，倾听行为是教师和学生的创造性劳动，它动用了教师和学生的情感、智力和多种感官，根据不同的情境、不同的言说者、不同的目的而选择不同的回应方式，在倾听过程中达成了视域融合，生成了一些原本没有的东西，可以说，倾听凝聚着教师和学生创造性的思维劳动。教学倾听的创造性还表现在对创造性人才的培养上。教师的倾听意味着给予学生更多的表达机会、自由成长与建构的空间，这有利于学生个性自由的发展，有利于促进学生创造力的发展。教学倾听具有审美性，是指倾听蕴含着多种美的表现形式，师生进行探索的理性美、精神相遇相知的情感美、生命关怀与成长的自由美、师生关系的和谐美等（关于审美性这一点，后文将详述）。教学倾听的创造性与审美性二者相伴相随，丰富了教学，使教学进入"享受和精细化时代"。

三　教学倾听的审美阐释

审美是人类掌握世界的一种特殊形式。"在每个领域中出现的凡是值得被称为艺术性的活动，都必定具有审美意义。"① 课堂教学中存在着多种表现形式的教学艺术，它们以独特的审美价值为教学增魅，使师生逐步走向"享受"教学时代。教学倾听具有丰富的审美意蕴，它所蕴含的美直抵教学美的核心，将教学带入和谐、平等、愉悦、生命、理性等价值充溢的境界。意义审美主义认为"美是世界本身所具有的，美能够将隐藏在世界之中的意义呈现出来，意义的显现就是美和审美"。② 对教学倾听中所蕴含的美进行阐释，就是教学倾听意义显现的过程，它可以从美学的视角帮助我们加深对教学倾听的理解。

（一）教学倾听中所蕴含的美的表现

教学倾听中所蕴含的美多种多样，按照教学倾听所涉及的领域来看，这些美主要表现在理性的探险和训练、师生关系的和谐共生、精神的相遇相知、生命的关怀与成长等方面。

1. 美在理性的探险和训练

理性有多重理解，本部分所说的理性是指概念、判断、推理等思维方式或思维活动。③ 人是有理性的，人生是需要理性的，人的理性是需要训练的。④ 理性是教学倾听的条件和基石，教学倾听需要理性，教学倾听使人更加理性，教学倾听的过程就是理性的探险和训练的过程。倾听是复杂的思维加工过程，当我们倾听时，大量的信息通过我们的各种感官渠道进入到大脑当中，我们不可能也没有必要将这些所有信息纳入并掌握，所以，尼葛洛庞帝所说的那种"关于信息的信息"，即对信息的判断和选择就显得尤为重要，这就涉及倾听过程中复杂的思维加工过程。具体来说，倾听者需要"衡量信息的信度、理解说话人的述说、思考呈现的思想、怀疑信息的有效性、归纳说话人

---

① ［苏］列·斯托洛维奇：《审美价值的本质》，凌继尧译，中国社会科学出版社1984年版，第17页。

② 叶秀山：《美的哲学》，东方出版社1991年版，第45—46页。

③ 辞海编写组：《辞海》，上海辞书出版社1989年版，第1367页。

④ 石中英：《教育哲学导论》，北京师范大学出版社2004年版，第185—189页。

的主题思想、获知省略的内容、思考怎样完善信息等"。① 所以，"听"的过程就是"思"的展开，离不开理性的参与。对于学生而言，教学目标和内容所蕴含的经验意义、历史意义或实践意义是外在于自身而非"完全给定的"，必须通过倾听教师的耐心细致的讲解、通过倾听其他同学发言中对这些意义的理解、心得甚至是困惑与错误，运用自己的理性力量，经由理性分析、加工、探索对这些意义进行重新的发现、理解，生成新的意义世界，不断扩大原有的视界。对于教师而言，倾听学生的言说，倾听学生的非言语表达并做出准确的判断和反馈也需要理性的参与，而且教师的这种理性"不仅是一种知识、一种能力、一种智慧，而且是一种境界、一种人品、一种人格"，② 它赋予教师有关教学倾听的客观态度、真实洞见以及恰当行动。由此可见，理性不仅是师生倾听的条件和工具，也应是教学倾听所追求的目标之一。

在教学倾听中，师生借助理性完成了外在知识的传递与掌握，消解了与知识之间的疏离和对立的状态，达成了与知识之间的视域融合，并将思想的触角伸向远方，超越自我，探索种种未知世界，实现人与世界的贯通与融合。因此，从某种意义上说，教学倾听就是借助于理性进行的一次次"探险"的过程，也是理性得到不断的应用、训练和发展的过程。这样的一种理性探险和训练具有亚里士多德所说的"美学价值"，它"能够给人以愉悦的享受，而且是最愉悦的享受"。它"好像既有较高的严肃的价值，又不以本身以外的任何目的为目标，并且具有它本身所特有的愉快……这就是人的最完满的幸福"。③ 在教学中，师生通过倾听获得理性的训练和成长，陷入理性的沉思，其内心的愉悦是无法言说的，获得的不依赖外在物质条件的幸福感是无与伦比的。

2. 美在师生关系的和谐共生

师生关系直接影响教学的美感和师生的幸福感。师生关系不是给

---

① 施良方、崔允漷：《教学理论——课堂教学的原理、策略与研究》，华东师范大学出版社 1999 年版，第 257—258 页。

② 高清海：《找回我们失去的"哲学自我"》，《社会科学战线》2001 年第 1 期。

③ 北京大学哲学系编译：《古希腊罗马哲学》，商务印书馆 1982 年版，第 327 页。

定的而是生成的，是建立在双方交往基础上的，当教学倾听与应答这
一过程"被阻断或者处于混乱无序的时候，师生之间的交往和沟通就
将陷入困境"。① 可见，倾听对于和谐师生关系的构建十分重要。在
教学中，教师认真地倾听学生使得教师能够"思想着学生的思想，体
验着学生的体验，并据此提供可能的帮助"；② 学生认真地倾听教师，
感受教师的智慧、情感、意志和人格并在这个过程中不断被感动感
化。在师生的相互倾听中彼此之间达成了了解、理解和宽容，形成心
理相融相通的共振，从而建立起一种师生和谐相处的融洽关系。甚至
这种倾听中"有一种反馈和共鸣机制：当它们变得足够大时，那些带
有足够能量的对他人的反响就会打破各种局限、打破由我们的自我逻
辑主体性所铸成的盔甲，这些反响将混合、掺杂，甚至颠倒我们的角
色身份"。③ 此时，教师与学生、学生与学生结成的关系不单单是
"工作关系""组织关系"，更是和谐的"朋友关系""心理关系"
"师友关系"。这种师生关系和谐共生之美使教学呈现出一种和谐、
自然的状态，类似于日本佐藤学所描述的那种"安心的、无拘无束的
轻柔滋润肌肤"的"润泽"的感觉。在因师生关系和谐共生之美而
形成的"润泽"的教室里，每个人的呼吸和节律都是那么的柔和，
"教师和学生都不受主体性神话的束缚，大家安心地、轻松自如地构
筑这一种人与人之间的关系，构筑这一种基本的信赖关系，在这种关
系中，即使耸耸肩膀，拿不出自己的意见来，每个人的存在也能够得
到大家自觉的尊重，得到承认"。④

3. 美在精神的相遇相知

教学倾听既是思维碰撞的过程，又是情感共鸣、精神相遇相知的
过程，这种精神上的相遇相知主要表现为师生个体精神与人类精神、
教师个体精神与学生个体精神、学生之间的个体精神相遇三种类型。
教学内容、教材文本中蕴含着大量的、丰富的知识，这些知识是人类

① ［德］海德格尔：《面向思的事情》，陈小文译，商务印书馆1999年版，第125页。

② 张华：《教育重建论》，《全球教育展望》2008年第1期。

③ David Michael Levin, *The Listening Self*, London：Rutledge，1989，p. 30.

④ ［日］佐藤学：《静悄悄的革命——创造活动、合作、反思的综合学习课程》，李季
湄译，长春出版社2003年版，第25页。

精神世界的结晶和精华。教师和学生倾听教学内容、教材文本获取知识就是不断地与知识进行着精神的交流，体味着知识所蕴含的精神人格力量。在倾听中，教师和学生共同走进知识的世界，实现个体精神世界与人类精神世界的融合。同时，教师和学生也借助于知识的学习实现教师个体精神与学生个体精神、学生之间个体精神的相遇相知，因为，在知识的学习过程中，师生彼此的观点、看法、需求、情感、态度、价值观、所思所想、生活经历、人生困惑乃至心底的秘密会有意无意地流露出来，借由倾听，师生相互了解，心灵共振，情感交融，走进彼此的内心世界。师生个体精神与人类精神、教师个体精神与学生个体精神、学生之间个体精神的相遇相知带给师生的是深层的心灵反应，是一种了解世界与他人也被他人所了解的精神上的快感。

4. 美在生命的关怀与成长

美的本源和内涵是生命，倾听关涉错综复杂的生命成长过程。在教学中，师生并非是以局部的、孤立的、某方面的形式而是以一个完整的生命体的形式参与和投入到倾听中并通过倾听获得生命体验和人生意义。教学倾听融入到师生生命成长的过程，演绎着生命的精彩并体现了教师对学生生命的关怀、尊重、呼应与理解。

教学倾听不仅是学生认识能力提高、理性发展的过程，更是情感逐渐丰富、品格逐渐形成的过程。在这个具有丰富意义的过程中，教师真诚地倾听实质就是把学生当作鲜活的而非"物"的存在、具体的而非抽象的、独立的而非依赖的生命体来看待和接纳，他允许、鼓励并倾听学生从自己的人生经历、所学知识、生活感受等出发生成个性化的思想、发出多元化的声音，这就是一种对不同生命的理解、接纳、期待和尊重，是对生命的倾听和呼应，更是对不同个体生命关怀的体现。与此同时，在教学倾听中，教师和学生的生命不断成长。对学生而言，倾听是其学习生活乃至生命生活组成的重要部分，倾听的质量和效果会直接关系到学生的生命感受，影响到学生当今及未来多方面的发展和成长。通过倾听，学生的人格心灵逐渐完整、个性逐渐发展、情感与兴趣不断得到满足，生命不断地在整体生成。对教师而言，倾听是其教学活动乃至生命活动的重要组成部分，倾听的质量和效果直接影响到教师对职业的感受、专业水平的提高。通过倾听，教师的专业价值不断得到体现，人生经历不断丰富，生命不断地在创造与超越精彩。站在生命的高度看待教学倾听，它的美即在于它使师生共同描绘生命、享受生命、演绎生命，这是一种融入师生内心世界、与师生生命体验紧密相连、呈现出生命特质与成长感动的美。

（二）教学倾听中所蕴含的美的实质

教学美有多重层次，多重要素。从层次上看，它主要有手段、目的、境界三个层次。手段层次的教学美把美看成是达成教学目标的技巧，是教学美的技术化倾向；目的层次的教学美关注情意和个性全面和谐发展；境界层次的教学美使师生"悦志畅神"。[①] 教学倾听中所蕴含的美并非是手段、目的、境界三个层次中的一个，而是三个层次的教学美的综合。教学倾听中的理性探险和训练能够使学生益智，为教学增效；教学倾听中师生的交往、关系的构建、精神的相交离不开"会倾听的"师生以及他们的情意参与，教学倾听是达成个性全面和谐发展的途径之一；教学倾听中师生精神相知交融、心灵相互碰撞、生命体验成长使得师生内心世界相互敞亮，彼此关照，进而体会到"悦志畅神"，它们分别展现了教学美的三个层次。因此，教学倾听中蕴含的美是三个层次的教学美的综合。

从教学美的要素来看，教学倾听中所蕴含的美是体现教学内在本质的美。黑格尔（G. Hegel）曾指出："美的要素可分为两种：一种是内在的，即内容；另一种是外在的，即内容所借以表现出意蕴和特性的东西。"[②] 教学美的存在形态复杂多样，既包括如教态、板书、语言、环境等以直观、具体的存在物显现的外在形式美，又包括能体现教学宗旨和教学人情、人性、人格的内在本质美。教学倾听是师生的生活方式和生命存在的方式，它展现出探索知识的理性美、人际交往的和谐美、精神相遇相知的情感美、体验人生价值意义的生命美。教学倾听中的美张扬了教学中师生的人情、人性和人格，展示了善的德性、美的心灵，它们与教学不是一种外在的关系，而是一种内在的

① 李如密：《教学美的价值及其创造》，广东高等教育出版社2007年版，第50页。
② ［德］黑格尔：《美学》（第1卷），朱光潜译，商务印书馆1979年版，第2页。

同一关系，它们就是教学宗旨和教学真谛的真实写照。与外在形式的教学美相比，教学倾听中蕴含的美直抵教学美的内核，体现了教学内在本质的美。

第三章

教学倾听的两维分析

> 说是属于知识的范畴而听是智慧的特权。
>
> ——温德尔·霍姆兹

人类生存与发展的历史就是一部倾听的历史，"从远古祖先倾听神明之声，到现代社会以听觉为唯一通道的电话；从'月下听箫声，山中听松声'，到倾听历史、经典的声音；从初降人世的婴儿到白发苍苍的老翁，从苏格拉底到现代哲学解释学的大师，人类一直在倾听，在对话。在倾听中对话，在对话中倾听。"① 可以说，倾听贯穿于人类历史中，存在于人类的各种情境和活动中，自然，在教学中也不例外。教学倾听与一般情境中的倾听一样，具有品性之优与理性之优。品性之优主要表现为对人和对己两个方面。对人主要是指与他人建构关系，在教学情境中，主要指师生之间的"你—我"相遇和共在。对己是指对倾听者本人，即对作为倾听者的教师以及作为倾听者的学生的作用，它体现了教学的自成目的性。理性之优主要表现在教学倾听创造三重意义与关系，是一种教学实践智慧。

一　教学倾听的品性之维分析

（一）倾听：教学中的"我—你"相遇与共在

1. 教学中的"我—它"关系

德国哲学家、宗教存在主义的代表人物马丁·布伯（Martin Bu-

---

① 程亮、刘耀明、杨海燕：《对话教学》，福建教育出版社2007年版，第63页。

ber）在《我与你》一书中开宗明义地指出："人执持双重的态度，因之世界于他呈现为双重世界。"① 这双重的世界分别"为我们所用的世界"的"它"之世界和"我们与之相遇的世界"的"你"之世界。置身于双重世界之中的人，具有"我—它"与"我—你"两种截然不同的人生。前一种把世间万物（包括人在内）当作使用对象，后一种把他人他物看作具有与自己同样独立自由的主体性，这是一种仁爱相待、互为主体的态度。马丁·布伯认为在"我—它"关系中，人与世界是一种占有者与被占有物的关系，是一种"我"想把所有的人和物，包括"我"自身在内都变成"我"的占有物。"占有的本质就是获得并固守其获得物的无限权力"，② 它呈现出以人对物的占有为目的的单维度的价值取向。当"重占有"变为"我"的生存和发展的方式时，"以物的依赖性为基础"的占有性个人主体就诞生了："每一个人都在为自己筑起一道藩篱，把自己束缚在里面，一切肉体的和精神的感觉都被占有者一种感觉所取代。"③ 马克思曾用一些实例来论述这种情况下人的异化：占有欲扭曲了贩卖矿物的商人的眼睛，使其只能看到矿物的商业价值而无视矿物的美和特性；有钱的丑人能买到最美的女人是因为丑的吓人的力量被货币化为乌有；跛子的钱财使其克服生理上的"跛"而获得了"二十四脚"；一个邪恶的、不诚实的、没有良心的、没有头脑的人由于持有货币而受到他人的尊敬是因为货币被当作最高的善以至于货币的持有者也变成了善的。④此时，个人成为一种只有物质生活而无精神生活的"单向度的人"，社会也成了一个"单向度的社会"，个体的活动也变成了一种"异化"的活动，我没有体验到我是自己行动的主体，而是体验到某种与我相脱离、超乎于我之上或与我相对立的"彼岸"的东西，我与我

---

① ［德］马丁·布伯：《我与你》，陈维纲译，生活·读书·新知三联书店 2000 年版，第 1 页。

② ［美］弗洛姆：《占有或存在》，杨慧译，国际文化出版公司 1989 年版，第 67 页。

③ ［德］马克思、恩格斯：《马克思恩格斯全集》（第 4 卷），人民出版社 1958 年版，第 171—172 页。

④ ［德］马克思、恩格斯：《马克思恩格斯全集》（第 42 卷），人民出版社 1979 年版，第 124—126、152—153 页。

的活动的结果是相脱离的。

在教学中，这种遗忘人的精神生活和人的生命的超越性向度的"重占有"的生存方式在学生的学习活动、学生与教师之间的关系等方面也有明显的表现。从学生的学习活动来看，弗洛姆曾详述存在于高等教育中的学生学习、学习目的、记忆、阅读等方面"重占有"的这种突出表现。① 他认为倾向于"重占有"生存方式的学生听课的时候倾向于采用将老师讲授的内容记在笔记上、头脑中等方式来应付考试，而不是使这些观点、论断、学习的内容成为自身思想的一部分，课堂中所学到的内容、所听到的观点和论断都变成了僵死的思想或完整的理论储存起来无法使自身的思想领域因为听到这些而变得更为丰富和扩展；倾向于"重占有"生存方式的学生的学习目的就是将所学习到的东西牢牢抓住，他不需要创造或生产新的东西，拒绝新观念与新思想以及一切发展、变化、不受控制的东西，因为这些东西可能会使他对已有的信息产生怀疑和害怕；倾向于"重占有"的记忆的人的大脑皮层的神经联系是机械性的，是通过多次同时运用或建立在纯粹的逻辑关系上或者按照一定思想体系来建立某种联系，当他回忆某事或某物时采取的是观看照片时的回忆方式，即将照片当作记忆的基础，对照照片来回忆"对，这就是我"或"不对，那不是他"。异化的记忆还表现在从不尝试将信息记在头脑中，而是外化为纸上（笔记上），使信息库成为人的外化的一部分，将记忆能力与人脱离；在阅读上，学生的学习通过复述作者的主要思想这种方式来"认识"诸如柏拉图、笛卡尔、康德等哲学家，他们并没有学会与这些人对话、交谈以便批判地接受他们的思想脉络和观点正误，学校则会在学业结束时以一纸证书来证明学生的确是占有了一定数量的文化财产而不管这部分内容是以何种方式掌握的。尽管弗洛姆明确表示他在《占有还是生存》一书中描述的上述场景是大学的场景，但是我们知道，这种"重占有"的方式从初等教育到高等教育都广泛存在，以至于"人们受到的教育愈多，就愈缺乏理性，缺乏判断力，缺乏信

① ［美］弗洛姆：《占有还是生存》，关山译，生活·读书·新知三联书店1988年版，第33—41页。

念。充其量也不过是他们的智力得到了提高。但是，他们的理性——他们透过事物的表面去了解个人和社会生活的本质力量的能力却越来越枯竭"。① 从学生与教师的关系来看，这种"重占有"的方式造成了师生之间的"我—它"关系，教师对学生有严重的控制取向：教师将学生当作一种知识传授的对象、完成教学任务的手段、被动学习的客体，教师要训练学生，要管理学生，要考察学生，要教育学生，要将学生根据成绩分成三六九等。此时，教学是一种冰冷的、未触及人的心灵和精神的活动。教师自身成为教学的工具，而学生"要么把教师视为与之战斗的敌人，要么把教师看作无法超越的权威"，② 他们只能暂时忍受这种控制。马丁·布伯说："虽然人无'它'无法生存，但仅靠'它'则生存者不复为人。"③ "我感觉某物，我知觉某物，我想象某物，我意欲某物，我体味某物，我思想某物——凡此种种绝对构成人生。"④ 以"我—它"的态度看待世界，世界就会因任我征服和宰制而与我呈现非本真、非交融的状态。在"重占有"状况的教学中，"我"既不能发现周围事物的意义，也不能发现自身的意义。教师失去的是教学生活的乐趣和本身存在意义的迷茫，学生失去的不仅仅是学术知识，还有那些使其终身受益的友谊和智慧，教学因严重异化与扭曲而失去本真的面貌。

2. 倾听：教学中的"我—你"相遇

马丁·布伯认为"凡真实的人生皆是相遇"，⑤ 相遇是相互沟通的前提，也是相互性的保障，它使"主体摆脱自我主义，为对话创造条件"，而且在相遇中，"个体接受生命中所遇之物，形成无限的关系世界"。⑥ 马丁·布伯所说的这种面对面的"相遇"形成的就是

---

① ［美］弗洛姆：《人的呼唤——弗洛姆人道主义文集》，王泽应译，生活·读书·新知三联书店1991年版，第88页。

② ［美］内尔·诺丁斯：《学会关心——教育的另一种模式》，于天龙译，教育科学出版社2003年版，第140页。

③ ［德］马丁·布伯：《我与你》，陈维纲译，生活·读书·新知三联书店2000年版，第51页。

④ 同上书，第18页。

⑤ 同上书，第9页。

⑥ 米靖：《马丁·布伯对话教学思想探析》，《外国教育研究》2003年第2期。

"我—你"关系。教学是以文化知识为中介的交往对话活动，它仿佛一张佛教大乘教派的"因陀罗网"，这张网本身大得无边无际，身处其中的教师和学生就像网中的数不胜数的宝石一样，具有无限的互联身份和互为因果的关系。每个教师和学生的角色都因与其他人的关联而生成，每个人的行为举止也与其他人相互作用、相互影响并且互为因果。这就好像我们随便挑出处于"因陀罗网"中的任何一颗宝石一样，我们看到的不仅是这颗宝石的自身存在，还会看到在它的表面上反射出来的网中所有其他宝石的光芒，而且"反射在这颗宝石上的每颗宝石，同时也反射着其他所有的宝石，因而形成了一个无限反射的过程"。① 教学的目的"并非是告知后人存在什么或必会存在什么，而是晓谕他们如何让精神充盈人生，如何与'你'相遇，② 这种相遇就是身处"因陀罗网"中的师生的无限关联和反射。在那里，"无论是开口说话还是沉默不语——每一位参与者都真正心怀对方或他人的当下和特殊存在，并带着在自己与他们之间建立一种活生生的相互关系的动机而转向他们。"③ "转向他们"就是试图倾听他人，为交往创造一个"之间"的领域。罗杰斯在长期实践的基础上对此有过精到的描述，他说："当我真正闻听某个人和那个时刻对他而言十分重要的意义之时，这不仅仅是在闻听他的话，而且是在闻听他本人。而当我让他知道我听到了他私人的意义之时，许多事情便发生了。首先是存在着一种令人快意的看。他感觉到了解脱，并想告诉我更多关于他内心世界的事。他在一种新的意义的自由中向上剧升。我想他进一步向变化的过程敞开了。我经常注意到……我能够听到此人的意义越深远，我就越是能够听到。我逐渐看到的几乎是普遍的一件事，就是当一个人认识到他正被深深地听到时……在一定的真实意义上，他正为快乐而悲泣。这就好像他正说：'感谢上帝，有人听到我了，有人

①　［加］大卫·史密斯：《全球化与后现代教育学》，郭洋生译，教育科学出版社2003年版，第205—206页。

②　［德］马丁·布伯：《我与你》，陈维纲译，生活·读书·新知三联书店2000年版，第36页。

③　［德］马丁·布伯：《人与人》，张健、韦海英译，作家出版社1992年版，第30—31页。

知道我所希望的了。'在这样的时刻，我想象一名在地牢中的囚犯，正日复一日地发出摩斯码电文，'有人听到我吗？有人在那儿吗？有人能听到我吗？'而最终，某一天，他听到了一些微弱的敲键声拼出了'是的'。通过那样一种简单的倾听，他从孤独中解脱出来，他又一次成为一个人了。"① 罗杰斯所说的"他又一次成为一个人了"的原因是"他被倾听"，所以，类似于"我思故我在"，我们也可以说"我被倾听，故我在"。② 倾听使"教师与学生的相遇如同与异乡人的会见"。③ 他们在相互倾听中将彼此的情感与理性、直觉与感觉、思想和行动、经验和知识展现在对方面前，接纳对方的同时又把自己投向对方。倾听不仅仅是向彼此所说的话语开放，也是向在自己和他人之间的不断生成的意义开放，这不是单纯地被带入对话，而是教师与学生相遇的结果。在师生彼此的倾听中不仅完成知识文化的传递，创造和重新创造我们和我们的文化，而且使得教师和学生之间形成一种亲密无间、相互对等的"我—你"关系。它消解了师生之间以及师生与知识之间那种征服与被征服、控制与被控制、压迫与被压迫、设计与被设计的关系，达到主体间的交往和理解，构成了"我—你"关系的存在关联，使教师与学生的精神世界和生活意义动态流动，自由相遇，由此构成了"我—你"相遇的和谐场景，在揭示出人生意义的深度的同时，回归教学的本真。

（1）倾听：使我看到了你

　　已故的人类学和历史科学教授 Loren Eiseley 走在海滩上。人们在拾着退潮后散落在岸边的贝壳和海星。当走过拾贝者、拾星者们翻滚的锅旁，他注意到远处一个长长的身影。一个男人目不转睛地注视着沙滩上的什么东西。最后，他蹲下来将一个物体掷

① ［美］安德鲁·D. 沃尔文，［美］卡罗琳·格温·科克利，［中］吴红雨：《倾听的艺术》，复旦大学出版社 2010 年第 5 版，第 92 页。
② ［美］埃莉诺、杰勒德：《对话——变革之道》，郭少文译，教育科学出版社 2006 年版，第 9 页。
③ ［美］小威廉姆·E. 多尔：《课程的愿景》，张文军、张华等译，教育科学出版社 2004 年版，第 354—355 页。

过飞溅的波涛。

当 Eiseley 终于走近，他看到那个男人又蹲下来了。在一个沙子和淤泥坑里，一个海星笨拙地伸出它的胳膊，从令人窒息的泥浆里爬出来。那个男人敏捷而又温柔地拾起它迅疾地扔到远处的海里。"它可能还活着。"他对 Eiseley 说。Eiseley 有点尴尬。他注意到没有别的什么人冒险来到这么远的海滩。"你也拾吗?"他问，那个男人指着躺在岸边奄奄一息的生命，轻轻地说，"只捡这样的，而且只为了生存"。①

文中的男人的行为看起来有些与众不同，他有高度的责任感和同情心，能够倾听到海星的生存的呼唤。倾听的结果使得海星在他眼中不再是可有可无、可生可死、仅仅为我所用的生物，而是处在可怜的境遇之中、有着强烈的生存欲望、和人一样的生物，对海星的倾听使得男人看见了不同于他人眼中的海星，使得他与海星在心灵上相遇。

教学中也是如此，师生之间的真诚倾听使"我"看到了"你"，了解了"你"。一个具有倾听意识和倾听精神的教师走进教室的时候，他看到的学生虽然一如影像意义上的生理存在：个子的高矮、身材的胖瘦、面目的轮廓、动作与神态的差异，但同时，他的开放的倾听意识、他的关怀与尊重的情怀使得他的眼神和动作生发出一种特殊的功能：他能从学生的话语中、眼神中听到一种期盼、渴望、被认可、被尊重甚至是一丝不安和焦虑。这样的教师具有教育者的眼神和耳朵，他用自己的眼睛和耳朵看到了所有的人，听到了所有的人，并从精神上"拥抱了所有的人"。② 这种"看到了你""听到了你"并非是一种视觉上的真正影像的存在，也非听觉上的真正声响的接收，而是意指师生之间基于彼此真诚的倾听、相互了解与接纳，是一种"我"把"你"当作一个独特的、完整的人对待。此时，教室中的学生作为与教师平等交往的"你"不再是面目模糊的与他人一般的存

---

① ［加］马克斯·范梅南：《教学机智——教育智慧的意蕴》，李树英译，教育科学出版社 2001 年版，第 45 页。
② 同上书，第 89 页。

在，也非成绩册上的数字学号代码，更非没有情感的接收知识的机器，而是"你"，一个与众不同的"你"，一个真实的"你"，一个有血有肉的"你"。倾听使教师和学生超越了彼此角色的束缚、年龄和经验的差异，直达对方的心灵深处，在精神上相遇。

（2）倾听：创造了"之间"的领域，是"我—你"的精神相遇

"之间"（between）是马丁·布伯关系本体论中的"关系"，"之间"不可能在"我"之中发现，不可能在意向中发现，不可能在主体的内在性中发现，也不可能在我理解的世界的对象性中发现。[①] 唯有通过倾听创造并使我们步入"之间"的领域，"知悉我们的路途，并体察他人的路途"。[②]

"暖风熏得游人醉，直把杭州作汴州"是浙江省五年制小学语文教材第十册课文《题临安邸》中的诗句。这首诗语言朴素，内蕴深厚，极具研究价值。在教学中，当教师把"暖风熏得游人醉，直把杭州作汴州"一句的意思解释为"暖洋洋的春风吹得那些权贵们都陶醉了，使他们忘记了国难当头"时，教室里顿时嘘声四起——

　　生：老师，我认为这里的"暖风"解释为"暖洋洋的春风"不太恰当，应该解释为"权贵们寻欢作乐的香风"。

　　师：你自学得很仔细。那么大家怎么理解这里"暖风"的意思？（板书：暖风）

　　（学生开始讨论）

　　师：有不同意见吗？

　　生：老师，我认为把这里的"暖风"看作一种社会风气更恰当。

　　（有同学开始附和起来，一部分同学仍疑惑）

　　师：你能解释得更具体些吗？比如说是一种怎样的社会风气？

---

① 罗贻荣：《走向对话》，中国社会科学出版社 2006 年版，第 102 页。

② ［德］马丁·布伯：《我与你》，陈维纲译，生活·读书·新知三联书店 1986 年版，第 98 页。

（教室里话声渐响，讨论热烈）

生（充满自信）：应该是"醉生梦死的社会风气"。（板书）

师：说得真好！还有吗？

生：是"寻欢作乐的社会风气"。

师：真不错，还有更好的吗？

生：是"腐败、黑暗的社会风气"才对。

师：说得太好了！这样的解释大家满意吗？

生（齐微笑）：满意！

师：看来同学们的学习能力又增进了不少，这里的"暖风"解释为"腐败黑暗、醉生梦死、得过且过的社会风气"比"暖洋洋的春风"令诗歌增色不少。

生：老师，这里的"熏"字在课文中解释为"吹拂"，而在词语解释中解释为"气味袭人"，到底该用哪个呢？

师：你提的问题很有价值！大家认为该用哪个呢？

（立场鲜明的两队立即形成）

生：老师，我认为用"吹拂"，既然说的是风，自然是吹拂过来的，这样解释比较能感觉出风的和煦、醉人。

又一生（立即站起）：不，我认为这里不是吹拂过来，而是一种风气蔓延开来了，解释为"蔓延"更合适。

师：你能把它说得更具体些吗？

生：能。就是当时掌权的权贵们之间醉生梦死、得过且过的不良风气正在蔓延。

师（惊喜地）：你解释得真不错，我也同意你的意见。（同队学生呈喜悦状）

另一队学生一阵商议后：老师，我们不同意解释为"吹拂"或"蔓延"，解释成"气味袭人"更为恰当。

师：怎么说？

生：因为与吹拂相比，气味袭人更写出气味的浓重和强烈，而这里的气味指的就是腐败之风，说明当时的权贵腐败得很，他们臭味相投。

师：你的语感很强，说得也很不错，还有其他更好的解
释吗？①

以上所展示的这节课，是教师和学生之间围绕教学内容《题临安
邸》一诗中的"暖风"和"熏"这两个词语的理解展开讨论的课堂
一景。当老师根据教参将"暖风"解释为"暖洋洋的风"的时候，
学生提出了自己的异议。有的学生认为，"暖风"是"权贵们寻欢作
乐的香风"，有的学生认为是"醉生梦死的社会风气"，有的学生认
为是"寻欢作乐的社会风气"，有的学生认为是"腐败、黑暗的社会
风气"。教师没有用自己的观点强制要学生接受，而是与学生共同讨
论，倾听学生的各种不同的解释，让各种观点同时在场。课堂中每一
个人都将他人当作与"我"讨论"话题"的对话中的"你"，教师和
学生都是作为真实的完整的人在交谈、相遇，各自的情感与理性、直
觉与感觉、思想与行动、知识和经验等都展现在对方面前，参与到
"我"与"你"的对话中。这里没有教师对学生的控制与征服，也不
存在师生间的压迫与被压迫、设计与被设计以便顺利地教学。各种观
点自由出现，师生的精神世界在此动态地流动，自由地相遇，在相互
倾听的过程中共同建构着对"暖风熏得游人醉"的多元理解。这种
借由倾听而产生的相遇，摆脱了二元对立的思维方式以及"实体
（对象）本体论"的影响，教师为中心与学生为中心的模式不复存
在，师生之间不再是在年龄、知识上占有优势的教师对学生进行塑
造，也并非无原则地让教学围绕着学生转。师生之间不再是我同化
你，你同化我，以控制与被控制、你讲我听、纯粹的客观知识的获得
为目的，而是以全部的情感、智力投入到彼此的言说之中，敞开心扉
去接纳对方。我因你的存在而彰显，二者并非主体—客体关系，也非
人—物关系，而是双方互相尊重，共同参与。这时的师生，面对知
识，更类似于面对美味食物，"师生共同进餐，一道品尝；而且一边
吃一边聊各自的感受，共同分享大快朵颐的乐趣。在共享的过程中，
教师当然会以自己的行为感染带动学生，但更多的，是和学生平等地

---

① 罗才军：《暖风一熏，意境全出》，《教师之友》2002年第12期。

享用的同时又平等地交流：他不强迫学生和自己保持同一口味，允许学生对各种佳肴做出自己的评价。在愉快的共享中，师生都得到满足，都获得营养。"① 教学中师生的相互倾听是他们彼此"打开"自身，被"引入"到他人观念和体验的相互分享中，创造出一个"之间的领域"，使师生相遇。

3. 倾听：教学中的"我—你"共在

"共在"是指他人与我存在于同一世界中的方式，海德格尔用它来表达自己对人与世界之间关系的认识。他认为人不是基于他的理性能力与意志行为给自己加冕的宇宙之主，而是被抛入或被投入这个世界之中的必然关系、关涉"他人他物"的造物。"人与世界是一种原初关系，而非构成与被构成的关系；人与器具都是一种统一生活情景中的因素，而非一种主体与客体的对立、相合关系；人与世界也非一种占有与被占有的关系。"② 海德格尔提出"共在"的概念并将之与"在世的存在"作为"此在"的规定性，是为了突出个人的非主体性、非构成性和非占有性，其实质是针对西方哲学中人与世界关系的"主体—客体"结构认识的弊端带来的物欲横流、精神境界低下、自然对人进行报复以及哲学的脱离现实、脱离人生的苍白乏味等状况的反思。弗洛姆也用人生在世两种完全相反的生活形态——"占有拥有（having）"与"共有共存"（being）的概念表达了这样的观点："要统一协调人与人之间的关系，可以采用控制或服从的手段（权威式的途径），或者采取平等相处的方式（对话/关爱式的途径）。最极端的做法是对他人'施虐'，但也可以采取完全团结一致的行为。简言之，这些种种的统一协调方式，都不外乎两种形态：占有或拥有他人，或与他人共有或共存"。③ 海德格尔用共在理论表达了他试图将人从主体自我的纠缠中、从他孤独的、无世界的封闭状态中解放出来进而彰显人与世界本有的原初和谐的关系所做出的努力，他的"听"

---

① 李镇西：《共享——课堂师生关系新境界》，《课程·教材·教法》2002 年第 11 期。

② 毛怡红等主编：《场与有——中外哲学的比较与融通》（第 3 辑），中国社会科学出版社 1996 年版，第 370 页。

③ ［加］卡罗琳·希尔兹、马克·爱德华兹：《学会对话——校长和教师的行动指南》，教育科学出版社 2005 年版，第 51 页。

的哲学也是这种努力的表现之一。倾听在某种程度上体现了人与世界的一种共在关系。"共在"是"我们作为生命整体与大自然融为一体的存在。对于所有'在者'的存在意义而言，倾听首先表征了这一'共在性'：由倾听所获得的生存论体认即是这一共在性的自觉展开"。① 倾听所指向的涉及人与我、我与我、我与世界等多重关系，倾听者与倾听对象之间的"给"与"受"、沟通与交流及其不断循环的过程，它体现了一种共在的关系，并因由这种共在关系的存在，显现出丰富的人文态度和伦理精神。从倾听者的角度来看，倾听者真正的倾听一定是将自己置入了不同其他情境的、另样的生存论情怀之中，倾听者面对的是他人或他物存在境遇的倾诉与吟诵。"按照海德格尔的说法，这是一种诗意的倾听与吟诵，它不断消解着'听者'作为'存在'的存在而重新回复到'共在'的生存论情怀中。"② 倾听以共情和尊重方式既体现了他者的存在，也与他者共同拥有一个世界，它们之间"共有共存"而非"占有拥有"。倾听的关系范畴的属性消融了主体与客体、人与世界之间的距离并使之互动成为可能。

教学中，倾听使师生"你—我"相遇并"共有共存"，而非"占有拥有"，这就是一种共在。教学倾听既表明了作为倾听者的教师和学生的理解本性的在场和呈现，也表明了作为被倾听者的他人和事物的本质的在场和呈现，倾听者与其生存其中的生命个体在倾听中彼此的融合与呼应。教师对学生的倾听改变了教师的"真理的拥有者"和"知识的源泉"的形象，教学不再是简单地从教师之嘴向学生之脑灌输的单向活动，也不仅仅是与教材紧密相关的客观知识一统天下，更不是教师单方面的行为或者完成任务的手段。恰恰相反，教师对学生的倾听意味着对学生的作为一个完整的人的关注，"就是承认并认识到了他们的不可征服、不可占有；就是将他们视作并听作完全的本质上的他者；就是承认他们的无法克服也不必克服的本体论差

---

① 邹诗鹏：《"倾听"——哲学生存论的意义阐释与反省》，《江海学刊》1997 年第 3 期。

② 同上。

异。"① 这时，教师把学生不再视为"一系列性质、追求和阻碍的单纯聚合"，而是"把他看作具有潜在性与现实性的特定人格，把他的人格当作一个整体，由此来肯定他"，② 进而帮助学生把自己最佳的潜能充分发挥出来。教学中的倾听意味着共在，它引导师生打开学习的大门，"为我们构筑了'学习的共同体'——使我们恢复同事物与他人的联系、多样的人们寄予差异的交响——的可能性"，③ 在教学生活中彼此敞开心扉，作为一个完整的人存在于教学中，彼此创造并沉浸于这种真实的教学生活中，共同实现着彼此的成长和发展。

（二）教学倾听：体现了教学的自成目的性

亚里士多德说："如果在我们活动的目的中有的是因其自身之故而被当作目的，我们以别的事物为目的都是为了它，如果我们并非选择所有的事物都为着某一别的事物，那么显然就存在着善或最高善。"④ 在教学活动中，教师和学生都是倾听者，他们的倾听行为使其作为一个真实的、完整的人存在于教学活动中，成就其生命的本真样态，并从倾听中体验到快乐、满足以及成长。这种自成目的性，就是"善"，是教学倾听品性的对己的表现。

1. 倾听：使倾听者产生存在感，成就教学生活的本真样态

"在"与"存在"不同。"岩石在，但它们并不存在。树木在，但它们并不存在。马匹在，但它们并不存在。天使在，但他们并不存在。上帝在，但他并不存在。存在着的物就是人，唯有人存在着"。⑤ 人的存在意味着人已全部投入到所进行的事情中，而非部分投入，意

① ［美］大卫·米希尔·列文：《倾听着的自我——个人成长、社会变迁与形而上学的终结》，程志民等译，陕西人民教育出版社1997年版，第47页。
② ［德］马丁·布伯：《我与你》，陈维纲译，生活·读书·新知三联书店2000年版，第114页。
③ ［日］佐藤学：《学习的快乐——走向对话》，钟启泉译，教育科学出版社2004年版，中译本序第1页。
④ ［古希腊］亚里士多德：《尼各马可伦理学》，廖申白译，商务印书馆2003年版，第172页。
⑤ 中国现代外国哲学学会编：《现代外国哲学》（第5辑），人民出版社1984年版，第326页。

味着教学中的师生是自然的存在、社会的存在和精神的存在三个层面的统一体，以"躯体、心智、情感、精神、心灵力量（psychic power）融汇一体"的"完整的人"的生命表现形态投入到教与学中。①然而反思现在的教学，教师和学生并非以"完整的人"参与其中，教学对教师异变为一种有负担的工作，一种没有生机、没有活力的、日复一日枯燥的程式，他们关注的是"分数"，是"标准答案"，是"考试理性"指导下片面的认知的发展，而学生则异化为"IQ 人""工具人"等"单向度的人"。访谈中有教师曾这样感慨地说道："新课程改革非常关注教师的素质对改革的重要影响，对教师的角色和教学行为提出了许多新的要求，让我们了解了许多新的理念。这些东西，的确听起来非常好，我们也很赞同，也希望能够处身于这样的教育中，做这样的人。但是关键的是给了哪些条件让我们去操作，穿着高跟鞋总不能跑快吧，戴着镣铐总不能舞姿优美吧。我们教师置身于社会、家长、学生、学校、专家等多重压力之中，不得不屈服于现有的环境，谋求生存，做一个分裂的人。你比如说各种评价体系，学校要求你必须提高成绩，提高升学率；家长要求孩子考重点上名牌，你说我们能不以那些考试的知识为主吗？人总得生存下去吧，总得生活在现实当中吧。你说我们活得得有多苦：理想在这边，现实在那边，隔着鸿沟，不能逾越。别说要发展学生的情感、躯体、心智、精神什么的了，我们教师自己的很多方面都顾不上了。我觉得我们所有的教师和学生就是个分裂的、虚幻的人，一切以知识为标准，只抓知识学习质量，教学就如行尸走肉般地进行。"② 这位教师的感慨是当前在各级各类学校存在的普遍现象。虽然课程改革已经进行了十多年，有人认为在新理念的推动下这些情况早已不复存在。学生的学习早已是面临着"掌握生存的常识和技能，以便独立地面对世界；遵从生活的律则与规范，以便和谐地与人相处；探索生命的价值与意义，以便有尊严地立于天地之间"三重的任务。③ 教师的教学早已是面临着对学

---

① ［美］卡尔·罗杰斯：《一种存在方式》，波士顿出版社 1980 年版，第 354 页。
② 摘自笔者在实验学校的访谈笔记。
③ 肖川：《论学习方式的变革》，《教育理论与实践》2002 年第 3 期。

生进行价值引导、精神唤醒、知识传授以及自身美好生活的创造等任务，在育人的过程中也应享受到工作的快乐和幸福。但实质上，笔者曾就课程改革的情况进行调查和思考，发现课程改革"理想"与"现实"之间存在着"双轨"的现象。① "双轨"一词在当今常指并行的两个系统。在美国课程论专家古德莱德看来，课程存在着观念层次的课程、正式的课程、领悟的课程、运作的课程、经验的课程 5 种不同的层次，在经历从最初形态向最终形态逐渐转化的过程中必然存在着落差。在我国的课程改革中，"理想"的课程与"现实"的课程之间不仅存在落差，而且处于远离并行不交叉的关系状态，呈现出"双轨"的现象。具体来说，在教材领域出现多样化、选择性的初衷与多本化、强迫性的现实的双轨；教学过程出现完美演绎的课改体现与涛声依旧的现实表现的双轨；课程内容出现难度降低的愿望与负担加重的现实的双轨；课程评价出现重视发展的初衷与只重甄别的现实的双轨。② 虽然"双轨"现象的出现有多种原因，当今的教学也有所改观，但是我们不能否认的是，师生仍然要受到分数、考试的威逼利诱，我们的教学仍旧完全围绕着"考试理性"所进行，教师和学生在教学中投入的、表现出来的仍然仅仅是一种心智的活动，而非"情感、躯体、精神、心灵力量、心智"融汇一体的真实的人，师生失去了存在感，教学生活失去了本真的存在样态。倾听是"一种关心情愫和理智投入的状态"，"并不局限于'耳朵'或听觉，而是弥漫于人的整个身心"。③ 当师生用"倾听的眼睛""倾听的身体"以共情的方式在彰显着自身存在的同时也全身心地参与到对方的世界中。师生"全身心地参与、彼此倾听"使得教学不再是单纯的劳作而是与人的交往；不再是简单的传授而是艺术创造；不再是无为的牺牲和时光的耗费而是生命活动和自我实现的方式；不再是简单地展示结论而是自

---

① 此处的"理想"是指以文件形式存在的对课程改革的各种构想，"现实"是指当今实存于学校中的各种真实情况。详见宋立华《课程改革理想与现实的"双轨现象"探析》，《当代教育科学》2012 年第 12 期。

② 宋立华：《课程改革理想与现实的"双轨现象"探析》，《当代教育科学》2012 年第 12 期。

③ 张华：《研究性教学论》，华东师范大学出版社 2010 年版，第 133—134 页。

我发现和探索真理的过程；不再是单一的认知性的掌握知识——发展智慧潜能的过程，而是学生个体生命潜能多方位地得以凸显、生发、发展的过程。倾听彼此的声音，成为对方世界的参与者，教师和学生体会到教学的生动、鲜活和勃勃生机，体会到自身的真实存在，体会到职业的幸福与学习的快乐，演绎着生命与教学生活的本真样态。

2. 倾听：倾听者的自我发展与完善

人是一种不完美和不完善的存在，同时又"是一种对自己的存在不断进行自我认识、自我探究的存在物"[①]，努力进行着自我完善。教师和学生作为教学倾听的主体，在倾听中实现自我发展与完善，构成生存的本领，满足生命交往的需求。人的生命结构具有融摄他性的特点，只有在与他者紧密联系、相互沟通、共享、交往中才能获得生命结构的完整以及生命价值和意义。不与他人交往、沟通，得不到他人的关注，不与他人互说心声容易变成"装在套子里的人"，只能与孤独、恐惧、不安和空虚相伴。史密斯（D. G. Smith）指出："自我若想在真正成熟的意义上完整，就得对他人持完全开放的态度……自我理解的真正提高是四重行为的不断递进：向他人开放；与他人交流；某种包含自我更新意味的自我反省；重新与他人交流。"[②] 倾听是"向他人开放、与他人交流、某种包含自我更新意味的自我反省、重新与他人交流"的前提，是必不可少的条件。中世纪神学家麦斯特·约翰尼斯·埃克哈特（Meister Johannes Eckhart）对于倾听的这种价值有深刻的认识："人们通过倾听所获得的知识，胜过观看所获得的，只有倾听能够使人更加得以生活在智慧之中。……去倾听，更多的是向内，然而观看却是在向外，至少就观看这个活动原本的含义是这样。所以，在永生之中，我们要拥有福乐，依靠倾听，远胜过依靠观看。因为，倾听那永恒的真理之道，那是在我的里面，而看，确实离我而去。在倾听的时候，我是在接纳、承受、关爱，而在看的时候，我却是在做事。可是，我们的幸福却并不依赖我们所做的事，而

① 夏甄陶：《人是什么》，商务印书馆2000年版，第1页。
② ［加］大卫·杰弗里·史密斯：《全球化与后现代教育学》，郭洋生译，教育科学出版社2000年版，第204页。

在于我们从上帝那里的感受。"①《楞严经》中也说，"如耳周听，十方无遗，动若迩遥，静无边际"，② 可见，倾听是人类极为重要的感知世界的方式，也是人与人之间交往的方式。

教学中教师和学生的彼此倾听，首先，对于学生而言，能够让学生获得知识，增长智能，得到生存的必要本领；对于教师而言，能够获得教学基本情况的反馈，更好地为教学服务。其次，师生的彼此倾听，还能满足师生沟通交往的需求，对世界、对自我、对他人有更深刻的认识和感受，以及精神世界的丰富、经验的增长。最后，倾听行为本身能带来无以言表的快乐和满足。对此，罗杰斯指出："听人家讲话，不仅会产生一种因为同他人接触而产生的心理满足，因为充实自己生活而产生的心理满足，而且会有一种特殊的满足。"③ 他进而描述道："当我真正听到某人时，就好像在倾听来自空中的音乐，因为不论它可能是什么，总是存在着一种普遍的、一般的超越了人的直接信息的东西。我所真正听到的，隐藏于所有个人交往之中的，似乎是有条理的心理法则，即我们在整个宇宙中发现的令人敬畏的规律。因此，既存在着闻听这种个别人的满足，同样也存在着感觉到自己以某种方式与普遍真理相接触的满足。"④ 这里罗杰斯所说的"心理法则""规律"实质是指人的感情交流或者说是心灵的交流，它使人与人之间息息相通，心心相印。在倾听中，感情得到相互干扰，赋予一个人新的巨大的力量。

总之，倾听具有品性之优，当我们"发展我们的倾听技艺，学习集中我们听力的丰富和改变我们所习惯的强加于听觉情境之中的结构的丰富，我们就能够使世界更幸福，使世界成为我们所居住的更美丽

---

① ［德］埃克哈特：《埃克哈特大师文集》，荣震华译，商务印书馆2003年版，第500页。

② 李森、郭俊峰：《佛经精华》（下卷），时代文艺出版社1998年版，第1764页。

③ 方展画：《罗杰斯"学生为中心"教学理论述评》，教育科学出版社1990年版，第26页。

④ ［美］大卫·米希尔·列文：《倾听着的自我——个人成长、社会变迁与形而上学的终结》，程志民等译，陕西人民教育出版社1997年版，第91页。

的地方"。①

二　教学倾听的理性之维分析

　　理性是灵魂的本质，对此，柏拉图（Plato）的《斐德若篇》中苏格拉底（Socrates）有个关于灵魂本质的经典隐喻。他认为灵魂是一驾马车，其中拉车的一匹身材挺直、头项高举、黑眼白毛的马爱好荣誉、谦逊节制，所以御车人只需轻声劝导就可让它拉着灵魂向着光明的美、智、善飞升；而另一匹拉车的是桀骜不驯、骄横放纵的黑马，它对情欲、刺激、快乐和满足充满了向往，所以御车人必须使用长鞭才能驾驭它，灵魂受欲望的刺激感到极端的痛苦和矛盾。但是，"御车人最终使它学会了温顺，这才使灵魂在和谐中追寻所爱了"。②在这个隐喻中，御车人用他的灵魂不朽的本质——理性来驾驭自己的两个截然不同的方面——情意和欲望。从中我们可以看出，理性是在人与自我的关系中形成，并以反思的、审慎的方式管理自己的德艺，以便在政治生活和伦理生活中使其达成良善。"理性的本质是言说，也就是语言，这就是逻各斯（logos）的由来。语言的说谈和倾听在于显现真理，也就是通过逻各斯来显现整体的自然。同时，理性的言谈和倾听显现并塑造人的独特品质。"③在希腊人的精神中，理性"并不是一种获得认知的形式，而是在公共生活中通过表达、倾听而尊重真理的方式"。④亚里士多德将理性的人定义为政治的动物，指的就是在私人生活和公共生活中，人要通过逻各斯（言说和倾听）来解决事情，而不是依靠强制和暴力，这是个人理性的公开的运用。对于希腊人而言，理性的生活方式"一方面是在言说和倾听中反观存在，

---

　　①　［美］大卫·米希尔·列文：《倾听着的自我——个人成长、社会变迁与形而上学的终结》，程志民等译，陕西人民教育出版社1997年版，第180页。
　　②　［古希腊］柏拉图：《柏拉图文艺对话集·斐德若篇》，朱光潜译，人民文学出版社1963年版，第120—130页。
　　③　金生鈜：《规训与教化》，教育科学出版社2004年版，第35页。
　　④　同上书，第36页。

另一方面显现公共生活的选择"。① 理性对于人的重要性并非是因为它是哲学的研究对象或理想，也不是因为我们试图通过理性构成一个绝对的哲学体系。理性之所以重要，是因为它是人性的需要，"理性的力量在人类的行为中提供指导"。② 具体来讲，理性是活的普遍的本原性知识的根本条件，而人借助本原性知识指导自己的具体生活；理性是进行具体的生活情景的判断和行动的选择的根本条件，人在诉诸理性中实现善的判断和行动的价值选择，同时，还提供对具体行动的合理性方式的思考和智慧；理性实现的是一种个人的生活的方式……理性的目的实现了个人在价值选择和决定中的自主性，使人成为真正的道德主体。③ 教学倾听的理性之维是在教学的复杂性中显现出来的。教学的复杂性使教学实践具有多种样式，倾听是创造三重意义与关系的实践，它是一种实践智慧，主要表现在倾听中的宽容、机智、敏感、回应等方面。

（一）教学的复杂性与多种样式和教学实践

教学具有复杂性。从教学的内在因素来看，教学活动中的教师和学生是人，人所具有的情感、意志、思维、人格心理和行为等不仅有着自然物质世界的特点，而且还具有偶然性、主观性、自我调适性、非量化性等自然物质世界所不具备的复杂的特点。④ 因此，教学无法"用一个关键词（概念）来概括，不能归结为一条规律，也不能划归为一个简单的思想"，更不能像自然科学那样通过线性、普遍性、还原性和可逆性的思维方式来揭示教学。⑤ 从教学的外在表现来看，教学呈现一种众多因素相互作用的状态，"非线性、自组织性、不确定性和不可逆性"与教学如影相随，这是教学复杂性的突出表现。教学的非线性是指教学受诸如学生家庭背景、教师情感、主观性、学生生

---

① 金生鈜：《规训与教化》，教育科学出版社 2004 年版，第 36 页。
② 张汝伦：《历史与实践》，上海人民出版社 1995 年版，第 319 页。
③ 金生鈜：《规训与教化》，教育科学出版社 2004 年版，第 37—38 页。
④ 熊和平：《复杂性思维与我国教学理论的创新》，《课程·教材·教法》2005 年第 2 期。
⑤ 同上。

活经历等多种因素影响，教师和学生二者的角色也在变化；教学的自组织性是指课堂教学的内部构成因素之间会形成错综复杂的关系，并发生着一种自然演化；教学的不确定性是指教学中的必然和偶然相互交融，随机发生；教学的不可逆性是指在课堂特定的空间中，活动和变化时刻发生，时刻消逝，不能逆转。[1] 面对这样一个"有序与无序、确定与不确定、简单与复杂相互交融、各种影响因素持续不断解体与重组、和谐与噪声反复交织的复杂过程"[2]，教学实践呈现出技术性、反思性、智慧性三种截然不同的样式。[3]

技术样式强调固定的起点、终点和途径，它是目标导向的，追求封闭回路中的高效运作。技术性教学实践强调教学的技术旨趣，追求高效率地传递知识，将教学简单化为一种标准程序的操作。这种样式下的教育者的教学基本上是按照一张展开在他面前的地图或者城市建设计划蓝图一样去行事。这张图是教育者事先设计好的，上面画满了各种方向箭头、各种注意事项、各个路口以及各个路口的红绿灯，它使得任何一个持有地图的人都不会迷路，都能够轻松地到达目的地，不管他是否曾经走过。作为教育者需要做的就是准备这样的一张地图。技术性教学实践下的课堂没有差异、生成、个性、创造性的智慧活动，也没有师生真正的相遇，它所生成的是标准化的"工具人"。反思性教学实践"是一头怪物，它有着行动者的身子，上面安着个思想者的脑袋，这个脑袋以反思、逻辑的方式思考着置身行动中的他的实践活动。在理性行动理论的视野里，除了行动者对各种实际的或潜在的机会进行理性的反应外，就什么也看不到了"。[4] 教师同其他反思性实践家一样，是"通过同情境的对话，运用经验中培育的默会知识展开问题的反复建构与思考，构筑同顾客的对等关系，求得问题解

---

① 王俊：《试论教学的复杂性及实践策略》，《课程·教材·教法》2011 年第 11 期。

② 司晓宏、吴东方：《复杂性理论与教育的复杂性研究》，《教育研究》2007 年第 11 期。

③ 刘徽：《教学机智论》，华东师范大学出版社 2008 年版，第 83—103 页。

④ ［法］皮埃尔·布迪厄，［美］华康德：《实践与反思——反思社会学导引》，李猛、李康译，中央编译出版社 2004 年版，第 167 页。

决的"。①智慧性教学实践既考虑外在需要，同时也有着自己内生的目标，它突出人的要素，将教师和学生视为具有原创性的、"完整的人"，智慧性教学实践本身就是一种善。

（二）教学倾听：创造三重意义与关系的实践

在课堂教学中，师生之间通过倾听创造三种不同维度的意义与关系："认知维度的意义与关系，人际关系这一社会维度的意义与关系，每一个人的存在价值得以证明和态度得以表现这一伦理维度的意义与关系。"②教学倾听就是师生相互重建这三种意义与关系的实践过程。

> 这是一个我经常去听课的班级，班级由45人构成，男女学生的数量大体相当。班主任王老师教语文，属于北方大小姐的类型，沉稳大方，有十一年的教学经验，其中包括几年私立学校的教学经验。她非常注重班级和谐氛围的创造。班级同学整体平衡，有极个别的因家庭原因造成的特殊学生。在课堂反应上，大部分同学都能够积极响应，善于提问发言。因为经常去听课的缘故，我与王老师及其他同事都比较熟。王老师的课，自己评价是"能够将课堂还给孩子们"，用其他教师的话来说，是"比较放得开"，经常采用讨论等方式让学生发表自己的看法，而王老师对于课堂情境的创设、对于教学内容的熟练掌控以及与班级同学的关系相处等方面都是比较有经验的。在一堂语文课上，学习的内容是辛弃疾的《清平乐·村居》：茅檐低小，溪上青青草。醉里吴音相媚好，白发谁家翁媪。大儿锄豆溪东，中儿正织鸡笼。最喜小儿无赖，溪头卧剥莲蓬。课堂教学中的部分片段是这样的：
>
> 师：同学们，你们喜欢画吗？画是一种含蓄深刻的语言，它能把人引入心驰神往的境界。请同学们欣赏下面的乡村画面，可

---

① ［日］佐藤学：《课程与教师》，钟启泉译，教育科学出版社2003年版，第300期。
② ［日］佐藤学：《学习的快乐——走向对话》，钟启泉译，教育科学出版社2004年版，第144期。

以边看边说感受。

生1：我看到小溪水非常清，有小孩在玩耍，非常开心。

生2：我看到有个小茅屋，茅屋里有两个中年人。

生3：他说得不对，那两个人不是中年人，他们的头发都白了，是老年人。

师：那到底是中年人还是老年人呢？大家结合着画面再仔细看看，说说自己的想法。

生4：我和××（生2）一样，认为画中的两个人是中年人，虽然头发白了，可是画面上他们的孩子还小呢。再说，少白头也是说年龄小也可以有白头发。白头发和年龄没有关系。

师：哦，他提出了白头发和年龄没有必然的关系。的确是这个样子的。古人因为长年辛勤劳作，营养又跟不上，所以，可能会比我们今天的人显得老一些。这给大家在猜测年龄上造成了困惑。不管他们年龄多大，有一点我们可以肯定的是，他们有三个孩子，起码是中年了。好，我们还从画面中看到了什么？

生5：我看到了有个小孩躺着剥莲蓬。

生6：……

师：好，就说到这里。大家说得都很好，看来呀，大家都有一双会欣赏、能仔细观察的慧眼。其实，这幅画反映的内容是我们今天要学习的一首诗，那么接着就让我们走进这首诗，体会一下画面中的场景诗人是怎么描绘的吧。请大家自由朗读一下这首诗（此时，有个迟到的学生进来了，老师没有说什么，只是示意他回到自己的座位）。

师：好，就读到这里。大家读书专注的神情，让我感受到什么叫认真。接下来我们请几位同学大声地为大家读一遍，大家一定要认真听，并说说他读的特点是什么。

生7：……（朗读古诗）（这位同学非常擅长朗读，是学校的小小播音员）

生8：老师，我觉得他的朗读有感情，尤其是在"最喜小儿无赖"这句，特别有感情。

生9：老师，我也是这么认为的，他读得就像平时爸爸妈妈对我那种又喜欢又惯着的感觉（此时，生8和生9互相看了一眼，其他同学也纷纷点头表示赞同）。

生10：……（朗读古诗）

生11：老师，我觉得她读出了这首诗的韵味和节奏，很美。

师：好，那我们给掌声鼓励一下吧（此时，学生鼓掌，生11很自豪，挺胸坐着，非常高兴）。

生12：……（朗读古诗）①

在上述教学片段中，我们可以看出倾听在三个维度上的构建意义与关系。首先，在认知维度上，学生和教师围绕王老师所展示的乡村画面的场景进行自由的言说，师生彼此认真倾听并分享了各自的观点和看法。在画中人年龄问题上，虽然不是教师所期望讨论的，但由于有学生提出，教师也给学生讨论的自由，并提出了自己的观点。教师最终将这幅画与将要学习的诗进行了链接，并且明确告诉大家，诗中描述的就是画面中的场景，让学生跟随一起朗读。这段对话，使教师和学生在彼此倾听的基础上对《清平乐·村居》这首诗有了初步的了解，这是倾听对学生认知上的影响。

同这种认知维度的意义与关系的构成相并行，在该片段中，教师与学生、学生与学生之间建立了亲密的相互倾听的人际关系。这可以从各位朗读同学的读以及评价同学的评中看出来，大部分同学是在用心去听，能够听出来话语背后的感情。生8与生9对生7的朗读评价是一致的，都认为比较有感情，而且生9在倾听生8发言的基础上，更进一步地举例说听出来了这种感情，生8和生9二人彼此对视了一下，二人因观点的相同结成了一种彼此支持的关系，给人一种"心有戚戚焉"的"知音相遇"的感觉。这是社会维度的意义与关系的重建，在倾听中，不断通过这些观点的相互倾听增强彼此的了解，使得各位学生之间、老师之间的纽带得以扎根。

在伦理维度上，每一个倾听者都表现出各自对自己与对他人的

---

① 摘自笔者在实验学校的观察笔记。

存在价值。我们看到，在对老师展示的画面进行描述的时候，在他人朗读的时候，教室里非常安静，大家彼此倾听，大脑在高速运转，思考着他人的观点，也在搜寻着自己以往的知识储备与经验。他们认真倾听的态度感染了朗读者，也感染了那些没有被叫到的同学，他们纷纷举手期盼下一个朗读的就是自己，能够展示一下自己。这个相互倾听的场景体现了这样的深层意义：证明了彼此的存在以及因彼此存在而带来的对方的存在感。还有，迟到的学生，因没有倾听到大家最初的发言而无法和谐地融入到这样的学习场景中，他在座位上快速地把课本拿出来，先是茫然地翻着书，然后左看看，右看看，也张嘴朗读起来。在教师叫停开始下一环节时，他才稍微和其他同学一样，进入到学习中，只是更为专注地倾听老师和他人的发言，似乎想以此弥补刚才迟到造成的损失。这表明了他因缺失前段的倾听而存在一定的异化感并试图通过后期努力倾听融入到场景中和其他同学一起学习。

通过上述教学中一个普通的场景，我们可以看到，教学倾听实际上是在建构三个维度的意义与关系——客观世界的意义构成（建构世界）、人际关系之纽带的构成（结交伙伴）、自我存在的证明（自我探究），情感、伦理、关系隐藏在认知背后，倾听中这些方面交织在一起，共同构成了真实的课堂教学。

（三）教学倾听：一种教学实践智慧

1. 教学倾听是一种教学实践智慧

20 世纪至今西方哲学发展的一大趋势就是实践哲学的复兴，实践哲学有意重视对实践智慧的研究，认为它是达成实践目标的能力。关于实践智慧，第一章中用亚里士多德的德性理论对倾听进行分析的时候已经有所涉及。"实践智慧，希腊文是 φϱоνηαιδ，这个词由 φϱоν 和 ηαιδ（智慧）组成，φϱоν 在希腊文里意指人的横膈膜。按照古希腊人的看法，在横膈膜以上是心灵、头脑、思维的部分，而在横膈膜以下则是腹部、情欲、排泄的部分，因而 φϱоν 就有一种不同于思维的实际欲望和实践性的意思。所以当 φϱоν 与智慧 ηαιδ 组合成为

φϱονησιδ时，它就自然而然地意指一种实践的知识或明智考虑的能力。"① 实践智慧不同于科学，它的对象是具体的、可变的事物而不是必然的、永恒的存在，也不能加以证明或传授、习得。亚里士多德认为，实践智慧与技术、科学、智慧和努斯四种活动是不同的。具体来说，实践智慧不同于技术，虽然二者的对象都指向可变的事物，但实践智慧的对象是"被实践"的事物，是与善的实践活动相关的逻各斯品质，它的目的就是活动本身，且没有如技术般完善的阶梯。实践智慧不同于智慧，二者研究对象不同，实践智慧与具体的、可变的、属人的和善的实践相关，而非如智慧那种研究对象为"作为存在的存在"。实践智慧与努斯不同，后者"涉及的是对不可进一步定义的那些最高原理的领悟"，而前者"涉及的是最终的具体事情，是不能靠科学知识而只有靠直觉才可以把握的东西"。② 当然，这种直觉并不是对感官对象的个别直觉，而是整体直觉。

　　实践智慧与德性分属不同的领域，但又彼此交融，各有侧重。当我们使用实践智慧一词来描述教学倾听时，侧重强调倾听体现实践智慧理性突出的"良机"方面，即教学倾听绝不是清晰的、严密的、按部就班的"理论的实践化"的过程，没有一些有关倾听的普遍的、固定的、放之四海而皆准的规则、原理或技巧运用于各种倾听情境中，它要在具体实际的情境中依照具体的境遇进行适宜灵活的运用和反应，才能收到理想的倾听效果。倾听过程中的不确定性、回应的紧迫性与适宜性突出了实践智慧的具体性、灵活性和可变性。从倾听的不确定性上看，教学中参与倾听活动的有教师和众多的学生，在倾听发生之前，个体无法准确预测转瞬即逝的身份转换结果，也就无法做出充分的相关准备，这是一种即兴。在倾听时，语音从四面八方进到耳朵里来，听觉很难把"焦点"集中到某个特定的声源上。在面对众多的声音信息时，倾听者要进行选择，要选择那些他认为最有价值的声音信息。而且倾听时所接收的声音

---

　　① 洪汉鼎：《诠释学——它的历史和当代发展》，人民出版社 2001 年版，第 311 页。
　　② ［古希腊］亚里士多德：《尼各马可伦理学》，邓安庆译，人民出版社 2010 年版，第 223 页。

符号具有即时性与单向线性的特征，带有不可反复的明显局限。"在下一刻获取信息的同时，上一刻所倾听的内容已经进入人体内部的信息处理过程。当信息被再认层进行再认的同时，倾听的客观过程仍然在进行，因为信息的传输不会因为某人接收速度的迟缓而停下、等待"。① 这些都使倾听具有了不确定性。从回应的紧迫性与适宜性看，倾听时倾听者既不是慎思意义上的纯粹反思，也不完全是自发的或任意性的行为。好的倾听是倾听者以智慧的方式对它的行为关注，倾听的情境通常不允许教师或学生停顿下来进行反思，分析情况，仔细考虑各种可能，决定最恰当的回应方案，然后付诸行动。有研究人员估计教师平均每分钟就要作一个决定，这意味着教师在不断变化的情境中要不断地采取行动。② 由于倾听的对象以声音居多，所以，理解和倾听几乎是同步的，未能理解就不能算是倾听，这样的状态就限制着理解都是当下的，因此，双方的相互理解尤为重要，这样就缺乏更深入理解的反思。伽达默尔指出，"人的实践行为最根本的是一种理解行为，获得对他人、对一切文本意义的理解。人们在理解中获得和创造出指导行为的意义准则，理解本身就是实践的，其最根本的目的就是要告诉人们，行为实践是一个意义理解、意义创造的过程，人的行为意义是自由的、开放的、相对的，是理解中的创造"。③ 教师对学生的倾听实际上就是教师对学生的理解，在教学倾听中，倾听者、言说者、教学内容、观念文化和制度文化等因素之间没有直接因果的、线性的、可固定的关系，倾听者与言说者在随时发生转化，对倾听内容的理解从言语到非言语，对倾听内容的回应也没有固定的套路，这些因素相互纠缠。操作性实践是线性的，不具有复杂性，而反思性实践是复杂的。倾听行为涉及人与人的关系、涉及言说和倾听的关系、涉及对言说内容理解与表达的关系，涉及很多种关系，也涉及教育品性和

---

① 林毅：《口语传播中倾听研究的现状分析》，《视听界面》2013 年第 8 期。

② ［加］马克斯·范梅南：《教学机智——教育智慧的意蕴》，李树英译，教育科学出版社 2001 年版，第 145 页。

③ 张能为：《理解的实践——伽达默尔实践哲学研究》，人民出版社 2002 年版，第 95 页。

伦理气质。从中可见，教学情境中的倾听是"针对具体情况而言的……它必须把握'情况'的无限多的变化"。① 倾听具有实践活动的不确定性和紧迫性的特征，讲求的是"在适当的情境，适当的时候"，投入"适当的注意力以及相应的思考和理解"对言说采取"适当的行动"。有时，仅仅是教师的逻辑思维方式以及合乎规范的理性解读言说，有时是包括具有情感意义与生命关怀的精神性的移情、关怀等投入到倾听中，有时要将手势、姿势、音调、情绪、相干或不连贯的语句综合起来进行判断言说者的真实意图。只有倾听智慧的参与才能使教师真正倾听到学生认知的发展、情感的表达和德性的增长，能够倾听到学生个体生命的差异以及学生的各种欲望、需求、情感、思想等生命的诉求与表现。将倾听定位于实践智慧使教师的倾听摆脱了那种单纯的对错判断，摆脱了工具理性的束缚，成为赋予课堂动态生成、精彩不断的优秀品质之一。

2. 倾听智慧的表现举例

尽管很多人将倾听问题归结为关于声音现象、听觉神经生理学、组织结构及生物化学——身体的"音响装置"的问题，但实质上，这仅仅是一方面，是日常世界被客观科学植入并产生的物理主义霸权的反映。海德格尔曾说"真正的听与耳和嘴毫不相干"，"与我们耳朵无关"，并进一步阐释道："耳朵不仅仅是听觉的接收器与传送器，不管这些技术能准确地解释经验过程的一定的特点，但是他们并没有，也无法详尽地定义它。"② 教学倾听不是一种技术样式，亦非单纯的对声音的回应，更不是一个瞬间的单方面的行为。如果用线性思维来考察倾听，就会将视线仅仅聚焦到以言说者或倾听者为个体的某一个人身上，聚焦到倾听的瞬间发生过程，而忽略倾听中言说者与倾听者双方共同参与，且是个环环相扣的过程这个性质。美国学者迈克尔·P. 尼科尔斯认为，"问题不在于出错时我们总要归咎于某个人，

---

① ［德］伽达默尔：《真理与方法——哲学解释学的基础特征》，洪汉鼎译，上海译文出版社 1999 年版，第 412 页。

② ［美］大卫·米希尔·列文：《倾听着的自我——个人成长、社会变迁与形而上学的终结》，程志民等译，陕西人民教育出版社 1997 年版，第 78—79 页。

而在于线性思维，我们将人们相互的影响简化为个人的问题"。① 倾听研究的第三大最新进展就是突破这种线性思维的认识，将倾听置于更为广阔的视野中，去考察连续倾听。② 这告诉我们，教学倾听是由多个相连的环节组成，它包括倾听信息的选择、倾听过程中的思考、倾听过程的中断、倾听中的等待、倾听后的回应等环节。由于倾听具有实践性，而"实践情境具有复杂性、不确定性、不稳定性、独特性和价值冲突性"，③ 所以，倾听过程中需要倾听智慧的参与。Joseph Beatty 教授认为倾听智慧是实践理性知识与道德性知识的结合。前者主要涉及理解的优异，如对他人理解和自我理解；敏感，即对人类普遍的认识以及对他人特殊性的认识；克服认知和道德诱惑、武断，如懒惰、分心、自我主义、自恋等。后者涉及尊重，即把他人当作复杂变化的个体，允许对方成为自己；耐心和自制力；勇气，即迎接即将倾听到的内容时对自己造成挑战的勇气。④ 教学倾听智慧是植根于"不确定性""不可预测性"实践情境中的机智的判断和应对的"实践智慧"，如若以教师作为考察的倾听主体，从教学过程中师生对话的具体情况来看，倾听智慧出现在教学倾听的多个环节中并呈现出多种表现形式，如教师倾听时的宽容、机智、敏感以及在倾听基础上的回应等都能够体现出倾听智慧。现择其一二进行论述。

（1）宽容

在《辞海》中，宽容为"宽恕、能容人"⑤，这个解释中略带一种高高在上、不和他人一般见识的意味，与教学中宽容的意思相差甚远。法国学者埃德加·莫兰认为，"真正的宽容不是对种种观念的漠不关心或被普遍化的怀疑主义。它在以一种信念、一种信仰、一种伦理学的选择为基础的前提条件下，同时接受与我们相反的观念、信

① ［美］迈克尔·P. 尼科尔斯：《倾听——决定人际关系的奥秘和技巧》，岳麓出版社 2004 年版，第 38 页。
② 林毅：《口语传播中倾听研究的现状分析》，《视听界面》2013 年第 8 期。
③ ［美］唐纳德·舍恩：《反映的实践者》，夏林清译，教育科学出版社 2007 年版，第 19 页。
④ Joseph Beatty, "Good Listening", *Educational Theory*, Vol. 49, No. 3, 1999.
⑤ 夏征农：《辞海》，上海辞书出版社 1999 年版，第 1186 页。

念、选择的被表达。"① 这个概念告诉我们，宽容"在本质上就是对差异、级别、矛盾、多样性的一种容忍精神，因而也是对抽象的同一性、绝对性、总体性和实体性的话语抱有的反抗和批判精神"②。将宽容界定为一种教学倾听智慧的表现之一是因为倾听与宽容密切相关，如若教师缺乏宽容的品质和精神，则很难倾听到学生的真实声音，更不用提理解学生表现背后的真实所指。而且宽容的认知和道德的限度也要植根于"不确定性"与"不可确定性"中根据具体的情境以及教师自身的专业知识和实践经验进行判断和应对。一个曾经被无数研究引用分析过许多次的《坐井观天》的案例能够在一定程度上为我们带来对宽容存在必要性的思考。案例中讲述的是当快学习完《坐井观天》这篇文章时，语文老师要求学生对"青蛙跳出井口"进行想象。大部分的学生都是遵循着坐井观天的原意所指即青蛙目光狭隘应该跳出井外去领略外面的精彩世界这样一个思路进行想象的，只有一个学生想象到青蛙从井里跳出来到外面看了看后又跳回了井里。当他刚表达完自己的这个想象时，其他同学捧腹大笑，觉得是滑天下之大稽。老师则判定他为一只坐井观天的青蛙。而在写作阶段，学生的真实想法才为他人所理解：跳出来的青蛙被老青蛙警告水里有毒，而老青蛙则惨死在人的钢叉之下。原来这个学生仅仅是有感于当前生态环境、滥杀滥捕现象的剧烈才让青蛙想一直待在井中。③ 这个案例被许多研究者所引用，意在说明教师在倾听时要耐心。实质上在笔者看来，它更多地体现了一种宽容精神的缺失。按照一般的思维以及教材的主旨意思，待在井里意味着目光短浅，只有跳出井外才能增长见识。而文中学生从日常生活中动物被人猎杀的角度出发，认为青蛙还是回到井里最安全。这是一种合理的想象，但是教师和学生一直固定在常规的思维中，认为不可能也不存在另外一种与标准答案相反的推测。学生的"捧腹大笑"，教师讥讽的话语"我看你是一只青蛙、坐

---

① ［法］埃德加·莫兰：《复杂性理论与教育问题》，陈一壮译，北京大学出版社2004年版，第81—82页。

② 贺来：《辩证法的生存论基础——马克斯辩证法的当代阐释》，中国人民大学出版社2004年版，第224—225页。

③ 谈永康：《学会倾听》，《文汇报》2003年10月13日。

井观天"，都是对迥异于自己的观点的一种嘲讽，它表明无法容忍那些与自己截然不同的观点。而教师在倾听时缺少宽容精神，以自己的预设或标准答案做简单的评判，往往会使教学与那些"不曾预约的精彩"失之交臂。学生后续作文中所写的"青蛙跳出井后，来到一条河边，想喝水。突然，听到旁边老青蛙警告水里有毒，又亲眼看到老青蛙被人用钢叉刺死"这个情节使文章从对目光短浅的批评转到对环境以及动物保护的控诉上，可以说是合情合理演绎的对现实问题的关注与讨论。这是一种思路以及我们看待事情视角上的不因循守旧，敢于突破常规并善于观察与应用的创新思维的表现。这是在教师教学预设之外却能够起到点睛的作用，它只有在对差异、级别、矛盾、多样性等的宽容基础上才能产生，而且，这种宽容能够产生"不曾预约的精彩"，可以将教学推上一个更高的台阶，对学生的思维发展以及教学效果都有非常重要的影响。

对于教师和学生而言，有时倾听中宽容品质的缺失不仅表现在直接的言语中的讽刺、打断、讥笑，还表现在教学中对他人话语权的剥夺、对他人言说内容的充耳不闻以及不屑一顾等非言语行动上。这些不宽容在倾听成绩不好的"差生"时更为普遍。在小组合作学习过程中，笔者经常能够看到由几个人组成的小组讨论和发言过程中，积极参与的总是那么几个为数不多的人。待到对班级情况有所了解时，笔者发现，这些积极参与的往往是学习成绩比较好的学生，他们在小组讨论中掌握一定的话语权，也往往是老师青睐的作为小组代表发言展示小组成果或讨论结果的固定人选。当问及为什么不让那些成绩不好的学生发言，老师往往会用"听他们说就是浪费时间"。而那些成绩不好的"差生"告诉笔者"即便是让我随便说我也不会说的，我一说，稍稍和他们想的不一样，他们不是半路打断就是讽刺我说得不对，要么就是干脆不听。"① 上面的课堂观察与访谈在当今的课堂中还是具有一定的普遍性的，甚至很多人熟视无睹并不觉得有什么不妥的地方。的确，一个缺少宽容品质的人是很难真正倾听到他人声音、外部声音的。当在教室中缺少宽容的时候，课堂的氛围将是消极防卫

① 摘自笔者在实验学校的观察及访谈笔记。

104

的，教学中也很难出现令人欣喜的进步。

尽管倾听中的宽容对于教室中多种声音的出现有非常大的帮助，它是对个体创新思维的生成和发展的鼓励。但是，真正的宽容并不是无原则的容忍，也非漠不关心，相反，它是在"以一种信念、一种信仰、一种伦理学的选择为基础的前提条件下"进行的，① 是有一定的底线的容忍并尊重与自己不同的观点，虽然接受这种消极的或者根据我们的观点看起来是有害的观念的表达会引起我们的痛苦，需要我们具有承受这种痛苦的意志。但没有这样的底线，宽容就会成为软弱的代名词，它"播下的是吞噬宽容的种子，衍生的是毁灭宽容的魔鬼，培植的是取消宽容的邪恶"，② 会使课堂教学的意义走向虚无。当今课堂教学中许多教师为了能够活跃课堂气氛，增加对话的频率，往往抛出一些与教学内容非常密切相关的、有价值的问题。这无疑是好的。然而在学生对问题进行回答时往往会出现严重的偏离教学的现象，这个时候，教师要及时听到并做出调整，把学生的回答引导到话题的重要方向。如果不仅没有及时做出调整，反而对学生严重偏离主题的回答做了进一步的呼应和解释，表面看来，是教师倾听时展示了宽容的良好品质，在学生回答一而再、再而三偏离主题的情况下仍旧让学生自由发言甚至对此进行了呼应，这种宽容的做法使学生自由言说的机会和可能性增大了，课堂氛围看似非常活跃。但是这种对学生偏离主题发言的宽容并非真正的宽容，这样的做法，实质是将宽容与放任、不作为等同。其结果必然是将教学带入到虚无之中。

（2）机智

机智是一种与他人相处的临场智慧，它的最大特征是"瞬间知道该怎么做"。一般来说，它主要包括以下三层含义：③ 一是事件的突发性，即机智必须是在对突发事件的处理过程中表现出来的，是在毫无准备的情况下所变现出来的应急能力。如果事件的发生不突然或是意料中的，不能称之为机智。二是处理的迅速性。机智必须

---

① ［法］埃德加·莫兰：《复杂性理论与教育问题》，陈一壮译，北京大学出版社2004年版，第81—82页。

② 贺来：《宽容意识》，吉林教育出版社2001年版，第138页。

③ 刘秀丽：《教育机智概念的澄析》，《中小学教师培训》2004年第6期。

体现在对突发事件的处理速度上，越是急中生智，处理事件时越是果断、迅速，就越能表现出高超的机智。如果是在优柔寡断或是在深思熟虑后才处理的，则不能称之为机智。三是效果的良好性。效果的良好性是机智的一个重要特性，也是衡量机智的最终标准。如果处理的方式不正确或处理效果不好，也就无所谓机智。

　　教学中的倾听意味着倾听者面对的是一个无法预知的未来，这个无法预知的未来包括即将到来的话语内容、行进的方向等，它们是不稳定的，变化不定、无法预知的，而且这种无法预知并不是倾听中的偶然事件，"它们从本质上是教学的一个有机的组成部分"，① 也是倾听过程中的一个重要的组成部分，倾听者很难据此事先做出预测与计划。因此，倾听中的机智不可或缺，它是倾听理性的表现之一。通常来说，倾听过程中的机智是指倾听者通过敏锐地观察他人的变化以及对他人话语中的理解，能够对倾听进程做出正确而迅速地判断并决定是否中断、继续或转换话题等合理的反应方式以便让对话顺利进行的能力。它主要包括两个方面：一是指根据他人的身体变化或话语内在含义，能够随机应变地对倾听过程的中断、继续或转移话题等进行敏捷、果断而准确处理的能力；二是指这种机智能够巧妙、精确、适时、发人深省地引导对话的进程或者给以引导、启示和教育。王老师是笔者所听课的实验学校中的一位骨干教师，笔者在她的课堂中听了许多节课，发现她的课堂教学气氛活跃，却活而不散，学生的发言频率和质量都非常好。在师生互动过程中，王老师的控制不露痕迹，看似"无为"的背后是她高超的倾听智慧，她知道何时去中断倾听、何时转换话题、如何巧妙地利用所听到的挑战性的观点、难题或困惑的回答打开培育学生的可能性。尤其值得一提的是，当王老师面对学生超出她预设的"非预期"的回答时，她能够凭借着对学生学习情况的全面了解、对教学内容的全盘考虑、对当时教学情境的理解以及多年积累的娴熟的教学经验，选择最佳的行为方式，经常从看似跑题的回答中寻找到"挑战性"的观点并将其转化为宝贵的教学资源。

---

　　① ［加］马克斯·范梅南：《教学机智——教育智慧的意蕴》，李树英译，教育科学出版社 2001 年版，第 191 页。

从她的这些行为中可以看出她所依靠的不是单纯的倾听技巧或技能，而是创造性行为，是倾听过程中机智的参与。① 总之，倾听中的机智是一种行动能力，是实践智慧的外显，它发生在特定的教学情境中，并非是心血来潮。心血来潮是完全不顾时空背景的限制，任性而为；倾听中的机智则是对话题、对他人等组成的情境有独特的敏感，其行动必与当时当地的情境相契合。

（3）敏感

敏感是倾听智慧的重要组成部分。所谓倾听中的敏感，并非是单纯的生理上或心理上对外界事物反应迅速或者接受新的刺激灵敏。倾听中的敏感是指倾听过程中对他人话语或外在表现的特点、变化以及隐含的意义等所蕴含的教学价值所具有的一种敏锐的感知力和辨别能力。教师应该"对来自学生的每一种声音的方向、特点和隐藏的变化趋势保持敏感。这样的倾听是面向瞬间性的倾听，他希望抓住生命发展中那些不可重复的瞬间。……教育的机会和个体发展的机会就蕴藏在无数个瞬间里"。② 如果倾听者不具备一定的敏感，则很难真正理解对方的真实所想，也很难发现并利用隐藏其中的教育教学价值。笔者在实验学校进行调查和访谈时，Y 老师曾经给笔者讲了一段有关敏感的经历。"Z 同学在班级中一贯乐观开朗、积极参与课堂教学。可是不知为什么最近上课的时候总是沉默异常，心不在焉。于是放学之后我叫住了她并且真诚地告诉她自己已经发现她的异常表现，询问是否能够帮助她。没想到，开始的时候 Z 同学什么都不说，只是叹了一口气，耸耸肩，摇摇头。过了好几分钟，Z 紧绷的脸有些放松，使劲地咬着嘴唇，用低得不能再低的声音似喃喃自语般地说：'我不愿意这样，不愿意这样。可是又能怎么办，我……我不知道该怎么做了。'好长一段时间，我们二人都没有说话，我知道如果我追问的话，她不会真的将心里话说出来，只有她自己真正想说了，她才能将心里的烦恼和困境展现出来

---

① 摘自笔者在实验学校的观察笔记。

② 李政涛：《倾听着的教育——论教师对学生的倾听》，《教育科学》2001 年第 11 期。

向我寻求帮助。于是我静静等待着直到她长舒一口气，似乎下定决心要做些什么。于是她断断续续地开始向我讲述着最近遇到的麻烦事。"①

上述案例中 Y 老师凭借对 Z 同学的惯常表现的了解以及现在的"心不在焉、异常沉默"等表现的注意，敏锐地感知到 Z 同学内心世界中的情绪异常，意识到她遇到了一些难以解决的问题，并试图用倾听的方式对她进行帮助。这种敏感以及建基于敏感之上的倾听指向 Z 同学的情感、情绪，给 Z 同学一种开放性的、温暖的接受、理解和支持的感觉，由此导致 Z 同学断断续续地开始向 Y 老师讲述着最近遇到的麻烦事。实际上，学生的眼神、微笑、皱眉、点头、一声叹息以及话语中都饱含着丰富的思想和情感，教师凭借敏感的倾听，做出恰当的后继行为，才能真正与学生交流，才能在知识、情感、生命层面上与学生产生共鸣。

教学倾听中的敏感是对他人感受所蕴含的教学价值有所反应，并不是假定或早早地意识到倾听者知道他人所要表达的是什么。因此，教学倾听中的敏感是建立在倾听者对他人本身以及他所说的话关注的基础上的。没有关注，就不会有敏锐的感知。为此，要求倾听者不仅主动，更需要刻意努力以搁置自己的期待、兴趣、需求以便能够准确、及时、真实地获知相关的信息。

（4）回应

倾听与身体的多种器官有关，尤以耳朵为主。古语曰"听曰聪，聪作谋"，意思是说，耳朵不仅能够听到许多，而且由于倾听变得愈加聪明。但是"听"并不只是落脚于"聪"，而是要落实在"谋"上，即由于倾听进而能够在错综复杂的情境下有应对的方略，这就涉及回应。回应是倾听智慧的外显行为之一。

作为倾听智慧组成部分的回应是指伴随倾听即时进行的、跟随倾听之后发生的一些反应，它是教师通过倾听到的信息为学生提供帮助的行为，也可以作为一个教学环节出现。从内容上看，回应所涉及的方方面面，既包括对学生思想和方向上的引领，也包括对学生所出现

---

① 摘自笔者在实验学校的访谈笔记。

108

或亟待解决的实际问题的帮助，当然还包括教师自身出现的一些问题。倾听中的回应既可以是言语上的回应，也可以是非言语上的回应。在课堂教学中，言语上的回应有多种不同的表现形式，如中断、提问、切断、串联、等待、理答等，这些表现形式的一个共同特点是都发生在一个"不确定的""不可预期"的情境中，需要教师在适当的情境、适当的时候，投入适当的注意力以及相应的思考和理解，采取或是中断，或是提问，或是串联，或是等待，或是理答等不同的适当的行动。而且由于倾听的复杂性，倾听中的各种回应并不是单一出现的，也并非单次出现的，它们不是倾听的终结，而是要根据教学情境和学生发展的要求，遵循着倾听的过程循环往复，与教学的其他环节交叉融通，并在这个过程中体现出上述所说的宽容、机智、敏感等倾听智慧。可见，倾听中的回应并非如技术样式一般，有着固定的起点、终点和途径，抑或是有着固定的方式方法，它更多地体现了实践智慧的那种与情境、时机等有关的复杂性和灵活性。回应是倾听智慧之一，限于本书的结构，对回应的各种表现将在第六章详细叙述。

第四章

教学倾听的主体分析

> 我们在目前可做的或可以学习的，就是去切近地听，学会倾听也是师生共同关注的事。
>
> ——海德格尔《什么是思想》

倾听不是一个空无主体的行为，通常我们所指称的倾听，它"不仅假定了一个对象的在场，而且也假定了一个主体（倾听者）的在场"。① 教师和学生是教学倾听的当然主体，这并不是由于生理上耳的构造决定的，也并非完全受制于师生的角色定位。相反，它是我们主观意识和努力的结果，是"对共同课程或教学内容的不同认识程度或水平为限定条件的、负载着共同课程或教学内容的教师和学生"的行为。② 教师和学生在教学情境中以言说者和倾听者的双重身份参与其中并不断转化着角色身份，在这个过程中，成为"理想的说话人和听话人"③ 是教师和学生必须之行为，必然之要求。

一 教师作为倾听者

前已述及，教师作为倾听者并不是教师角色自然赋予的，也非耳

---

① ［芬兰］冯·赖特：《行动的说明和理解》，载冯·赖特《知识之树》，陈波编选，生活·读书·新知三联书店 2003 年版，第 292 页。
② 杨启亮：《教学对话之"道"的特殊性》，《教育研究》2013 年第 7 期。
③ ［美］罗纳德·斯考伦：《跨文化交际——话语分析法》，施家炜译，社会科学文献出版社 2000 年版，第 2 期。

朵的生理构造天然决定的，它是人的主观意识与努力的产物。教师作为倾听者是教学的应然要求，是学生权利的诉求，也是时代的需求，是教师专业发展的必经之路。教师作为倾听者意味着他由传递者变为研究者和反思者，由技术行动者变为实践智慧的拥有者，由学生知识的旁观者变为学生知识建构的参与者。教师作为倾听者要求教师具备一定的教学倾听智慧、良好的教学倾听态度以及熟练的教学倾听技巧。

（一）教师作为倾听者：原因分析

1. 教学的应然要求

教（teaching）是一个关系概念,[①] 涉及教师与学生、教与学等多重复杂的关系，其中最为核心和关键的是教与学的关系。教虽然不等同于学，前者主要是一种外化过程，后者主要是一种内化过程。但二者对立统一、互相依赖，互为基础、互为方向、密不可分。台湾学者贾馥茗先生说："'教'是由'学'而起。如果没有人需要学，即使有人想要教，也无所'施'；也就是说'尚未'成己者要知道并能够发展自己、充实自己，而成为'人'，才需要学，有了'需要者'，才出现'供应者'或'满足者'。从正确的起点开始，才符合'成己成人''先己后人'的历程，才是使'受教者'易'客'为'主'，居于'教育'的'发动'地位。"[②] 海德格尔的"教意味着让人去学"[③]，孔子的"默而识之，学而不厌，诲人不倦，何有于我哉？"[④] 等话语也是描述教与学的紧密联系性。如若用杜威的话来直白地表述，那就是"教之学就如同卖之于买"。[⑤] 没有买的行为自然不存在卖，没有卖的行为当然也不存在买。同理，在教学过程中，教师的

---

① Noddings, *Handbook of Research on Teaching* (*Fourth Edition*), Washington, DC: American Educational Research Assciation, 2001, p. 100.

② 贾馥茗：《教育的本质》，五南图书出版公司印行1998年版，第150页。

③ ［德］海德格尔：《什么召唤思？》，《海德格尔选集》，上海三联书店1996年版，第1217页。

④ 《论语·述而》。

⑤ 中央教育科学研究所比较教育研究室编译：《简明国际教育百科全书·教学（下）》，教育科学出版社1990年版，第235页。

"教"离不开学生的"学",没有学生的"学","教"自然没有存在的价值。从这个角度上看,教学暗含着成功的意味:"如果'教'的行为未达成有效的'学',那么这种'教'就不是真正意义上的'教'"。① 因此,"教学的根本不在于教师向学生讲了多少,而在于教师对学生理解了多少"。② 教学指向于理解,那么教师的教学设计与教学决策必须建立在对学生的倾听之上,学生也只有真正倾听到并理解教师所言才能发生真正的"学习"。可见,倾听为教师的教学行为的选择奠定基础,为学生的学习提供可能和保障。正是在这个意义上,张华教授得出"教学的本质是倾听和对话"这个结论。③ 国际教学界也将教学概括为"教是倾听;学是告诉(teaching as listening;learning as talking),"④ 强调了倾听对教学进行的基础意义。

教学是师生间的交往沟通过程,离不开彼此的倾听和对话,倾听是教学的前提与基础,更是教学的应有之义。纵观教学发展的漫长历史,各个阶段、各种类型的教学实践,都是基于倾听并在倾听与应答的过程中展开的。人类的早期阶段,囿于各种条件的限制,原始初民不得不采取最简单的教学方式:口耳相传。由口之言入耳之听的过程重点在于如何有效地表达自己的意思以及与之对应的如何明白无误地倾听并理解对方的意思。此时,表达与倾听构成了这种非正规化教学的基本要件。在此之后,无论是苏格拉底的产婆式诘问,亚里士多德逍遥的漫步闲谈,还是孔子杏坛下的循循善诱,乃至今天的教学,一个基本的原则就是"教者"通过倾听并理解"学者"的需求和反应来进行或调整教学。美国哈佛大学教授达克沃斯所说的"倾听是其他人(教师和其他学生)了解他们心中在想什么的好办法"⑤,表达的就是此意。《学记》中提到"记问之学,不足以为师,必也其听语乎!力不能问,然后语之。语之而不知,虽舍之可也",这句话既强调了

---

① 张华:《课程与教学论》,上海世纪出版集团 2000 年版,第 73 页。
② 张华:《对话教学——含义与价值》,《全球教育展望》2008 年第 6 期。
③ 同上。
④ 同上。
⑤ [美] 爱莉诺·达克沃斯:《多多益善——倾听学习者解释》,张华等译,高等教育出版社 2004 年版,第 165—168 页。

教师学问与对教学反应的把握，还包含了对教学起点——"倾听学生"的特别关注。所以，在教学中，"最重要的不是述说，而是倾听——无条件、全身心地、共情地倾听。对话者应该打开自己所有的触角，'甚至愿意漠视你自己的心智所向往的东西，使它对它没有料到的思想开放（利奥塔）'"。①

从教学的内在逻辑来看，基于倾听并在倾听与应答中展开教学是"因学定教"的必要条件。"儿童体现了'永远需要不断揭示的'一切。在没有与青少年真正接触之前，我们并不知道何谓好的教学"。② 当我们用成人思维来看待学生而不是俯身倾听他们时，我们可能会觉得学生的需要是浅薄的、无价值的，因为他们往往表现出"随意性，所谓童言无忌，没有等级的区分"，表现出"自然性，完全率性而为，听凭自己身体的感觉"，表现出"自发性，还没有经过社会化和价值的引导"。③ 因此，成年人也往往会以"傲慢与偏见"来对待儿童，拒绝倾听儿童，其结果是舍弃了儿童自身所蕴含的宝贵价值。教学完全演变为成人的控制。实质上，倾听学生并"主动接受孩子的意见，努力去理解，在儿童的眼中、耳中和情感中，世界是个什么样子。仔细而慎重地考虑儿童的感受和关怀，然后据此决定自己教育孩子的方法"是教学成功的关键。④ 哪怕这种倾听仅仅是一种对儿童的有意关注，也会对教学产生巨大的影响。笔者在中小学听课的时候，有时会有意问一些老师："你觉得你今天的课学生掌握得如何？"有的教师会突然一愣，说："我觉得我讲得不错。"这样的回答实质上包含了教师的一个假设："这个内容我已经讲过了，这个东西我已经教过了，这个问题我已经强调了，学生应该学会。"这样的教师据笔者观察很少会有意识地倾听学生，他们的教学是以自己"教"的行为为导向的，追求更好地展示自己的教学技能、完成教学预设，教学

---

① 陈向明：《质的研究方法与社会科学研究》，教育科学出版社2000年版，第384页。
② ［加］大卫·杰弗里·史密斯：《全球化与后现代教育学》，郭洋生译，教育科学出版社2000年版，第193页。
③ 谭斌：《论学生的需要》，《教育学报》2005年第5期。
④ ［美］罗伯特·梅斯勒：《过程—关系哲学——浅释怀特海》，周邦宪译，贵州人民出版社2009年版，第71页。

效果也是不尽理想的。与之相反，如果教师能够倾听学生的发言，甚至是倾听学生那些没有说出口的非言语表达，教学的针对性和有效性往往就会大大增加。"不愤不启，不悱不发，举一隅不以三隅反，则不复也"。这句话看似在说要把握教学时机对学生进行教育，实则其基础在于对学生"心求通而未得、口欲言而未能"的"愤悱"状态的观察和解读，也就是要倾听学生的非言语表达。当学生的表情、眼神中显示出困惑的时候，显露出自信的时候，纷纷动笔计算的时候，表现出惊疑、期盼的时候，露出笑容频频点头的时候，这些非言语表达都是内心活动的外在显示。教师必须倾听这些并据此做出恰当的反馈。除此之外，课堂教学中教师的倾听行为以及倾听中的各种态度会向学生传递教师所关心的事情是什么，教师认为值得花费时间和精力去做的事情是什么，教师赞成或反对、欣赏或不屑的事情是什么。当学生感知到这些之后，他们也会自然而然地向着这些他们认为重要的事情而努力。由此可见，倾听既是因学定教的基础与必要条件，也是决定教学发展方向的重要因素，更是教学的应然要求。

2. 学生权利的体现

张华教授在《教育重建论》一文中开篇即指出："教育中的许多悲剧有时并非是道德上的错误，而是理智上的无知。"[①] 当我们认为学生并非权利主体，也不具有什么自由个性时，我们自然在道德上占据"正确性"并理所当然地打着"我是为了孩子好"的旗号，按照自己的意愿行事，拒绝倾听他们，教学自然发生了异化。实质上，在今天，虽然"儿童是权利的主体"这样的论断已经成为人所共知的常识，然而儿童的这种权利和地位的确立却是经历了漫长的历史发展过程。从古希腊、罗马时期对儿童的基本认识到中世纪"性恶说"和"预成说"的盛行，从文艺复兴时期对儿童活动权利的肯定到卢梭的"自然教育"，从儿童中心论的提出到蒙台梭利的"儿童观"，从杜威关于儿童的论述以及"二十世纪将成为儿童的世纪"的判断，上述观念历经多年的发展，直至今日，儿童是独立的人，尊重儿童的人格与权利才成为现代儿童观的核心内容。教师作为倾听者意味着将

---

① 张华：《教育重建论》，《全球教育展望》2008 年第 1 期。

学生当作与自己一样的平等主体，让学生去言说，让学生去表达观点。一直从事致力于提升儿童各种权利的工作的苏格兰儿童与青年委员会教授 Kathleen Marshall 认为儿童被倾听，让儿童的观点得到表达是儿童的众多权利之一，而且是核心权利。[1] Egan 也认为"儿童是积极的发展主体，是拥有权利的公民，是自己生存和生活的专家，是娴熟的交流者、是权利的拥有者和意义的创造者"。[2] 联合国儿童权利保护的宣言及大会都对儿童的被倾听的权利有所论及，如给儿童自由表达观点的权利，评论影响他们事情的权利，移除影响他们自由表达观点的障碍，认知考虑他们的观点等。英国"青年国会"更是明确提出让 11 岁至 18 岁的年轻人发出自己的声音，并保证让地方和国家政府以及相关的机构能够倾听到这些声音并做出反应。在教学中，让学生去言说有重要的意义。学生言说是他们表达自己观点的途径，是他们主动参与到教学中的表现。当一个人呆坐在教室中，不能自由言说，或者只能在一定限度内言说那些教师期盼的和教参相符的标准答案，而且不是一节课45分钟，不是一天八节课，而是求学期间历时多年的一种状态，这是对人基本权利的一种剥夺，是一种令人痛苦的精神折磨。笔者在中小学读书期间就曾深有感触。课堂中不能随便发表自己的观点，只能静听呆坐，偶尔胆战心惊地揣摩教师的喜好来回答老师的提问，课堂仿佛被施加了"禁言"的魔法，只有教师的声音在回荡。一旦下课，魔咒被打破，大家欢笑着重新"活"了过来，彼此大声地说着，肆意地让身体活动，在舒缓上课造成的疲劳之时，也在体会生命的存在。记忆中最深刻的是回到家中，不停地与姐姐和弟弟说话，仿佛"话痨"一般，以至于被他人称为"太有说话欲望的人"。如今想想，这就是对在占据童年生活比重较大的课堂中被剥夺自由表达权利的一种本能的弥补反应。儿童自由表达的权利不仅仅是为着儿童自然存在，更是为了成功的教学。"教学若想成功，就必

---

① Carlina Rinaldi, "Let's Talk About Listening to Children—Toward a Shared Understanding for Early Years Education in Scotland," *Learning and Teaching*, Vol. 8, 2006.

② Carlina Rinaldi, "The Pedagogy of Listening: The Listening Perspective From Reggio Emilia", *Innovations in Early Education: The International Reggio Exchange*, Vol. 8, No. 4, 2001, p. 88.

须对个人观点给予应有的尊重。"① 只有当学生能够自由表达的时候，只有当学生的独特观点得到尊重的时候，那些不曾预约的"精彩观念"才能诞生，教学才有机会走向成功，否则"设计得再好的实验情境和再好的激发学生的措施都不会引起学习"。②

儿童的这种被倾听的权利实质上与社会文明的前进以及人们对儿童的潜能的信任是有关联的。在一个社会文明程度较低的社会中，儿童自身的内在价值被忽视，他们只能被动地依附成人、被动地接受成人为其安排好的一切来生活。换句话说，儿童只有附属价值和工具价值，他们要做的仅仅是为生活做准备，没有探究的权利，当然，这种情况不仅会阻碍儿童的发展，也会阻碍社会文明的继续发展。与之相反，在一个社会文明程度较高的社会中，儿童的存在有其独特的价值，儿童的内在价值被承认、被尊重，此时，儿童作为与成人一样的社会中的主体，既享受着社会的权利、探究的权利，也在客观上促进了社会文明的持续发展。儿童潜能逐渐被发现、被信任的过程就是儿童在社会中地位逐渐提升的过程。Rinaldi 认为如果我们充分信任儿童，从内心深处相信他们拥有自己的理论、解释和问题，相信他们能够自己进行知识建构，那么，教育实践中最重要的动词就不再是去说、去解释或去传播，而是去倾听。③ 瑞吉欧教育模式就是对儿童的潜能和被倾听权利的高度认同。其创办者洛利斯·马拉古齐（Loris-Malaguzzi）的《其实有一百》这首诗，实质上就是对儿童认识、思考、发现、发明、幻想和表达世界的能力的肯定，对富有巨大潜能、能够自我成长的孩子的承认，更是对"向他者和他们所说的敞开，用我们所有的理智去倾听上百种甚至更多的语言"的呼唤。④

① Deal, T. E. and Kennedy, A. A., *Corporate Cultures*：*The Rites Rituals of Corporate Life*. Reading, Mass：Addison-Wesley, 1982, p.174.

② Erskine-Cullen, School-university Partnerships as Change Agents：One Success Story, School Effectiveness School Improvement, No.6, 1995, p.194.

③ Rinaldi. C, *In Dialogue with Reggio Emilia*：*Listening, Researching, and Learning*, London：Routledge, 2005, p.8.

④ Ibid. .

《其实有一百》

孩子，是由一百组成的，/孩子有，一百种语言，一百只手，一百个念头，一百种思考方式、游戏方式及说话方式；/还有一百种……/孩子有一百种语言……

3. 教师专业发展的重要途径

倾听学生并不仅仅是出于教学的应然要求、学生的权利体现等原因，更为重要的是，倾听学生对于教师的专业发展也有重要的意义，它是教师专业发展的重要途径。促进教师专业发展的途径很多，以往人们倾向于强调同伴互助、专业引领、自我反思等在知识、地位上与教师相似或高于教师的人们在教师专业发展中的作用，强调那种脱离了教学现场的学习和提高。《学记》说："教然后知不足，学然后知困。知不足，然后能自反也；知困，然后能自强也。故曰教学相长也"。① 这段话明确告诉我们教师专业发展的重要场景在课堂教学，教师专业发展的重要促进者是学生。因为课堂教学场景是活生生的、是复杂的，学生的学习会遇到许多真实的、教师预先想不到的困难，这些都是促进教师专业发展的不可多得的宝贵资源。教师对学生的倾听即是属于这种课堂教学场景中来自学生的促进教师专业发展的重要契机。教师采取倾听的立场意味着他既带着答案也带着问题，既带着知识同时也明确认识知识局限进入教室。② 他需要在倾听学生的过程中重新认识知识、不断地完善自我。对于这一点，Carlina Rinaldi 有深刻的认识，她在总结以倾听儿童为特色的瑞吉欧教育时说："我们必须倾听儿童，不仅仅是因为我们能帮助他们，而且因为他们能帮助我们。我们应该倾听儿童，以便于他们能表达恐惧而且能给我们面对恐惧的勇气，为了他们并同他们在一起。我们应该倾听儿童以便他们的智慧给我们以安慰，他们的'为什么'引导我们寻找原因，给我们力量去寻找非暴力、诚实的、负责任的答案。我们应该倾听儿童以

---

① 《学记》。

② Katherine Schultz, Cheryl E. Jones-walker, "Listening to Students, Negotiating Beliefs: Preparing Teachers For Urban Classrooms", *Curriculun Inquiry*, Vol. 38, No. 2, 2008, pp. 155 –187.

便他们的话可以给我们未来的勇气并帮助我们去寻找到和儿童和我们自己对话的途径。"① 这段话表明了倾听儿童会在三个方面促进教师专业发展。一是通过倾听儿童使我们不断处于学习的状态中；二是通过倾听儿童促使教师思考那些想当然而学生仍旧困惑的原因所在，并在这个过程中达成相互的学习；三是通过倾听儿童教师反思自己的教学。这实质上就是教学相长的表现，是通过倾听儿童促进教师的专业发展。有学者认为学生的声音来自于学生在教育存在中的体验，当教师倾听学生的时候，能够唤醒并丰富自己的教育体验，此时，他的倾听不再是从某种观念和理论出发的而是从自身的体验出发的。② 教师对学生的倾听在一定意义上构成了教师自身的教育体验，它有助于教育经验的增长和丰富。

　　教与学的密切关系、学生的权利要求以及教师专业发展的需求决定了教师必须成为倾听者。对此，很多专家和学者都从不同的角度给予明确的认识和论述。多尔认为"师生关系带有对话交往的个人特点——是双向的和交互作用的，而不仅仅是单向的和信息性的。这种变化要求教师成为好的倾听者和交往者，而不仅仅是好的讲解人"。③ 蒙田也强调教师"不要一个人在那里讲话，而应该容许学生有讲话的机会"，④ 教师要变为倾听者。国际知名的教育改革家黛博拉·梅尔（Deborah Meier）从丰富的教学经验出发直白地告诉我们"教的活动大半存在于倾听之中"。⑤ 意大利瑞吉欧教育体系中更是强调"教师成为幼儿的倾听者"，"关注儿童并以行动来倾听他们的声音"。⑥ 这些都从不同的侧面告诉我们教师必须注意课堂教学中的倾听，成为一

---

① ［美］爱莉诺·达克沃斯：《精彩观念的诞生——达克沃斯教学论文集》，张华等译，高等教育出版社 2005 年版，第 192 页。

② 张光陆：《教师倾听的意义与策略》，《江苏教育研究》2009 年第 3A 期。

③ ［美］小威廉姆·E. 多尔：《后现代课程观》，王红宇译，教育科学出版社 2000 年版，第 182 页。

④ ［法］蒙田：《论儿童的教育》，《西方古代教育论著选读》，人民教育出版社 2001 年版，第 375 页。

⑤ ［日］佐藤学：《教师的挑战：宁静的课堂革命》，钟启泉、陈静静译，华东师范大学出版社 2012 年版，第 7 页。

⑥ 屠美如：《向瑞吉欧学习什么：〈儿童的一百种语言〉解读》，教育科学出版社 2002 年版，第 29 页。

名好的倾听者。

（二）教师作为倾听者：角色溯源

孔子与苏格拉底是中西方文化源头上具有重要影响力的人物。在教育史上，二者都是以伟大的教师形象出现的，他们的教育理念、教育方法与教育实践对后世具有无可比拟的影响。孔子与苏格拉底在教学过程中，都不采用灌输的方式进行，而是循循善诱地进行启发和对话。可以说，他们是优秀的教学对话者，也是善于倾听的教师。通过对孔子与苏格拉底的典型教学片段及相关材料进行分析，可以使我们了解历史上好的教学倾听者的表现所在以及时代视角下的不足。

对孔子与苏格拉底教学倾听过程中进行分析的维度，我们主要选择了倾听目的、倾听态度、与言说者之间的关系、与知识之间的关系四个维度。选择倾听目的这个维度是因为"耳朵是最由精神决定的器官"，[①] 倾听者的主观意识决定着他会选择什么样的内容去倾听以及倾听后的回应和倾听的最终结果；选择倾听态度这个维度是因为倾听是个双向交流的过程，态度会影响到对话的进程、他人言说的积极性以及倾听的结果；选择"与言说者之间的关系"以及"与知识之间的关系"维度是因为考虑到教学中的倾听与一般情境中的倾听在知识上存在着重要的差异。

1. 孔子

孔子作为中国最伟大的思想家、教育家之一，其教育教学思想和实践对后世有着不可估量的影响。孔子的教学以其与弟子之间的对话和相互诘问的形式为特色，他开创了中国对话教学的先河，被称为中国对话教学的鼻祖。对于孔子，我们主要考察了《论语》，它是孔门弟子及再传弟子对孔子言行进行辑录的儒家经典文献，不仅全面反映了孔子的伦理道德思想，而且再现了孔子的教育教学理念和实践。我们选取了《论语》中的对话片段与场景，试图通过对这些师生互动背后的倾听现象进行分析，梳理出孔子的倾听实践。

---

① ［丹］克尔凯郭尔：《非此即彼》，陈俊松、黄德先译，光明日报出版社 2007 年版，第 9 页。

（1）孔子的教学倾听目的

要想得知孔子的教学倾听的目的，我们先要分析一下孔子所传授的教学内容的性质。《论语·述而》记载："子以四教：文、行、忠、信。"即孔子以文献、品行、忠实和信实教育学生。所谓"文"，主要是西周传统的《诗》《书》《礼》《乐》等典籍①，而品行、忠诚和信实都是属于道德教育方面的要求。在学习重点上，他要求"行有余力，则以学文"，② 即在孔子的教学内容中，道德教育居于首要地位，文化学科的基本任务在于为道德教育服务。孔子的"文、行、忠、信"这样的教学内容，决定了他在教学过程中不可能通过逻辑推演或科学实验等方法来进行传授。相反，他通常要求采取以权威人物站在道德或见识的制高点对他人进行教诲的方法进行。这种言说方式极易导致话语权威。如对于《论语》中最重要"仁"的问题，孔子的弟子一共问了七次"什么是仁"，孔子的回答每次都不相同：有时是"克己复礼为仁"，有时是"仁者，其言也"，有时是"恭、宽、信、敏、惠，能行五者于天下，为仁矣"，有时是"仁者爱人"。从上述回答可以看出，当孔子在谈论伦理道德、法律和政治等问题的时候，依靠的全部是个人的非逻辑推演得来的见解，在语言中找不到观点的任何依据标准，也很少有"为什么"的解释。言谈标准全在话语之外，由孔子掌控着。这就决定孔子在教学过程中，在大多数情况下，当他倾听学生的问题或回答的时候，他心中对这个问题早就有了自己的看法和见解。他的倾听，只是确定一下学生的困惑何在，或判断一下学生的答案与自己的观点之间的吻合程度，以便能够评论并进而阐明自己的观点和主张。至于孔子所持的原有观点不会因为倾听学生的发言或讨论而有所改变。所以，孔子的对话，类似于教义问答，非常简短，孔子的答疑解惑只是告知弟子如何如何，没有任何商量讨论的可能。总之，孔子或弟子的提问所起的作用在于提起话头，等待教导。孔子倾听的目的在于确定学生的困惑所在，判断学生的掌握情

---

① "文"包括哪些学科内容，目前存在不同的理解。本书所持观点采自孙培青主编的《中国教育史》。详见孙培青《中国教育史》，华东师范大学出版社 2000 年版，第 34 页。

② 《论语·学而》。

况，整个倾听过程是服务于"真理"传授的。学生倾听的目的则是希望能够达到老师"真理般"的教诲，整个倾听过程是毫无疑义、被动顺从的接受。

（2）孔子的倾听态度

孔子在言说标准上占有一定的制高点，这决定了他的倾听是拒绝新知识和意义生成的，是封闭不开放的，他不能也无须接受他人的挑战性的观点。但孔子在倾听学生回答的过程中却表现出了谦和、含蓄、耐心、宽容、可亲可敬等态度。《论语·先进》中的"子路、曾皙、冉有、公西华侍坐"片段展现的是一个典型的教学场景：孔子与子路、曾皙、冉有、公西华师生五人就理想志向问题进行对话。教学以孔子的问题"如或知尔，则何以哉"开始，子路、曾皙、冉有、公西华分别谈了自己的志向，孔子对他们的回答进行了即时的回应和点评。整个对话片段的叙述，既有师生之间观点的交锋，也有师生五人的言语、行为、神态的描写，以及透过这些表达的各自言说心态和心理的变化。这使得我们能够基于这些交往一窥孔子的倾听态度。为便于分析，现将"侍坐"片段的原文引录如下。

子路、曾皙、冉有、公西华侍坐。

子曰："以吾一日长乎尔，毋吾以也。居则曰：'不吾知也！'如或知尔，则何以哉？"

子路率尔而对曰："千乘之国，摄乎大国之间，加之以师旅，因之以饥馑；由也为之，比及三年，可使有勇，且知方也。"

夫子哂之。

"求，尔何如？"

对曰："方六七十，如五六十，求也为之，比及三年，可使足民。如其礼乐，以俟君子。"

"赤，尔何如？"

对曰："非曰能之，愿学焉。宗庙之事，如会同，端章甫，愿为小相焉。"

"点，尔何如？"

鼓瑟希，铿尔，舍瑟而作，对曰："异乎三子者之撰。"

子曰:"何伤乎?亦各言其志也。"

曰:"莫春者,春服既成,冠者五六人,童子六七人,浴乎沂,风乎舞雩,咏而归。"

夫子喟然叹曰:"吾与点也。"

三子者出,曾皙后。曾皙曰:"夫三子者之言何如?"

子曰:"亦各言其志也已矣!"

曰:"夫子何哂由也?"

曰:"为国以礼,其言不让,是故哂之。唯求则非邦也与?安见方六七十,如五六十而非邦也者?唯赤则非邦也与?宗庙会同,非诸侯而何?赤也为之小,孰能为之大?"

在对话起始,孔子首先表明了自己愿意倾听的良好愿望和谦虚的倾听态度:"以吾一日长乎尔,毋吾以也"。这种表态,一方面是对自己学识的谦虚,另一方面,是鼓励学生敞开心扉积极发言,不要因为与老师在年龄、学识等方面存在差距不敢讲话。孔子真诚的倾听意识和谦虚的表态,为弟子言说创设了一种宽松、平等、安全的心理氛围。

在子路"率尔"言志后,孔子虽赞成他的治国志向,但认为他不够谦虚,张狂失礼,因而"哂之"。此"哂",是对倾听到的内容的非言语上的含蓄示意。虽然孔子对子路的态度不满意,但还是能够包容,仅仅是委婉而善意的"哂之",而不是严厉的批评。在曾皙言志之后,孔子喟然叹曰:"吾与点也。"此语既是对曾皙志向的认同,又是对子路、冉有、公西华回答的不评之评。一"哂"一"叹",不同于直接的批评与表扬,只是非言语上对学生答案的含蓄评价。这体现了孔子倾听过程中对学生回答的一种含蓄与包容。

我们再来看曾皙与孔子的互动。曾皙在四个弟子中是最后一个发言的,当孔子点名让曾皙回答问题时,曾皙的举动是"鼓瑟希,铿尔,舍瑟而作"。即没有立即停止弹瑟,而是让声音渐渐稀疏下来,铿的一声,放下瑟。孔子在此耐心地等待,没有催促。因为曾皙的志向与其他人不同,他有些不确定自己会得到什么样的评价,所以,只是大略地说"异乎三子者之撰",以此来试探孔子的态度。孔子仍没有加以责备，而是鼓励他"这有什么担忧的呢？各自都说下自己的志向吧"（何伤乎？亦各言其志也）。这样的愿意倾听和耐心引导的态度打消了曾皙的顾虑，使其能够大胆言说。从孔子与曾皙的互动中可以看出，孔子的耐心等待与热情鼓励。

以上对"侍坐"片段体现了孔子真诚的倾听意识和谦和、含蓄、宽容、耐心和不开放的倾听态度，树立起了孔子的可亲可敬的一代大师形象。

（3）倾听者与言说者之间的关系

在倾听过程中，话语伙伴之间的关系非常重要，会影响到倾听的心理氛围与实际效果。在此，仍以"侍坐"为分析文本，探究一下作为倾听者的孔子与作为言说者的弟子之间的关系。上文已述，孔子具有愿意倾听的民主态度。但这不等于会换来弟子敞开心扉的真诚言说。在子路"率尔"遭到"哂之"后，冉有"方六七十，如五六十，求也为之"，一缩再缩的数字表达了对自己回答结果的担忧和对孔子的惧怕。公西华的"非曰能之"，"愿学焉"，"愿为小相焉"，一而再地说自己不行，这表面看是对自己能力的怀疑，其实质是害怕自己的言说会遭到如子路一般的"哂之"。由此可见，孔子虽然有良好的倾听意愿和含蓄、宽容、耐心的倾听态度，但这种意愿和态度是有压力的，在精神上是居高临下的。倾听者和言说者之间并没有达到真正的平等民主的关系。这也可以从该片段的题目"侍坐"中看出一二。"侍坐"意思是"尊长坐着，己站立侍奉"，学生的"站"与"侍"即表明师道尊严。所以，作为倾听者的孔子与作为言说者的弟子之间的关系并不是真正民主平等的。

（4）与知识之间的关系

知识是考察教学的一个重要指标，脱离知识的教学就失去了教学存在的根本意义。现实教学对于知识而言，或是传递，或是创生。从知识的角度进行考察，孔子与苏格拉底的倾听实践都是一种典型的意义和知识复制及传递的过程，它能够使知识准确无误地在不同的主体间复制、传递，但并不能产生新的知识。这样的结果与孔子的倾听目的、倾听态度以及倾听后的反应有直接的关系。因为孔子在倾听前对事情已有自己的看法，他们的倾听目的或是评判或是解答，他们对待

123

知识的态度是不开放的，也缺乏对他人观点的足够包容。尽管在倾听过程中也会有耐心、真诚、循循善诱等品质出现，但这些都是为倾听目的服务的。因此，他们"怀疑和质疑对话伙伴的主张，强调对于对话伙伴的立场的客观准确性做出判断，而且会毫不犹豫地根据所获得的证据以及观点的连贯性和逻辑性进行验证。"① 就使得不同的立场失去了一个存在的可能场域和机会，最终所有的异议都消解在一个合意中，获得了一个正确的或者说早已就存在的观点和看法。

2. 苏格拉底

苏格拉底作为人类早期著名的思想家、哲学家与教育家，对整个西方世界有着不同寻常的影响，甚至有人宣称"整个西方文化都是苏格拉底和基督教的遗产"。② 在教育上，苏格拉底做出了许多贡献，他是公认的具有高度教学智慧和能力的西方教师的典范。但是，"他的教学智慧不是体现在传授和释疑上，而是体现在他的对话能力和对话技术上，他拥有非凡的倾听能力和对问题的敏感性。"③ 因此，我们有必要对苏格拉底的倾听实践做一考察。

需要说明的是，苏格拉底一生虽未著一言，但他的学生柏拉图和色诺芬的著作中却生动地再现了他的言说和行为。《回忆苏格拉底》④ 一书是苏格拉底的弟子色诺芬为其师苏格拉底写的一部回忆录，记载了苏格拉底一生的言行，着重追述了苏格拉底对政治、宗教和道德等问题的看法。虽然有人认为色诺芬对苏格拉底的学说和思想的理解比较浮浅，远不及柏拉图的同类著作来得深刻，但是鉴于我们研究的是苏格拉底的教学倾听实践而非思想观点，且此书对研究古希腊哲学史和古希腊社会史仍有很高的学术价值，而且色诺芬在这部学术纪实文学著作中对苏格拉底的学问、道德和石破天惊的口才做了相当逼真的

---

① Burbules, N. C., *Dialogue in Teaching: Theory and Practice.* New York: Teachers College, 1993, p. 111.

② ［法］让·布伦：《苏格拉底》，傅勇强译，商务印书馆 1997 年版，第 116 页。

③ 仲建维：《孔子和苏格拉底的知识形象及其教学图景》，《全球教育展望》2010 年第 6 期。

④ ［古希腊］色诺芬：《回忆苏格拉底》，吴永泉译，商务印书馆 1986 年版，第 144—147 页。

描述，有利于我们抽取出较为典型的、较为完整的苏格拉底的倾听实践进行研究。在苏格拉底的许多有价值的、开创性的教育理念和教育实践中，"产婆术"占有重要的一席之地，并以此奠定了苏格拉底的西方对话教学鼻祖的地位。"产婆术"又叫"精神助产术"，它与苏格拉底对真理来源的看法密切相关。因此，苏格拉底所践行的"产婆术"就是基于苏格拉底自身的深厚知识底蕴（尽管他再三承认自己的无知），通过倾听和提问，寻找出对方思维中的纰漏，进而刺激对方思考并怀疑原有的信念，引导对方向着他所预设的目标行进，最终发现心中已存的真理。整个对话的过程，苏格拉底既充当了言说者的角色，也充当着倾听者的角色。我们就选择《回忆苏格拉底》一书中苏格拉底与欧谛德谟的一段对话片段进行有关倾听的分析。

苏问：如果我们把正义归为一行，非正义归为一行。那么，虚伪应该归于哪一行？

答：非正义一行。

苏问：偷盗、欺骗、奴役等应归于哪一行？

答：应归于非正义一行。

苏问：如果一个将军惩罚那些极大地损害了自家利益的敌人，并对其采取了奴役的手段，这能说是非正义吗？

答：不能。

苏问：如果他偷走了敌人的财物或在作战中欺骗了敌人，该如何断定？

答：这当然正确，但我指的是欺骗朋友。

苏问：好吧，那我们就专门讨论朋友间的问题。倘若一个将军所统帅的军队已经丧失了进攻的勇气，如果他欺骗士兵说援军就要来了，从而鼓舞士气，取得了最后胜利，这种行为应怎样理解？

答：也应算是正义的。

苏问：如果一个孩子有病，却不肯服药，父亲骗他说药很好吃，结果治好了他的病，这种行为该属于哪一行呢？

答：应属于正义一行。

苏问：如果一个人发了疯，他的朋友怕他自杀，偷走了他的枪，这种偷盗是正义的吗？

答：它们属于同一类的情况。

苏问：你不是认为朋友间不能存在欺骗吗？

答：请允许我收回刚才所说的话。

（1）苏格拉底的倾听目的

要想分析苏格拉底的倾听目的，首先还需明确的是苏格拉底所关注的内容的学科属性和苏格拉底对真理来源的看法。关于研究内容，与前人对自然的关注不同，苏格拉底更注重道德哲学的研究，他所研究的问题是人自身的存在，如人的生死、善恶、美德、权利、自由和责任等问题。这些问题，是很难加以定义或得到普遍的认可和共识的。苏格拉底深深明白这一点，所以苏格拉底在与他人对话的时候，经常引导对话伙伴去反思自己的无知，而这个"承认自己无知"的结果，苏格拉底在对话之初就已经意识到了，就像他经常宣称的自己一无所知。可以说，苏格拉底在对话之前就已经知道人们对正义与非正义的认识是难以准确表述的。所以他的倾听，只是在寻找对方思维中的漏洞并针对漏洞进行提问。当苏格拉底听到欧谛德谟把虚伪、偷盗、欺骗、奴役都归为非正义时，他清醒地认识到欧谛德谟没有离开个别（殊相）去思考普遍（共相）。于是，他针对欧谛德谟所说的漏洞，举出战争时期将军奴役敌人、偷盗或欺骗敌军等特殊情况，使欧谛德谟认识到自己原来说的不全面，于是补充为"我指的是朋友之间"。苏格拉底又针对欧谛德谟的看法"朋友之间不能有偷盗、欺骗、虚伪发生"，找出诸如将军欺骗以便鼓舞士气、父亲骗孩子吃药、朋友偷走意欲用枪自杀的朋友的枪等特殊情况，最终使得欧谛德谟认识到朋友之间虚伪、偷盗、欺骗也不完全是非正义的。最后，欧谛德谟不得不说"请允许我收回刚才的话"。对话的最终结果与苏格拉底所想完全一致。由此可见，苏格拉底的倾听是为了寻找对方思维的漏洞，倾听是为了一个预设的最终目标服务的。这正如佐藤正夫所总结的，当苏格拉底没有倾听到合意的答案时，"他首先从另一个角度提出问题，引导对方朝他所期望的方向前进；假如对方不能直接回答，滔滔不绝地长篇大论，对话不能沿着他所期望的方向进行时，苏格拉底便利用他那独特而辛辣的缝隙，或指桑骂槐，或鼓动或毁谤，引导对话纳入正轨"。① 由此可见，苏格拉底在倾听之前是有着明确的预设的答案的。

（2）苏格拉底的倾听态度

虽然苏格拉底的倾听目的是寻找对方思维上的漏洞以便用相反的例子揭示出对方谈话时的自相矛盾。但苏格拉底在谈话过程中的态度与孔子不同，他不是直接对对方的回答做出是非对错的判断，强迫别人接受他的判断，而是暂时宽容对方的观点，变换角度提出新问题。具体来讲，当对方言说的时候，苏格拉底认真地倾听，用自己的智识敏锐地把握住倾听到的内容的关键和漏洞。这个时候，他并没有预先知道或判断对方的回答内容，而是任由对方任意回答，对方任意回答意味着对方是自由的，苏格拉底也就可以自由地在倾听到的内容中寻找漏洞，他的回答是随对方的话语变化而变化的，他的回答取决于对方话语所引出的问题，这是一种临场发挥的倾听智慧，全靠着倾听者本人的智识以及话语本身的逻辑将言谈引到某一个方向上去，使探讨的问题越来越明晰。这正如让·布伦所说："苏格拉底的嘲讽……目的不在使他人丧失名誉，而在于帮助他。他希望他得到解放并使他向真理敞开。……他的嘲讽试图在人的心中制造不适应与紧张，假如对话者不能在听众那里得到支持，便由此出发，在对话者自己那里，引起意料的冲动。"② 从这点上看，苏格拉底的倾听态度是开放、包容的。当然，这种开放和包容并非真的能够让对方对苏格拉底的观点进行彻底的质疑和推翻，而是限定在一定的范围内，限定在苏格拉底自认的"真知"中。所以，苏格拉底的倾听态度准确地说应该是半开放、半包容的。

（3）与言说者关系的比较

苏格拉底在与他人交谈前首先告诉对方自己一无所知，即便神谕

---

① ［日］佐藤正夫：《教学原理》，钟启泉译，教育科学出版社2001年版，第309页。
② 郭利峰：《苏格拉底的思想及其影响》，硕士学位论文，内蒙古大学，2004年，第54页。

告知他是雅典最有智慧的人，他也谦虚地认为自己无非是比别人知道"自己一无所知"而已。这就决定了他在倾听过程中对他人观点并不是直接做是非对错的直接评判，也不是向他人讲述、阐明自己的观点，相反，他是顺着他人的思路和逻辑推理去寻找他人思维上的漏洞，他控制着对话的进程及结果也并非如孔子般的通过知识霸权来形成的，而是通过主导问题的线索和运用辩证法来实现的。所以，在对话过程中，对方敢于将自己的观点亮出来让苏格拉底知晓而非如"侍坐"场景中的冉有、公西华一般在说出自己观点时般谨慎、畏惧。可见，苏格拉底的"最有智慧的人"的身份与教师的角色并没有给他人过多的压力和不安，他与言说者基本能够探讨彼此的所感所想，交流过程相对平等。当然，苏格拉底作为倾听者与孔子相比，权威的地位并不是非常明显，但也并非与言说者形成了今天意义上的民主平等关系。

（4）与知识之间的关系

与孔子相似，苏格拉底的倾听与知识之间的关系也是一种知识的复制与传递，并不能产生新的知识。他不会因为对话伙伴的不同立场而改变他对原有知识的认识，对话的结果尽在他的掌控之内。苏格拉底在倾听前对事情已有自己的看法，他的倾听目的与过程基本上是遵循着寻找对方的思维漏洞以便引到自己原有的观点上来，这时，与他观点不同的异议都消失到一个合意中，最终得到的是苏格拉底早已知道的观点和看法上。换句话说，苏格拉底的倾听"其实是以回忆为导向的，并不具备真正的对话的开放性和进步性。相反，它只是意在获取存在于外部和先前已知的真理"。① 由此可见，苏格拉底的倾听并不能产生新的知识，这是一种对知识的不开放与不包容。

3. 对孔子与苏格拉底倾听实践的辩证认识

以上若干片段的分析为我们清晰地再现了孔子和苏格拉底的倾听实践。总体上看，孔子的倾听目的是确定学生的困惑所在，判断学生掌握的情况，整个倾听过程是服务于他所知的"真理"的传授的；

---

① ［美］小威廉姆·E. 多尔:《后现代课程观》，王红宇译，教育科学出版社 2003 年版，第 33 页。

孔子的倾听态度主要体现在谦和、含蓄、宽容、耐心、不开放；孔子的倾听在倾听者与言说者之间的关系是师道尊严不平等的。学生的倾听目的是得到老师的教诲，倾听过程是顺从、无疑义的接受。从与知识之间的关系的角度看，孔子在知识上不开放的倾听态度导致整个对话结果是知识的复制或传递，是孔子之观点加于弟子之上的。苏格拉底的倾听与孔子的倾听略有不同，他虽然对问题已有自己的看法，但是不会如孔子一般贸然打断或以权威者的姿态让对方接受自己的观点，他高超的倾听能力使其能够寻找并找寻到对方思维上的漏洞进而针对漏洞提出合适的问题使对方认识到自己思维上的错误，这样的做法使其倾听态度与孔子相比更多地体现了开放，尽管这种开放也是部分的。苏格拉底的倾听与知识的关系上，是不封闭的，虽不会有新的知识的产生，但也未将知识强加给对方，这是对对方的一种信任、尊重与鼓励，在这个过程中对方的思维得到了锻炼而不是如孔子学生一般地接受现成的观点。在与对话伙伴的关系上，苏格拉底也能够暂时对对方进行宽容和开放，较多地体现了一种相对的平等。当然我们前面已说，这样的一种差异是由于文化样态的不同以及对真理的看法不同，并非有优劣之分。以史为镜，鉴古观今，我们认为，孔子的倾听过程类似于今天课堂教学中的 IRE 模式。I 指的是发起对话，R 指的是学生的反应，E 指的是评价，这是一种被动的由教师发起对话、掌握对话进程、评价对话的模式。这种模式对于那些与教师思路岔开的"异向交往"话语的存在极为不利。在知识贫乏、全部由教师而非学生掌握的古代，孔子的倾听既与我国的文化契合，也与时代相契合。但是在当今知识爆炸的"后喻时代"，孔子的那种类似 IRE 模式的倾听已不能占据课堂教学的全部。以历史的眼光来评价孔子和苏格拉底的教学倾听，我们认为，他们是适合当时的出色的倾听者，即便是今天，他们倾听学生的一些诸如耐心、谦和、含蓄的态度以及他们的倾听能力都是值得学习的。以当今时代的眼光来借鉴孔子和苏格拉底的倾听，我们认为他们的倾听与知识之间的关系与当今时代并未完全契合，孔子倾听时与言说者之间的关系应该彻底改变，苏格拉底半开放的倾听态度应该改进，这是对孔子与苏格拉底教学倾听实践的一种"取其精髓，去其糟粕"的辩证的分析。

（三）教师作为倾听者：角色转变

在教学中，教师作为倾听者意味着教师的工作重心以及角色诉求发生了三个重大的转变。首先教师由知识的传递者变为研究者与反思者。在教学过程中，教师因为"闻道在先、术业有专攻"，常常会以"渊博的知识者"的形象出现，他们的任务就是将知识传递给"一无所知"的学生。因此，教师珍惜课堂中的每一分钟，不停地讲授。甚至有研究者通过课堂观察研究提出"三分之二律"，即课堂时间的三分之二用于讲话，讲话时间的三分之二是教师讲话，教师讲话时间的三分之二是向学生讲话而不是与学生对话。[①] 的确，许多教师一听到上课铃声就开始不停地言说，丝毫不将时间让渡给学生，他们往往认为自己言说得越多学生得到的越多，甚至还要一遍遍重复强调，他们引以为豪的就是能够将知识点"掰碎嚼烂"，喂给学生。教师的言说充溢着课堂，教师扮演着知识的传递者的角色，这是传统教学中教师的典型形象。教师成为倾听者意味着教师摆脱了这种疯狂言说的独白状态，不再是以"全能全知"的知识拥有者和传递者的形象出现，也不将大块时间都花在备课和讲课上，而是认真倾听学生，通过各种言语或非言语表达获得学生的学习状况、心理需求以及兴趣所在等信息，在此基础上，为学生提供各种学习资源，帮助学生进行切合自身实际需要的学习。这个过程就是教师对学生、对教学的研究过程，此时教师是以作为问题发现者和解决者的研究者形象出现在教学过程中的。当然，教师"通过研究去理解"[②] 需要教师走出封闭的自我角色认知，转而"从陌生人的观点来看每天的现实世界，以探究、惊奇的眼光来看待所生活的世界"[③]。这种走出封闭的自我角色认知就好似当我们从居住了很久的异地重返家乡时，我们会注意到许多以前从未

---

① Flanders, N, *Analyzing Teaching Behavior*, England：Addsion-Wesley, 1970, p. 448.

② Gadamer, H-g, *Truth and Method*, Beijing：China Social Sciences Publishing House, 1999, p. 190.

③ Greene, M, *Teacher as Stranger*：*Educational Philosophy for the Modern Age*, Belmont, CA/：Wadsworth, 1973, pp. 267 - 268. 转引自邓友超《教育解释学》，教育科学出版社2009 年版，第116 页。

注意到的细节和事物，这种注意只能发生在离开了家乡一段时间的人身上，对于那种整天待在家中的人而言，家乡是熟悉的，以至于熟悉到一切都理所当然，熟悉到"熟视无睹"。

教师作为倾听者的工作重心和角色诉求的第二个转变是由知识的旁观者变为学生经验建构的帮助者。知识的旁观者是从认知主体和认知客体之间的关系而言的，当二者二分，主体就是一个旁观者和局外人，此时"认知被理解为一种知识对象呈现给认知者的被动实践。认知主体在认知中是完全被动和沉默的，因而在非参与者的意义上是一个旁观者"，① 而"被认知者是一种以帝王般的孤独存在的、固定而静止的实在"。② 教师是知识的旁观者是指教学中教师将知识和学生看作客体，教学就是由自己这个拥有丰富知识的人将价值关涉的知识传递给没有能力自行建构经验的学生。教师作为倾听者意味着教师将学生看作一个具体的、与众不同的生命体，意味着教师将现实世界看作主体价值关涉的。因此，教师能够完全按照学生的水平和现有状况进行施教，能够促使学生的独特能力表现出来，能够关注到学生的整体，让学生对所学内容进行选择、区别甚至是放手让他们自己去学习。教师的职责之一就是引领并与学生进行有意义的经验互动，帮助学生建构自己的经验。

教师作为倾听者的工作重心和角色诉求的第三个转变是由技术行动者变为实践智慧的拥有者。教师不再崇尚书本，用标准答案和教科书来评价学生的言说，将学生塑造成统一的模样；也不再拘泥于倾听的具体技巧，将教学生硬地拉回到教学预设中。教师作为倾听者意味着教师处于一种复杂的、随时变化的情境中，没有固定的倾听程序和标准可以"百试不爽"，教师唯有成为倾听智慧的拥有者才能应对自如。总之，教师作为倾听者意味着"教师的职责已经越来越少地传递知识，而越来越多地激励思考；除了他的正式职能以外，他将越来越成为一位顾问，一位交换意见的参加者，一位帮助发现矛盾观点而不是拿出现成真理的人。他必须集中更多的时间和精

---

① ［美］塔利斯：《杜威》，彭国华译，中华书局2002年版，第62页。
② 同上书，第64页。

力去从事那些有效果的和有创造性的活动：互相影响、讨论、激励、了解、鼓舞"。①

二　学生作为倾听者

（一）学生作为倾听者：可能性与必然性

　　学生作为倾听者是具有一定的潜质和可能性的。在人类的各种感官中，听觉陪伴人类的时间最长。有研究表明，胎儿在子宫里从6个月开始就能清楚地听到声音，并会随着母亲的话语有节奏地移动身体。② 而在人类走向死亡的过程中，听觉是最后消失的感觉。倾听作为一种解放、自我实现和自我发展的潜在能力，它有个实现、发展和完善的过程。美国学者列文描述了倾听发展完善的四个阶段。第一阶段是属性阶段。此时，我们内在于、归属于、适应于整个听觉的领域的向度：幼儿生活与内在于音源的敞开之中的切身感受之中，并且通过整个身体来听。这种早期阶段基本的听是完整的、全面的、融合的、协合的、静态的，共生地嵌于自然的基本生态之中。第二阶段是由后期幼儿阶段发展到了青春期或成年期，属于日常的听的阶段。此时，我们处于社会化的过程中，生物潜能逐渐显示出来。听觉发展至其最高点，成为交际生活的正常要求时的个人的技术，并且是自我控制的，它构成了所有的倾听情境，在情境中，自我根据主客体发现了自己。第三阶段是熟练发展了的听。此时，个体致力于进一步的训练和一种自我锻炼的实践，自我逻辑开始成熟，人格的结构是个人的和人际的，我们发展我们作为一种同情的实践的倾听，增进我们作为倾听者意识到所有声音存在物的相互关系和共同习俗并对此做出回应的能力。第四阶段是谛听阶段。这是一种特别的精神上的实现，这一阶段的工作开始于对于泰然自若态度的实践，并逐步进行本体论追忆，即一种对于听觉领域的完全开放向度的追忆，我们欣然于某种与在者

---

① 联合国教科文组织：《学会生存》，教育科学出版社1996年版，第108页。
② ［美］安德鲁·D. 沃尔文，［美］卡罗琳·格温·科克利，［中］吴红雨：《倾听的艺术》，复旦大学出版社2010年第5版，第11页。

之在的真实关系，并会欣然于某种对在者之在的在存在意义上的理解。① 从中我们可以看出，儿童具有倾听的潜能，而且在潜能实现的过程中可以发展、完善，从而达至最高阶段。意大利学者 Carlina Rinaldi 说："年轻的儿童是最伟大的倾听者，他们倾听着环绕在他们周围的世界，倾听生命所有的形式和色彩，倾听他人——成人和同伴。"② 他们"在对于自然之音的倾听中，在对于音乐之声的倾听中，以及在对于他人言说的倾听中，不断学习与成长，也帮助他人学习与成长，并且认识到闻听是宝贵的，为我们所欣然接受的天赋"。③

　　学生是伟大的倾听者，在教学过程中他们的倾听与他们的学习是一致的，学生作为倾听者是学习应有之义。海德格尔认为"听对说者具有基本的建构作用。听和说一起维持着人的真正的可能性。因为人能听，所以他能学习"。④ 在他看来，学习就是学习者与学习对象借由倾听与呼应融为一体的过程。他说："学习的意思是，让我们的一切所作所为与任何从根本上向我们吐露的东西遥相呼应。根据这种根本的方式，根据它由此向我们发出召唤的领域，这种遥相呼应以及为此的学习方式都是与别的呼应和学习截然不同的。"⑤ 为了说明自己的观点，海德格尔还举了"衣柜匠学徒"的例子，在海德格尔的理解中，好的衣柜匠不是那种能够得心应手地使用工具的人，也不是对当前衣柜流行样式了熟于心的人，而是能够根据不同木料的特点制成与之相符的衣柜的人。这是"呼应"木料的过程，也是倾听木料的过程。学习也是如此，"学习对象不同，对学习对象的呼应就不同，

---

　　① ［美］大卫·米希尔·列文：《倾听着的自我——个人成长、社会变迁与形而上学的终结》，程志民等译，陕西人民教育出版社 1997 年版，第 57—89 页。

　　② Carlina Rinaldi，"The Pedagogy of Listening：The Listening Perspective from Reggio Emilia"，*Innovations in Early Education：The International Reggio Exchange*，Vol. 8，No. 4，2001，p. 27.

　　③ ［美］大卫·米希尔·列文：《倾听着的自我——个人成长、社会变迁与形而上学的终结》，程志民等译，陕西人民教育出版社 1997 年版，第 75 页。

　　④ ［德］海德格尔：《柏拉图：智者（英译本）》，Richard Rojcewicz & Andre Schuwer，印第安纳大学出版社 1997 年版，第 48—49 页。

　　⑤ ［德］海德格尔：《海德格尔选集》（下），孙周兴选编，上海三联书店 1996 年版，第 1217 页。

学习的内容和方式等就不同。"① 换言之，学习就是倾听与回应学习对象并与之融为一体。在学习过程中，如若"听之不深，即知之不明，知之不明，即不能尽其精，不能尽其精，即行之不成"。② 可见，不仅学生学习需要成为一名真正的倾听者，而且在日常生活中，倾听也与我们做事成功与否有重大的干系。

（二）学生作为倾听者的目标：成为会倾听的人

"教育不仅要通过倾听而进行，而且要培养会倾听的人。"③ 成为会倾听的人是学生作为倾听者的目标。会倾听的人是什么样的人，这在我国传统文化中有诸多的描述。杜维明指出："在我国传统文化中，听的艺术是十分丰富的宝藏，'耳'的观念，在中国古代思想有着非常丰富的意蕴。"④ 我们的祖先非常看重听的价值和作用，不仅将听觉器官耳朵视为智慧的器官，而且将圣人贤者赋予善听的特征，大量的成语及故事都反映了这一点。如神话"禹耳三漏"说的是圣人大禹的耳朵有三个孔眼，能够听见常人不能听见的东西。《国语·周语》中盲音乐家神瞽虽不能视却可以凭借敏锐的耳朵知天机、明军情、懂人事，帮助帝王安排生产和礼仪。《左传》中善听的师旷可以通过楚师"骤歌北风，又歌南风，南风不竞"，得出楚师必败的断言。佛教认为，众生的眼、耳、鼻、舌、身、意六根当中，最灵敏的是耳根。它不像视觉和味觉必须通过可视或可触摸才能产生感觉，耳朵可以毫无阻隔地听八方之音。《楞严经》中也曾提到观世音菩萨是如何在海边听海潮音依耳根圆通而悟道的："我于彼佛，发菩提心，彼佛教我，从闻思修入三摩地。初于闻中，入流亡所；所入既寂，动静两相。了然不生，如是渐增，闻所未闻，尽闻不住。觉所觉空，空觉极圆，空所空灭，生灭既灭。寂灭现前，忽然超越，世出世间，十

---

① ［德］海德格尔：《海德格尔选集》（下），孙周兴选编，上海三联书店1996年版，第1217页。

② 《文子·道德》。

③ 张华：《走向"倾听"教育学》，《全球教育展望》2010年第10期。

④ 李志刚、冯达文：《思想文化的传承与创新》，巴蜀书社2002年版，第191—212页。

方圆明。"① 对这段修行经验，文殊师利菩萨认为，"观世音菩萨以耳根修禅定的法门最契机。"② 可见，在我国传统文化中，圣人就是会倾听的人。

圣人就是会倾听的人，这在先人造字之初通过字的形象以及字与字之间的关系也已经向我们进行了明示。据郭沫若考察："古听、声、圣乃一字。其字即作和，从口耳会意。言口有所言，耳得之而为声，其得声动作则为听。圣、声、听均后起之字也。圣从耻，壬声，仅于取之初文符以声符而已。"《说文解字》说："圣，通也，从耳。"段玉裁注："圣从耳者，谓其耳顺。《风欲通曰》：'圣者，声也。言闻声以知情。'"③ 这表明圣人就是会倾听的人。若我们仔细观察，确如其言。甲骨文中"声"被写为⚡，形态上是人击磬，磬之声传入耳朵即为"声"。甲骨文中"圣"被写为⚡，好似一个人在用耳朵听口中发出的声音，金文"圣"被写为⚡。无论甲骨文还是金文，"圣"都与"听"高度相似。江南大学的姚淦铭教授在《汉字文化思维》一书中对这三个字阐述得更为透彻。他说："聲（声）字，这个字造得很审美，先民择取了磬的声音为典型，由击磬之声间传入耳朵为声。甲骨文有用手持工具作击磬之状，还有耳朵在一侧，可会通其意蕴。聽（听）字，甲骨文是一个耳朵，再加上一口或二口。这是表示口中发出言语等声音，耳朵感知到了就为听。聖（圣）字，《说文》解释为：圣，通也。从耳，呈声。甲骨文所作，像人上有大耳，或增添上口，金文'人'变为了'壬'。圣就是听觉敏锐，所以是耳顺之通，又由耳顺之通引申为精通某方面的事，再引申为无所不通而至最高境界，那便是圣人之'圣'。"④ 圣人之"圣"与"耳"有关，此种说法在孔子那里也有反映。孔子云："吾十有五而志于学，三十

① 《楞严经》。
② 同上。
③ 郭沫若：《卜辞通纂考释呥游》，转引自张丰乾《竹简〈文子〉探微》，博士学位论文，中国社会科学院，2004年，第5页。
④ 姚淦铭：《汉字文化思维》，首都师范大学出版社2008年版，第157—159页。

而立，四十而不惑，五十而知天命，六十而耳顺，七十从心所欲不逾矩"。"耳顺"是"知天命"的产物，是"不逾矩"的前提，"耳顺之谓圣"，在笔者看来，此"耳顺"便是耳顺其心之"倾听"的意味。事实上，在古代，"人们认为'听'是神的能力，也是人为神所知的途径。如《诗经》中屡次出现"神之听之"，（然后）如何如何的句子，如《谷风之什·小明》"神之听之，式谷以女""神之听之，介尔景福"。[①] 可见，具备非凡的倾听能力是普通人与圣人、神的重要区别。从古"听、声、圣"为一字及"听"字字形的演变来看，圣人即是会倾听的人。

古人所谓的圣人并不简单地等同于我们今天所说的知识渊博的人，在人格特质上，圣人是德性与创造性融为一体的人。这可以从我国传统文化中儒、道、墨、法对圣人的描绘中略见一斑："儒家的圣人是典型、规范的道德人格，富有浓厚的伦理色彩；道家的圣人则是体任自然，清静无为，鄙弃名教，具有放浪形骸、特立独行的生活意境的理想人格；而墨家的圣人除了是制物作器的英雄之外，还是极其俭约和苦行的绝世豪杰；法家的圣人则纯是物质文明的创造者，通晓社会治乱盛衰之哲理，是一位'救群生之乱，去天下之祸的王者'。"[②] 可见，圣人具有德性与创造性二者并重的特点。而我们今天常说的知识渊博的人通常被称为智者。在古代文化中，圣和智不同，圣要高于智。从词源学上看，前文已述，圣是指听的能力，智则是指判断的能力。"智"在《说文解字》中是"识词也"。段玉裁注认为常省作"知"，徐锴《说文解字系传》解释"知"说"如矢之速也"。从中我们可以看出，智通常指的是知（判断）的能力，即对事物能够迅速、准确地进行判断，把握事物的"无形""无声""未萌""人所未见""人所未稳"的现象、苗头、玄机的能力。从达成圣智的途径来看，圣是闻而知之，智是见而知之。见而知之是通过观看得出的判断，是我们所谓的"感性认识"，它要借助于现有的材料，受

---

① 李志刚、冯达文：《思想文化的传承与创新》，巴蜀书社 2002 年版，第 191—212 页。

② 范立舟：《论两宋理学的圣人史观》，《江苏教育科学》2009 年第 3 期。

眼睛可见的限制，只能对"在场"的事物进行判断。闻而知之是通过听而获得信息，是所谓的"理性认识"，它是依靠认识主体自身的智慧，可以不受耳朵的限制，听到那些耳朵无法听到的声音。大象无形令视觉无用武之地，大音希声，恰恰强调的是人的用心倾听。"'大音'以'希声'的方式出现，不是为了不让人听见，而是为了更好地让人听见并领会。如果声音一旦以惊吵的形式传进听者的耳朵，就势必会遭到听者的本能拒斥。"① 从圣、智所涉及的内容来看，圣是知天道，智是知人道。马王堆帛书《老子》甲本卷后古佚书之四（《德圣》）中说："圣者，声也。圣者知，圣之知知天，其事化翟。其胃之圣者，取诸声也。知天者有声，知其不化，知也。圣，天知也。知人道曰知，知天道曰圣。"② 圣与听相连，智与视相连，圣是根本，智是圣的生发，"不圣不智"③，以圣包智，圣智融合，我国传统文化的这种思维方式和价值追求，其"本质是谋求德性与创造性的融合，让创造性成为德性的生长与发展"。④ 学生作为倾听者的目标是成为会倾听的人，倾听他人和周围的一切事物，包括那些与自己一致的和相反的观点，进而达成通过更为复杂的方式和途径去解释和理解世界。这样的一种会倾听的人，并非是单一的知识渊博的人，而是德性和创造性集于一体的人，他的"创造性是道德的创造性"，他的"道德是创造的道德"。⑤ 他能够将倾听与言说、闻知与见知融合起来，在倾听中实现自我完善与社会进步。

当前，我们的教学过于注重学生知识的掌握而忽视了德性与创造性的融合。19 世纪后期法国教育家尼克·德·索热尔明确指出："仅仅把获取知识作为压倒一切的重要事情形成了教育方面危险的

① 路文彬：《视觉时代的听觉细语——20 世纪中国文学伦理问题研究》，安徽教育出版社 2007 年版，第 66 页。

② 李志刚、冯达文：《思想文化的传承与创新》，巴蜀书社 2002 年版，第 191—212 页。

③ 《五行》。

④ 张华：《走向"倾听教育学"》，《全球教育展望》2010 年第 10 期。

⑤ 同上。

陷阱之一。"① 如果我们将获取知识当作最重要的事情，我们往往会回避可能的困难去选择我们认为的最迅速的方法。此时，孩子看起来理解了教师传授的知识，甚至也能够按照教师所教去做一些事情。但是，这只是表面上的看似进步，实质上，当我们要求他创新地使用所学知识、创造性地运用自己的才能时，他往往就手足无措，不知怎么去做。如今虽然上过学但是无所作为的人非常多的主要原因就在于我们在这方面犯了错误却不自知，还沾沾自喜于学生由于记忆力和模仿力的帮助而形成的无所不知、无所不能的假象中，却浑然不知，这样的机械教育已经影响了教师和学生生命的全过程。总之，在教学中单纯强调知识的掌握似乎是一条快速使人成才的途径，实质上，这种做法不仅对人的创造性无益，而且德性的缺失会使人的发展失去正确的方向，从而使人类的发展陷入危险的境地。学生作为倾听者的目标是成长为"会倾听的人"，与今天我们所说的"和谐发展的人"是高度一致的。

（三）学生作为倾听者：角色转变

学生作为倾听者意味着在学习过程中，他的任务与角色发生了两个重大转变。首先，学生从"空的容器"变为具有不同经验的经验者。在以往教学中，学生往往被视为缺少经验和知识，"白纸"一张有待描绘、"空的容器"、有待盛装。因此教师"把每个儿童的独特性还原成一些共同的特征，以便分组、分类、筛选、测量、管理、以预期的方式回应儿童"。他们"在学生的耳边喋喋不休，学生好像向漏斗里灌输东西似地听他们讲课，而且，学生的任务仅仅在于复述他所学过的东西"。② 学生在顺从地接受教师传授的各种"真理"时，不能有一丝的怀疑，也无须探索，学习的重心在教师、在教科书以及你所喜欢的任何地方和一切地方，唯独不在儿童自己的直接的本能活动。此时，教室中"桌椅一排排地按几何顺序挤在一起，课桌都是一

---

① ［英］伊丽莎白·劳伦斯：《现代教育的起源和发展》，北京语言学院出版社1992年版，第232页。

② W. Prinar, WM. Reynolds, *Understanding Curriculum as Phenomendogical and Deconstructed Text*, New York：Teachers College Press, 1992, p. 60.

样大小，以便尽可能没有活动的余地。这些全部都是供学生'静听'用的"。① 学生作为倾听者意味着他们是具有经验的经验者，而且这些经验因为学生的不同具有一定的差异性和独特性。他们的倾听是基于自己经验之上的主动行为。一位教师在教《孔融让梨》一课时，有个学生听到老师说孔融将大梨让给了哥哥时，颇有同感地说："老师，如果是我，我也会这么做，因为我从小就不愿意吃梨。"这位学生的行为虽然与孔融一样，但是行为的性质却是极为不同的。这个回答反映了学生在倾听过程中是基于自己的经验基础之上进行理解的：在今天衣食无忧的日子里，梨作为一种常见的水果，已经不如孔融时代那样令孩子欢喜，因此，将大梨让出去就是为了不吃不喜欢吃的梨，有什么高尚的呢？这就是学生的经验对于倾听、对于教学的前提性的影响。由此可见，学生作为倾听者意味着学生就是不同经验的经验者。

　　学生作为倾听者的任务与角色的第二个重大转变是从经验的拥有者转变为经验的建构者。经验是鲜活的、生成的，学生也不是单纯的接受者，他需要在不同的情境中将这些鲜活的、外在的经验内化或重构于自己的原有经验中。如果没有看到这一点，教师往往会使听者处于被动的状况，强迫要求他痛苦地否认自己活动的一切方式，接受那些外在于听者的经验。这样的教师的最典型的表现就是乐于站在教室最显眼的地方，用略微有些高高在上、施予知识的姿态环顾教室中的学生们，好似领导检阅一般。接着要求学生认真看老师而不是听老师，然后教师开始着手传授他认为有价值的知识。而此时，学生往往是"沉着地抓住这些知识，接受这些知识，就像他们在书店购买书籍一样，只需接住书，把它们放进自己的口袋或背包里"。② 对于这种做法，赫尔巴特评论道："这本身就是使人厌恶与感到受压抑的。"③

① ［美］杜威：《学校与社会：明日之学校》，赵祥麟、任钟印、吴志宏译，人民教育出版社 2004 年版，第 39 页。
② ［苏］阿莫纳什维利：《孩子们，祝你们一路平安!》，朱佩荣译，教育科学出版社 2005 年版，第 46 页。
③ ［德］赫尔巴特：《普通教育学·教育学讲授纲要》，李其龙译，人民教育出版社 1989 年版，第 222 页。

他认为，为了学生在倾听过程中主动建构经验而不是简单地拥有经验，要千方百计地激发学生，使学生始终保持急切的期待心理。如果这一点做不到的话，那么，教师就不应该顺畅、连贯地把课讲下去，而是允许学生打断教学，发表自己的意见和观点。当然，这种打断必须是在确保教学工作能够顺利进行下去的情况下，也就是说要在可能的范围内给予学生最大限度的自由。①

三 师生倾听体现的是教学关系发展的逻辑

教学是一种人本主义的活动，它所涉及的是人（而不是琐碎的行为或能力），是在各种不同的课堂环境和学校环境行动和发展着的活生生的人（教师和学生）。② 教学关系既与教学活动中教师和学生的职业身份、社会角色有关，也与"负载着共同课程或教学内容"的教师和学生对"共同课程或教学内容的不同认识程度或水平"有关③。对教学关系发展的考察，虽然不能脱离上述两个方面，但因为二者的紧密关系有时难以区别，因此，我们在此不做明确的区分，而统统以教师和学生的关系称之。关于人与人之间的关系，马丁·布伯根据对待的态度不同分别用"我—你"和"我—它"来表示。伽达默尔受其启发，在解释学经验中也发现了人与人之间的关系。但二者所理解的"你"并不完全相同，比较而言，在布伯那里，"你"总是立足于保持着与"我"的一种平等对话关系，而在伽达默尔那里，"你"不仅被具体化为一切对话的直接的"你"，还可以是一个群体的"你"，或者是一种文化传统的"声音"之整体。④ 换句话说，伽达默尔所理解的"你"比布伯所理解的更为宽泛。因此，在分析教学关系发展中，我们用伽达默尔的关系理论。

---

① ［德］赫尔巴特：《普通教育学·教育学讲授纲要》，李其龙译，人民教育出版社1989年版，第222页。

② ［美］阿伦·C. 奥恩斯坦：《当代课程问题》，余强译，浙江教育出版社2004年版，第121页。

③ 杨启亮：《教学对话之"道"的特殊性》，《教育研究》2013年第7期。

④ 何卫平：《通向解释学辩证法之途》，上海三联书店2001年版，第239—240页。

伽达默尔认为，人与人之间有三种关系。在第一种关系中，"你"被经验为一个类的成员，被期望按照"我"通过经验学会的规则去行动。也就是说，"我"把"你"当成对象，"你"是让"我"达到"我"的目的的手段。在第二种关系中，"我"承认"你"不是客观的对象，不是"物"，而是另外一个主体，一个人。但是"我"和"你"之间都固守自己的意见和观点，都要求对方接受自己的立场。"你"就是从"我"的观点出发被理解的。实质上，上述两种"我"与"你"的关系因为缺乏平等性、直接性和相互性，只能算作伪"我—你"关系。在第三种关系中，"我"真正把"你"当作"你"来经验，"我""你"双方都不固守自己的意见，而是彼此开放。不是试图去把自己的观点强加于对方，而是真正地倾听对方对自己所言说的话。① 而开放性是达成这个目的的手段，"相互之间没有这种开放性，就不会有真正的人与人的关系"。② 当然，这样的倾听并"不是指我们无条件地做他人所想做的事情。谁这样做，我们就称他为奴隶。"③ 从中可见，第三种关系是真正的"我—你"关系。

用伽达默尔关于人与人之间关系的理论来分析教学关系的发展，我们发现，师生之间是否形成相互倾听的关系反映了教学关系的不同类型。师生之间缺乏相互倾听和理解，往往会形成"传授式和控制式逻辑衍生的教学关系"。④ 这种教学关系将教学看作一种拥有丰富知识和经验的教师向一无所知且消极被动接受的学生传递那些公认的"真理"。教师是教学活动的发起者、操控者与最终评价者，他设计着有关教学的方方面面，控制着教学内容、教学进程以及教学发展方向。学生没有真正的意向，只需呆坐静听、服从教师的安排即可。此时，教师和学生的关系是完全的主客体关系：教师是教学活动中的主体，学生是教学活动中的客体，师生之间呈现出明显的征服与被征

---

① 张鹏骞：《问与答——论伽达默尔的对话理论》，载潘德荣《对话与和谐：伽达默尔诠释学思想研究》，安徽人民出版社2009年版，第139—142页。
② 邓友超：《教育解释学》，教育科学出版社2009年版，第165页。
③ 同上。
④ ［加］大卫·杰弗里·史密斯：《全球化与后现代教育学》，郭洋生译，教育科学出版社2000年版，第198页。

服、控制与被控制、压迫与被压迫、设计与被设计的特点。当师生之间相互倾听和理解，他们是作为独立的个体、完整的精神相遇，往往会形成"互惠式"教学关系。教学此时不再是教师单方面的意向活动，教师也不是传统"传道、授业、解惑"意义上的知识提供者，因为教师认真倾听学生，让学生的观点意见得到充分的表达，使得学生的创造性得到重视，这个时候，师生之间不再是指令性和专断的师生关系。"教师的权威也将不再建立于学生的被动与无知的基础上，而是建立在教师借助学生的积极参与以促进其充分发展的能力之上。"① 在相互倾听的教学中，教师和学生作为具有独立个性和完整人格的主体共同步入"我—你"之间，共同负载着课程或教学内容，每个人的个性差异以及喜怒哀乐都能够得到关注，在基于彼此尊重、信任和平等的立场上进行思想和情感的交流，共同建构意义，凸显彼此的主体性。而且主体之间既是自由联合又有中介物、既是手段又是目的，呈现明显的"交互"特点，本质上是一种主体间性的关系。师生"走出原子化的'自我'，通过与其他人进行平等的交往与对话，围绕共同的主题内容，在'学习场域'中建构一个充满学习自觉性且具有独特文化的氛围"②。此时，教师不再仅仅是授业者，在倾听学生的过程中，教师本身也得到教益；学生在倾听以及被倾听的同时成长为超越性的受教育者，教师和学生呈现明显的主体间性，教学从教师单方面"给予"走向"互惠"，从静态的师教生学关系变为动态的共生共学关系，③ 教师的学生（student-of-the-teacher）与学生的教师（teacher-of-the-students）等字眼也不复存在，取而代之的是由巴西教育家保罗·弗莱雷创造的新术语：教师学生（teacher-student）及学生教师（students-teachers）。④

---

① ［美］S. 塞拉克、G. 维迪努：《从现在到 2000 年教育内容发展的全球展望》，马胜利等译，教育科学出版社 1997 年版，第 108 页。

② 程玮：《学习共同体实践路径》，《中国成人教育》2010 年第 15 期。

③ 吴康宁：《学生仅仅是受教育吗？——兼谈师生关系的转换》，《教育研究》2003 年第 4 期。

④ ［巴西］保罗·弗莱雷：《被压迫者教育学》，顾建新等译，华东师范大学出版社 2001 年版，第 31 页。

第五章

课堂教学倾听的现状

> 倾听是如此基本的一件事，以至我们都意识不到它的重要。不幸的是，大多数人都自认为是良好的倾听者，其实却不然。
>
> ——Michael P. Nichols《倾听》

在教育研究中，往往存在着这样一种奇怪又普遍的现象："无论我们碰巧翻开哪一本教育书籍或杂志都会注意到每一种教学或教育的新方法总是以对某种过分的不加批评的教育态度进行抨击的形式出现的。"① 对于这种总是试图"通过排斥我们周围的人的不理智行为来提出我们自己的合理观点"的现象，范梅南认为实质上是一种话语权力的争夺。因此，在本章开始之前，需要事先说明的是，就本章内容而言，虽以倾听的视角去反思、再现当前的课堂教学实践，但其目的并非是为了争夺话语权，而是出于"聚焦、放大、反思、改进"的研究理路。"聚焦、放大"类似于镁光灯或放大镜，能够将问题集中、突出地表现出来，"反思、改进"则是在此基础上的一种原因探求和完善。当然，这其中可能会存在一种言辞描述上的略微夸张和情感上的不适，但是我们所追求的达成理想教育的途径不就是基于这种类似于"吹毛求疵""矫枉过正"的态度与行为吗？

---

① ［加］马克斯·范梅南：《教学机智——教育智慧的意蕴》，李树英等译，教育科学出版社 2001 年版，第 282 页。

一　研究视角选择说明

前已述及，倾听是个意蕴丰富的词语，它既可以指称具体情境中借助于听觉器官——耳朵而形成的对声音的种种注意、接收与解读意义的行为，也可以指称由于这种行为而造成的人心理上的关注与理解，甚至是哲学上的生存方式与共在的关系。因而教学中的倾听并不单指师生、生生之间言语互动中对声音的反应，更意指潜隐于这些行为背后的关注、尊重等。正因为教学倾听具有如此丰富的意蕴和存在的潜隐性，在课堂观察中，对其丰富意蕴的面面俱到的研究不仅难度巨大，而且也极不现实。我们所能做的，就是选取其中的某个关键的视角，通过它来透视一二，进而展现课堂教学的部分面貌。但是，接下来的问题变为选取哪个视角作为透视的基点。课堂教学是以语言为中介进行的，对言语交流中倾听的观察明显易于非言语交流中的倾听观察。而言语交流又可分为问答行为和授受行为，二者的区别在于师生交流的形式不同：前者更多地表现为言语上的你来我往，言语互动明显；后者则更为强调教师的讲授行为。我国学者黄伟通过对教学案例和课堂实录进行统计分析，发现在课堂言语行为中，师生问答言语行为超过80%。① 美国学者博里奇的研究则明确告诉我们，在平均意义上，中小学教师每小时提问的数量在 100 到 150 个问题之间。② 中外大量的研究表明，在课堂师生交互作用关系中，最为基本和常见的行为单位是师生之间的问答。而无论是在师生问答行为中还是在授受行为中，我们都可以通过其外在的言语行为观察或推测潜隐于其后的倾听的情况。因此，我们拟在实验学校以课堂教学中师生问答行为为主、授受行为为辅，来研究这些言语交流中有关倾听的基本情况。

当我们确定了要研究师生言语交流中的倾听时，还有一个研究的维度需要明确，即我们从什么维度对倾听现状进行揭示。目前相关的

---

① 黄伟：《对话语域下的课堂研究》，博士学位论文，上海师范大学，2008 年，第174—175 页。

② ［美］吉尔劳梅：《新教师课堂教学入门》，杨宁译，中国轻工业出版社 2007 年版，第 106 页。

分析维度有三种。第一种是综述中所提到的美国教育家 Sophie Horou-
tunian-Gordon、Suzanne Rice、Leonard J. Waks、Mordechai Gordon、
Megan J. laverty、Andrea Englishi 等人的研究成果。他们从倾听的目
的、倾听的实质、倾听者的作用以及倾听者与言说者的关系四个方面
分别对亚里士多德、柏拉图、卢梭、赫尔巴特、杜威、布伯等教育家
的教育倾听思想与实践进行深入的研究。① 第二种是有关对话类型分
析的理论。美国伊利诺伊大学的学者 Burbules 教授认为从对话与知识
的关系方面来看，可以分为向心型对话和离心型对话，前者与后者的
区别在于对话中主张的变化，如果不同立场消解在一个合意中，则是
向心型；如果每一主张具有多元性，则是离心型。Burbules 认为如果
从对待对话伙伴的态度上区分，可以分为包容型和批判型对话。前者
是指对对话伙伴的主张 "至少暂时去承认" 并力求 "理解对方观点
背后的信念、感情或经验"；② 后者是指 "对对方观点持怀疑和质疑
的态度并根据所获得的证据以及其他方面对对方的观点进行判断和验
证"。③ 因此，Burbules 将对话与知识的关系及其对待对话伙伴的态度
这两个维度进行组成将对话区分为指导型、探究型、辩论型和谈话型
四种。其中，在与知识的关系以及对待对话伙伴的态度上，指导型对
话类型属于向心型和批判型的，探究型对话属于向心型和包容型的，
辩论型对话属于离心型和批判型的，谈话型对话属于离心型和包容型
的。第三种理论主要是 Erkki Pehkonen 和 Maija Ahtee 提出的教师倾听
模型。④ 二人根据数学课堂中的信息流向和教师提问的不同，针对
数学学科领域用相应的实例将教师倾听划分为五个水平八个子类。
借鉴上述 Sophie Horoutunian-Gordon、Suzanne Rice、Leonard J. Waks、

---

① Sophie Horoutunian-Gordon, "Listening: An Exploration of Philosophical Traditions", *Educational Theory*, Vol. 61, No. 7, 2011, pp. 117 – 123. Jim Garrison, A Deweyan Theory of Democratic Listening, *Educational Theory*, Vol. 46, No. 4, 1996, pp. 429 – 451.

② Burbules. N. C., *Dialogue in Teaching: Theory and Practice*, New York: Teachers College Press, 1993, p. 111.

③ Burbules. N. C., *Dialogue in Teaching: Theory and Practice*, New York: Teachers College Press, 1993, p. 111.

④ Pehkonen, E., & Ahtee, M., "How Do Teachers Listen to Their Pupils?" A Symposium for Research on Teaching and Learning, Turku, 2004.

Mordechai Gordon、Megan J. laverty、Andrea Englishi、Burbules、Erkki Pehkonen 和 Maija Ahtee 的研究成果，启示我们对倾听可以从倾听水平、倾听主体之间的互动以及由于这种互动所带来的与知识之间的关系、倾听的两维等方面进行考察，这种考察是以观察课堂为样本并辐射上升到普遍的层面上，试图在一定程度上反映当前课堂教学中师生倾听的一些基本情况，从而为构建"倾听着"的课堂教学提供现实的依据与前进的方向。

二 基于倾听水平的考察：五种层次水平

倾听是有层次水平的，我国古籍《文子·道德》中根据倾听时所使用的器官的不同将学习划分为上学、中学与下学，认为"上学以神听，中学以心听，下学以耳听"，而且使用不同器官进行倾听的效果是不一样的，"以耳听者，学在皮肤，以心听者，学在肌肉，以神听者，学在骨髓。"① 可见，倾听是有多个层次水平的。学者 Erkki Peh-konen 和 Maija Ahtee 观察并记录了若干节数学课堂，将教师倾听水平划分为五个水平八个子类。笔者根据这些现有的研究，对实验学校的课堂教学中教师的具体倾听行为进行观察，按照倾听水平的由低到高，大体存在着以下五种层次水平的倾听。

（一）倾听的缺失

此处所说的课堂教学中倾听的缺失并非是指作为倾听主体的教师和学生由于听觉器官——耳的功能受到影响进而失去倾听的能力，而是指由于历史的缘由或者理念上的错误认知或者具体操作上的疏忽而使教师和学生虽然有外在的声音入耳，却没有真正倾听所表现出来的"呼应"与"理解"。换句话说，虽有声波的震动，却没有进入到头脑里、心里，甚至是没有进入到耳朵里。这种倾听的缺失与忽视是一个非常普遍的现象。在笔者所调查的学校中，仔细观察学生倾听的情况，发现随学生所在年级的提升，虽都有倾听的缺失情况存在，但却

---

① 《文子·道德》。

表现得不尽相同，处于两个极端的是小学阶段的主体性神话的狂欢与中学阶段的呆坐静听。

1. 教室中的主体性神话的狂欢

主体性是人们认识外部世界并处理与外部世界关系时的一种功能表现。它一方面表现在主体接受外部信息时，受已有的知识结构和先行经验等因素的制约，具有自主性和创造性；另一方面表现在对外部世界的选择时受主体本人需求、动机和兴趣等因素的推动和支配，具有能动的自觉性和选择性。教学是由多种要素组成的，在众多的要素中，"学生"这一要素可以说是核心和重点，应该围绕着学生，围绕着学生的学习将教师、教材、学习环境等其他要素串联起来。在我国，伴随着现代儿童观的确立、知识观的转型、人才观的变化以及基础教育课程改革，学生的"需要、愿望和参与教学的过程"得到更多的重视，学生的主体性空前高涨。这在每一所进行着课程改革的学校、在每一个得到高度认可的公开课中都可以看到这种变化。但是，这种变化逐渐走向了另一个极端，学生的"主体性"有了绝对化的倾向。在教学中，将"学生与教师的互动、与教学以及学习环境等割裂开来，让教育成为仅针对学生的需要、愿望、态度等学生自身的性格取向来进行"，[1] 产生了佐藤学所谓的"主体性"神话。这种"主体性"神话是在"将教学中的'自学自习'理想化后，将'自我实现'或'自我决定'等理想化后产生出来的"。[2] 它有多种表现，仅从笔者所观察到的课堂教学中的情况来看，这种主体性神话的狂欢有两个突出的表现。一是许多教师错误地理解了新课程改革的理念，在打着调动学生学习主体性的幌子下，增加大量师生之间的问答行为，以至于教学中的问题与回答漫天飞舞，充溢着整节课的四十五分钟。但是这些问题经常是不具备太多的思考价值的。比如在笔者观察的一节数学课开始上课的三分钟时间内，教师的问题与学生的回答分别是这样的：[3]

---

① ［日］佐藤学：《静悄悄的革命——创造活动、合作、反思的综合学习课程》，李季湄译，长春出版社2003年版，第14页。

② 同上书，第15页。

③ 摘自笔者在实验学校中的观察笔记。

教师：同学们，大家还记得我们昨天学习的是什么内容吗？

生：记得。

教师：哪位同学来告诉老师昨天学习的是什么？

生：两位数加两位数。

教师：那两位数加两位数难不难啊？

生：不难。

教师：大家会不会做？

生：会做。

教师：那做两位数加两位数在列竖式时最关键的是什么，大家忘记了没有？

生：没有。

教师：那应该注意些什么呢？哪位学生来说一说？

生：要注意……

教师：好，非常好，他说得很全面。这回大家都记住了吗？

生：记住了。

教师：现在黑板上有这样两道题，大家观察下，有什么特点？

生：是两位数加两位数。

教师：好，那请大家赶紧拿出你们的练习本，算一下，看看答案是多少，好不好？

生：好。

……

短短的几分钟时间里，教师和学生之间的问答多达九次。就对话的具体内容来看，其重点在于复习两位数加两位数，然后在此基础上引入到新课两位数减两位数。从老师抛出的问题来看，只有"两位数列竖式时应该注意什么"？以及"赶紧拿出练习本算一下黑板上的题"。这两个问题最为关键，其余都是可有可无，都是老师为调节课堂氛围、"调动学生主体性"而生硬添加的。而这既对学生的思考无益，也对推进课堂教学无所帮助。学生在随大流回答"是、对、好"

中逐渐习惯了不用脑筋来思考，也对课堂教学感觉索然无味。除了上述例子中列出的类似没有思考价值的问题外，一些教师还会抛出一些诱导意味的问题、形式化的问题，在表面的一问一答、一说一听中营造学习动力十足、学习情绪高涨、学习态度认真的假象，实质上，这些提问与倾听都已经异化为只是为了调动学生主体性、活跃教学气氛的"调节剂"，失去了真正的作用。

　　笔者观察到的课堂教学中主体性神话的狂欢的第二个表现是在小组合作学习中。小组合作学习由于其注重教学中各种动态因素之间的互动，能够提高个体学习的动力和能力且适合班级授课制、效果明显等优点而在新课程改革过程中在各地、各校、各个班级中大量上演。通常合作小组是按照"组内异质、组间同质"的原则将全班学生分成不同的组，经过共同确定目标、教给学生学习方法、小组讨论合作学习、全班交流、复习巩固等环节。笔者观察到小组讨论合作学习中，比较明显的现象就是氛围热闹非凡、学生学习热情高涨，采用诸如中心发言式、指定发言式、组内讨论式或两两配合式等多种组内交流方式，学生畅所欲言，基本能够充分发表自己的见解。然而，发言归于发言，倾听却被忽视。在某同学发言的过程中，组内其他同学各干各事或者装作倾听，实质却没有入耳入心，以至于发言的同学的积极性受到打击，有的简短应付，有的以自我为中心、自以为是地乱说一气。这种情况不仅在组内讨论时出现，在全班交流时也是如此，认真倾听、积极思考的学生所占的比例非常少。在笔者课后与学生交谈中，有学生谈道，这种小组合作交流就类似于"皇帝的新装"，是骗人的，"根本不用听小组内别人的发言，也不用听全班交流中的发言"，因为"老师最后会将标准答案和重点重新再讲一遍的"。"皇帝的新装"一词道出了"主体性神话"的虚伪，这些提问、发言与倾听都是虚假的，是为了活跃课堂氛围、为了体现新理念、为了教学方法的多样化而设置的，整个过程中没有真正的倾听出现，相反，弥漫的是冷漠的态度、不信任的感觉以及心知肚明共同演戏的氛围。

　　2. 学生的呆坐静听

　　随着学生年龄的增长以及年级的提升，上述虚假的主体性露出其真实面目，学生发言或讨论的热情和主动性丧失了，课堂教学中的主体性神话的狂欢逐渐失去了市场，退出了课堂教学的主流，取而代之的是学生的"呆坐静听"。"呆坐静听"不仅存在于当前我国众多地区、各个学段的课堂当中，而且还在中外漫长的历史发展中占据过教育的主流地位。杜威对此有深刻的体会，他曾经打算为他的学校寻找适合儿童需要的课桌椅时，结果发现所有的东西都是仅仅为"静听"准备的。他说："几年前，我曾在本市四处寻找供应学校用品的商店，打算找到从艺术、卫生和教育的观点看来完全适合儿童需要的课桌椅。我们历经了很多困难去找我们所需要的东西。最后，一个较机智的商人说了这样的话：'恐怕我们没有你们所需要的东西，你们所要的东西是儿童能用来工作的，而我们所提供的全都是供静听用的。'"[1] 接着，杜威在他影响最大的著作《学校与社会》中对这种"呆坐静听"详细描述道："一排排难看的课桌按几何顺序摆着挤在一起，以便尽可能没有活动的余地，课桌几乎全都是一样大小，桌面刚好放得下书籍、铅笔和纸，外加一张讲桌，几把椅子，光秃秃的墙，可能有几张图画，凭这些我们就能重新构成仅仅能在这种地方进行的教育活动。一切都是为'静听'准备的。"[2] 在杜威看来，"呆坐"是将学习简化为只需要脑神经细胞的活动，而不需要借助任何媒介就可完成；"静听"标志着一个人的心理依附于另一个人的心理。"呆坐静听"的态度是被动的、吸收的：学生用他们的耳朵去听，去说，去阅读那些被地方教育官员、教育局和教师准备好了的内容。"如果一切事情都是以'静听'为基础时，你就拥有统一的教材和方法。耳朵和反映耳朵的书本构成了同样适用于一切人的媒介。几乎没有机会适应不同的能力和需要。"[3] 如果从教师的角度来审视这种教室内的"静听"，就是教师独霸课堂时间不停地说。教师和教材传递那些准备好的、二手的材料，这些被听到的话语是"未同化的"，而非被理解的：仅仅是许多单词以一种"千篇一律的、对思想的选择性

---

① ［美］杜威：《学校与社会——明日之学校》，赵祥麟、任钟印、吴志宏译，人民教育出版社 2004 年版，第 39 页。

② 同上书，第 51 页。

③ 同上书，第 40 页。

安排特征有敌意的"存在①，诸如口头符号的存在被机械复制，这样的材料，对学生所产生的影响是消极的，表面上，学生可能对授课教师、对教材、对自己的功课甚至是对所处的环境予以关注，看似在认真地倾听和学习，但内心深处却早已飞到对他来说更有吸引力的事情上。他的眼睛和耳朵所显示出来的关注是给他人看的，是为了掩饰自己已经被其他事情占据的脑子和内心不被他人发现。他这样做，并非出自纯粹的喜欢和自愿，而是被逼无奈的结果，虽然他深知要通过知识改变命运，要靠学识博得周围的人的认可和欢心，要踏实认真地学习，可是，教材和教师讲授的枯燥感以及学习内容与现实生活的分离使得他无法克制自己的行为，无法真正地进入到学习的情境中。而这种习惯或态度一旦形成，将"不可避免地对智力有着不好的影响"。②

"呆坐静听"实质是一种"传递中心教学"，其基本的知识观是经过过滤的知识、是"能够理解和传递"的约定俗成的知识、是显而易见无须儿童通过学术论辩就可以学到的知识；其基本的儿童观是把儿童视为被动接受知识的存在，儿童丧失了学习的本来目的，学习异化为记忆现成知识，其目的是在应试竞争中出人头地。"呆坐静听"所代表的"传递中心"教学课堂中即便有师生之间的互动，其一般流程也是"一问一答式""教师主导型"的 IRE 结构。教师的倾听与学生的倾听都是基于标准答案的。"呆坐静听"的课堂"其重心是在儿童之外，重心在教师、在教科书以及你所喜欢的任何地方和一些地方，唯独不在儿童自己的直接的本能和活动"。③ 为此，杜威指出"现在我们的教育中正在发生的变化是重心的转移。这是一种变革，一场革命，和哥白尼把天体的重心从地球转到太阳那样的革命"。④ 儿童变成了太阳，教学的各种措施围绕着这个中心旋转。杜威的"儿童中心论"为传统课堂教学中的"呆坐静听"敲响了丧钟。

---

① John Dewey, *Contributions to A Cyclopedia of Education*, New York: Dover Publications, 1911, p. 268.

② John Dewey, *How We Think*, New York: Dover Publications, 1997, p. 85.

③ ［美］杜威：《学校与社会——明日之学校》，赵祥麟、任钟印、吴志宏译，人民教育出版社 2004 年版，第 39—53 页。

④ 同上。

　　总之，当今的课堂教学中主体性神话的狂欢与呆坐静听两种状态同时存在，而且对于学生来讲，这种状态随年级的升高而变化，不变的是都同样深刻地影响到学习生活中的每一天。笔者在中小学阶段就读的时候，也深深地感知到这种缺失倾听的极端状态。笔者六岁时背起小书包和小伙伴一起兴高采烈地将生活的重心由家里转移到学校时，父母既充满期待又满是不放心地叮嘱着"上课时一定要认真听讲，积极举手发言，千万不要贪玩"类似这样的话语。学校入学的第一课也是如何做一名合格的小学生，校长、班主任以及任课教师也将"上课认真听讲，积极举手发言"作为第一行为规范再三强调。那时，在这种谆谆教诲下，不管课下何种状态，上课铃一响，就如同打了鸡血一般地精神。只要老师有发问，不管会还是不会，不管是对还是不对，小手一定要举得高高的，甚至是半个身子伸出桌椅手臂高高前举，口中迫不及待地喊着："老师！老师！我会。"如果被叫到了，如同中了大奖，答对与否已不是关心的范围；如果没有被叫到，则非常沮丧，其他学生回答的是什么则已很难进入到头脑中，一直到老师的下一个问题抛出才恢复情绪。那时的课堂，用流行的话语来说，"那叫一个热闹"。可是随着年级的升高，课堂中的这种情况逐渐变了，不仅如小树林般举起的小手消失了，而且一到提问就有种怪异的气氛充溢着课堂。不管前一秒钟大家在做什么，在进行哪个环节，只要老师抛出："这个问题谁会？"或者"我找个同学问问"，类似的话语仿佛魔咒一般，立刻将教室变得鸦雀无声，将学生"定身"在相似的动作中：同学们大多屏气凝神，埋下头或趴下身子，紧张万分，睡着的同学"神奇"地清醒了，课堂里真的是连掉根针都能听到声音。当老师叫起一位同学时，此时似乎地雷被暂时清除，有的长舒一口气，有的继续干自己的事情，有的开始将眼神重新放到前方讲台处。教室中学生可以看到的无非就是黑板、教室、书本以及前排同学的后脑勺，可以做到的就是"呆坐静听"以至于高中阶段遇到不爱听的课或者听不懂的课时，讲课老师的话语就像催眠曲一样，将很多学生带入梦乡。当然，也是在那个时候养成了一种特殊的功能：一旦教室中的声响发生变化，由催眠曲变为沉寂时，需要第一时间清醒过来，以便应付老师的问题，否则一旦"幸运"地被点中，得到的将是老师暴风雨般的训斥。总之，课堂教学中主体性神话的狂欢与呆坐静听不管是过去还是现在都真切地存在着，这是真正倾听的缺失，亦是教学的悲哀与异化。

（二）选择性倾听

在缺失与忽视倾听这个水平之上的是选择性倾听。所谓选择性倾听，是指在倾听时对倾听对象、倾听结果等方面呈现出来的诸多信息，仅仅注意特定部分的信息而无视其他信息，如同茫茫人海中"众里寻她千百度"一般。这种特定部分的信息根据划分维度的不同，大体上可以分为以下几种。

（1）从教师倾听所关注的具体内容来看，教师大多会选择倾听与考试直接相关的那些知识与技能方面的问题，而忽视方法、情感态度、价值观、学生喜好等与考试非直接相关或无关的内容，倾听带有强烈的"以教材为中心""以考试为中心"的应试教育的色彩。在一节英语课上，教师和学生共同学习了 Nice to meet you、How do you do 等常见的问候话语并让学生之间相互练习。当这节课快要结束时，该教师一如既往地问了一句："这节课大家还有什么不明白的，需要问的？"一位学生站起来说："老师，见面问候的时候，为什么外国人喜欢握手和拥抱，而我们国家古代喜欢抱拳呢？"此话一出，在课堂引起了一阵小骚动，下面的学生纷纷议论："是啊，握手和抱拳有啥差别呢？""我觉得抱拳比握手还好，为什么现在见面问候时不抱拳了呢？""握手还行，拥抱多不好啊，还不如抱拳潇洒呢"……该教师见状，立刻沉下脸来，嗓门高了八度，大声地说："×××，你就不能问个正经的问题吗？你知道这个有用吗？考试还能考这个啊？给我坐下！"[①] 其实，该学生的问题涉及中美文化差异，虽然没有哪种考试会考这样的问题，但是此时却是对学生进行文化意识与文化差别教育的好机会。该教师以"考试不能考"为借口让学生坐下反映出他筛选倾听、讨论与回答问题的标准是"考试时能否会考"。

（2）从教师倾听所关注内容与教师自身契合程度上看，课堂教学

---

① 该案例来自笔者上学期间的真实经历。

中教师的选择性倾听所关注的多数属于教师的"期待答案"。"期待答案"与"非期待答案"相对，它是指在进行课堂教学时，教师在倾听学生回答时已经预设或潜隐存在着一个他可以理解、接受的答案或答案域并期待学生呈现的答案能够与之符合，这样符合教师期待的答案即为"期待答案"。① 如在教育实践中广为流行的一个教学片段，当教师提问"雪融化了会变成什么?"这个问题时，学生回答"雪融化了会变成春天"，这个答案即是非期待答案，而"雪融化了会变成水"这个答案即是教师的期待答案。虽然教师的"期待答案"与"非期待答案"都是真实课堂教学中的产物，都有各自存在的价值。但是由于"期待答案"是教师自己的思路，是自己所能够预料或期待的，它出现能够保证教学按照教师预定的轨道行进，更多地体现了教学过程的协调状态，是正常课堂教学得以"顺利"开展的重要保证，因此，许多教师倾向于按照自己的"期待"来倾听学生的发言，这样可以避免由于"非预期答案"的出现所带来的教学的"偏离"以及后续的控制与服从、对抗与磋商、竞争与合作等。

选择性倾听类似于"众里寻他千百度"，这是教师对学生言说所呈现信息的一种不恰当的选择或省略，是典型的偏听。此时教师的倾听虽然试图进入学生内心世界去读懂言说，但这些也只是假象，是为教师自身目的服务的。这样的倾听，"与其说是在倾听他人，不如说是在倾听自我"。② 因此，教师仅仅听到了自己想听的、看到了自己想看的、理解了自己想理解的，师生间缺乏完整正确的信息沟通，没有真正与学生达成心与心的交流、情与情的交融。因此，学生或者认为对教师言说浪费感情，心生不快；或者害怕言说，唯恐犯错；或者猜测地去说，没有自己的见解；或者丧失继续说下去的意愿，三缄其口。而教师因倾听到表面信息而影响到做出正确的判断与抉择，课堂教学效率不高，效果不好。所以，教师不应该只倾听并选择那些"预期答案"而忽视"非预期答案"，因为"非预期答案"能够"促使课

---

① 范铭:《中小学课堂教学中"非期待答案"研究》，博士学位论文，陕西师范大学，2012年，第6页。
② 李政涛:《倾听着的教育——论教师对学生的倾听》，《教育理论与实践》2001年第7期。

154

堂教学从预设走向生成，为学生主体性的实现找到可实践的方法，为了解课堂交往与对话提供了全新视角"。①

（3）从教师倾听所关注内容的表达形式来看，课堂教学中教师往往选择倾听清晰的思维而忽视模糊的思维。这种现象，佐藤学在《静悄悄的革命——创造活动、合作、反思的综合学习课程》一书中有详细的描述："大多数教师在教学中，比起不确定的回答来，还是更要求清楚明确；比起小的声音来，更要求声音洪亮；比起模糊的表现来，更要求明晰的描述。"② 当教师听到学生那些含糊不清、犹豫不决、喃喃自语的话语时，往往会失望地结束其发言，转而倾听其他学生。这种选择性倾听忽视了模糊思维中所蕴藏的"微妙的、不确定的、模糊暧昧的思考、矛盾、冲突"等价值。实质上，"明晰的思考或表现容易变成一种把思想和情感定型化的行为，而不确定的思考和表现往往在创造性的思考和表现中更能发挥威力。一切创造性行为都是发自不确定的语言，探索地进行着的行为"③。因此，教师的这种选择性倾听就是在窒息学生思考的大脑，使倾听服务于更好地推进教学而非为了学生的发展。

（4）从教师倾听所关注的学生差别方面来看，教师倾向于倾听学习成绩较好或中等学生的回答，忽视对成绩较差学生的倾听。教师提问时根据问题的难易程度寻找恰当的学生来回答，这种现象无可厚非。但是有的教师在一节课45分钟的时间内，几乎不给成绩较差的学生以表达言说的机会，更不会关心他们的表现，对这个群体采取"特殊政策"——不问不理，将其遗忘，让其自生自灭。但是对于那些成绩较好的或者有希望考上重点学校能够给班级学校带来荣誉的学生，教师往往给予其较多的发言机会，耐心地倾听其言语。这种在倾听对象上的选择性加剧了学生发展上的差异。

---

① 范铭：《中小学课堂教学中"非期待答案"研究》，博士学位论文，陕西师范大学，2012年，第9页。

② ［日］佐藤学：《静悄悄的革命——创造活动、合作、反思的综合学习课程》，李季媚译，长春出版社2003年版，第21页。

③ 同上。

（三）评价性倾听

评价性倾听是倾听时对学生的意见做出对错或正误的评价，这是一种高于上两个水平的倾听，它包括简单的评价和阐述性的评价两个类型，前者是仅仅对倾听到的内容进行是非对错的判断，后者是在此基础上对给出的判断做出进一步的解释。在当前的课堂教学中由于受应试教育与标准答案的影响，许多教师的评价性倾听往往不顾学生呈现信息的真实含义或可能蕴含的巨大的教学价值，仅以自己的方式和标准答案进行理解和评价，无论是简单的评价还是阐述性的评价都充满了教师观点主导的主观意愿。在一节语文阅读课上，同学们正在激烈地讨论着《灰姑娘》这个童话故事。老师让大家谈谈对各个人物的看法。大部分同学表达了喜欢灰姑娘不喜欢她的两个姐姐以及后妈的看法。这时一位女同学怯生生地说："其实，我觉得灰姑娘的后妈也没有那么坏……"话音还没落下，许多同学就大声地攻击起来："还不坏，不给灰姑娘吃的、穿的!""你是不是有问题啊，后妈哪里有好的!""灰姑娘要是亲妈还在，能那样对待她吗?"诸如此类的反驳声使得发言的同学低下了原本就不自信的头，口中喃喃地发出谁也听不到的声音。老师也失望地摇摇头，让她坐下。当课后笔者了解情况时，这位同学说："我说后妈没有那么坏是因为我觉得后妈只是对灰姑娘不好，她对她自己的两个女儿多好啊，她心里还是爱孩子的，只是不爱灰姑娘。"[1] 在这个案例中，教师和其他同学没有给予这名女同学充分言说的机会，而是用自己的思维将其简单地判定为"错了"，因而就没有听出女同学所欲表达的"后妈并非坏人，也并非没有爱孩子的心，只是这种爱是种偏爱"这种观点。这种评价性倾听恰如"惊风乱飐芙蓉水"，对学生言说呈现的信息进行了歪曲的理解和评价。

（四）解释性倾听

解释性倾听是倾听的第四个水平，它是指超越了倾听本身，对所

---

[1] 摘自笔者在实验学校中的访谈笔记。

听到的内容给予解释性的回应，它包括简单的解释和阐述性的解释两种类型。

教师：谁能告诉我 5×5 等于多少？

学生1：等于10。

教师：好，那么我们是如何得到这个10的呢？10里面有几个5？

学生2：2个。

教师：那么如果我们拿出两个5并把它们加起来，$5 + 5 = 10$，对不对？

学生已经学会加法，对这个算法和结果没有异议。

教师：那么在 5×5 中，我们需要多少个5相加？

学生：5个。

教师要求学生写在黑板上并逐个把它们相加：$5 + 5 + 5 + 5 + 5 = 25$。

教师：很好。所以 $5 \times 5 = 25$。那么让我们再回到刚才的数字10上。我们说 $5 + 5 = 10$，那么5乘以什么数字等于10，你能够告诉我这个数字是什么吗？①

在这个案例中，当教师听到学生回答 $5 \times 5 = 10$ 时，没有简单地运用第三个水平的评价性倾听，而是对等于10这个结果的原因进行探究，问道："10里面有几个5？"在学生回答"2个"时，得出以前学过的加法运算算式，使学生意识到他们的 $5 \times 5 = 10$ 与 $5 + 5 = 10$ 二者是矛盾的，然后将 5×5 转化为加法 $5 + 5 + 5 + 5 + 5$，使学生最终理解了加法与乘法的区别。它显示了教师从学生的角度出发，对所倾听到的内容背后的思维逻辑结果的反思以及正确思维逻辑的培养，这样的一种倾听，已经不再仅限于倾听到的内容，而是从倾听到的内容这个"前台"转移到为什么会出现这样的内容的合理理由探究的"后台"。可见，解释性倾听比前三个水平处于更高的层次。

---

① 摘自笔者在实验学校中的访谈笔记。

（五）移情性倾听

移情性倾听是倾听的第五个水平，也是最高水平，它是指对所听到的内容不做评价或解释，而是顺着学生的思维做开放性的倾听。它反映的是教师摆脱了以自我为中心进行倾听的错误做法，在听的过程中，头脑紧随着学生的叙事、思想内涵和情感深度不停地高速运转，不仅倾听到学生言说的表面含义，而且感受到学生的真实情感和真实意图，它显现的是以学生为中心的、共情式的"听得懂"的状态。在这种境界中，教师表面恰如碧水静波，看不见多少的行动与变化，实际内心却暗流涌动，拥有万千气象，在思考中进入到学生的内心世界。从心理上看，移情性倾听中有默契，有共鸣，有相通，有共情，有心领神会，有拈花微笑，更有高山流水遇知音般的愉悦。从动作上看，移情性倾听中有"思"，有"言"，更有"作"。从内容上看，移情性倾听有浅层表面、本义的信息和深层、触及心灵深处的信息；有"所指""能指"及其背后的原因；有知识点、重点难点，更有关涉生命的内容。① 从操作上看，移情性倾听绝不是单纯倾听技术层面的操作，它更多"来自教师的自身认同与自身完整"，② 是教师"我以我心照明月"般的发自本性本心的情感付出，是教师心灵和生命的投入。从效果上看，移情性倾听因其关注到学生言说的内涵、方向、潜在意义和生命高度，不仅有利于教师做出正确反应和评价，更能促进学生生命的成长。

三　基于倾听主体互动的考察：四种模式

课堂教学中的倾听主体是参与课堂教学的教师和学生，他们之间在倾听中的互动有多种形式且处在不断变化的过程中并由此对教学目的的达成产生重要的影响。从倾听主体相互作用的视角来看，通过观

---

① 宋立华、李如密：《教师的言说和倾听——超越博弈，走向共生》，《全球教育展望》2011 年第 12 期。

② ［美］帕克·帕尔默：《教学勇气——漫步教师心灵》，吴国珍等译，华东师范大学出版社 2005 年版，第 10 期。

察，笔者认为在当前的课堂教学中主要有以下模式（见图5.1，其中T为教师，S为学生）：学生单向倾听教师、学生与教师之间双向倾听、基于师生双向倾听又允许学生彼此倾听以及师生、生生多边多向相互倾听四种模式。当然，这种划分是借鉴美国学者 Lindgren &Suter 的课堂教学中师生之间相互作用的模式。① Lindgren &Suter 将课堂相互作用模式分为教师单向传递模式、师生双向交流模式、基于师生双向交流又允许学生彼此交流的改进模式、教师成为小组一员共同参与活动并鼓励小组中所有成员进行交流的多边多向互动模式四种。与之相似，当前我们的课堂教学中也存在四种倾听模式。

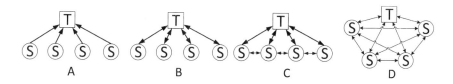

图5.1　课堂教学中师生倾听的模式

第一种模式是学生单向倾听教师的模式，也即图5.1中的A，这是一种单向传递模式，以师生之间授受行为为典型。教师与学生之间相互作用的途径是单向的、唯一的——从教师指向学生，教师成为信息与知识的源头，学生则是"空着的"等待盛载的容器。此时，教师无须倾听学生，学生对教师的倾听也是"呆坐静听"式的虚假倾听，更没有生生之间相互倾听的存在。这个模式在课堂教学中最为常见，信息知识的获得全部靠教师这个权威的信息源头，学生处于可怜的、被动的状态。

第二种模式是学生与教师之间的双向倾听模式，也即图5.1中的B。此时，信息和知识在教师和学生之间传递与反馈，教师试图去倾听学生的观点、看法，学生倾听教师。但是与师生单向传递模式相同的是，二者都忽视了同伴之间的影响，不仅造成了人力资源的巨大浪费，也与现代教育的人才培养目标相违背。

第三种模式是师生双向倾听又允许学生彼此倾听，也即图5.1

---

① 王坦：《合作学习——原理与策略》，学苑出版社2001年版，第221页。

中的 C，第四种是师生、生生多边多向相互倾听，也即图 5.1 中的 D。在这两种模式中，信息和知识从多个源头发出，并在其中转换，师生之间相互倾听、学生与学生及学生群体之间相互倾听，使得教室中的人力资源得到充分的开发和利用，学习效果自然则将如帕尔默所言"当我把学生的眼睛从只看着我转向彼此互相注视时，学生会学到更多"①，它"较之单向交流和双向交流有着更加显著的效果，能最大程度地发挥相互作用的潜能"②。当然，从信息和知识的来源上看，D 模式相对比 C 模式更为复杂，效果也更为理想。目前课堂教学四种模式之中，从形式上看，都有一定存在的必要，但问题是其中的比例关系。如果完全以图 5.1 中的 A 模式为主，则是典型的传统课堂"以教师为中心""以课堂为中心"的模式，与当今社会背景以及全面发展的人背道而驰。图 5.1 中的 B 虽有所改进，但仍未真正形成学习共同体。据笔者观察，图 5.1 中的 A 与 B 仍旧是当前课堂教学中倾听的主要模式，这与当今培养人才的目标及课程改革的精神是相违背的。

上述四种倾听模式在知识的产生与否上也会有所不同。如若我们从知识的角度来考察倾听主体之间的互动，就会发现有时倾听会产生不同的观点和主张，有时倾听根本不会产生不同的观点和主张。借鉴美国伊利诺伊大学的学者博布勒斯从对话与知识的关系方面将对话划分为向心型对话和离心型对话，根据倾听结果与知识之间的关系我们也可以将倾听划分为向心型倾听与离心型倾听两种。向心型是指倾听的结果是将倾听者与言说者不同的立场消解在一个合意中，最终通过倾听某人的观点或主张达成共识。离心型是指倾听者与言说者有不同的观点或主张，通过循环往复的倾听与言说，最终形成一种新的观点或主张。比如第四章所分析的孔子与苏格拉底的倾听，都属于向心型。因为孔子在与学生对话前，在倾听学生言说前，对于某些事物已经形成了自己的看法和观点，他倾听学生

---

① ［美］帕克·帕尔默：《教学勇气——漫步教师心灵》，吴国珍等译，华东师范大学出版社 2005 年版，第 134 页。

② Hodge. B. , *Communication and the Teacher.* Melboume：Longman Cheshire, 1981, p. 5.

的目的是帮助学生理解孔子自己的观点。苏格拉底与孔子相似，苏格拉底倾听时试图寻找他人思维上的漏洞，从而抓住这个漏洞通过不断地提问使对方认识到自己观点的错误性。可见，孔子和苏格拉底的倾听，都没有新知识的产生，都是为了让他人理解自己所掌握的知识，而非有新知识出现。离心型中倾听者与言说者的不同观点或主张，在循环往复的倾听与言说中，最终某一方或双方在碰撞中达成了共识，这个共识具有普遍意义，既非倾听者独有，也非言说者独有。从目前的课堂教学情况看，教师与学生之间的相互倾听在与知识的关系上以向心型居多，多数存在于上述的倾听模式中的 A 和 B 中，在这两种倾听模式中，由于知识来源的权威性以及对不同观点和建议缺乏倾听意识，因而很难产生新的知识和观点。在模式 C 和 D 中，由于允许了不同知识和信息来源的存在，因而，可能会产生新的知识和观点。但就观察来看，模式 C 和 D 由于对教师和学生的素质要求较高，因此在课堂教学中未占据主流地位，离心型倾听也很难存在。

四　基于倾听两维视角的考察：品性与理性情况

从品性之维来看，它既包括自成目的性，也包括与言说者之间的关系以及倾听时所表现出的诸多品德。在教学倾听的自成目的上，当今课堂中师生之间的许多倾听行为都是以功利为价值取向的：或是教师为了顺利推进教学而有意去寻找和倾听"好的发言"或"合适的发言"，而对其他信息视而不见听而不闻；或是学生为了高效率地获得与考试有关的信息而对知识点、重点分外注意倾听且毫无批判地全盘接受，而对来自同伴群体、非考试信息自动略去；或是教师将倾听视为活跃课堂氛围的装饰性工具，而没有倾听的实质存在；或是倾听学生毫无价值的言说时上演"道德伪善秀"，诸种现象不一而论。这些都与教学倾听的自成目的相违背。杜威早年曾对类似的教学现象进行了批判，他说："用机巧方法引起兴趣，使材料有兴趣；用糖衣把它裹起来，用起调和作用和不相关的材料把枯燥无味的东西掩盖起来；最后，似乎是让儿童在他正高兴地尝着某些完全不同的东西的时候，吞下和消化一口不可口的食物。"① 郭华教授也认为："教什么与怎么教，关涉着教学活动的所有因素和全部环节，绝不是仅仅局限于课程标准与教科书的规定。但是，为了变革而变革，为了活跃课堂气氛而转变，把转变的重心押在教学方式的转变上，则教学方式的转变就成了无源之水、无本之木，教学方式便成了没有灵魂的空壳"。② 可见，失去了倾听的自成目的性，倾听存在的价值已大打折扣。在倾听者与言说者的关系上，包容与批判是一对相反的态度，也是主要的考察指标。宽容型倾听是指"仅凭对话伙伴认可某一主张，就至少暂时承认对话伙伴所说的话似乎存在合理性"，③ 进而具有一定的倾听意识试图去倾听对方并能够移情对方去感受和理解言说者观点背后的信念、感情或经验是什么和为什么以及随时可能改变或接受对方的观点。批判型倾听是指在倾听时抱着怀疑和质疑言说者观点的态度，试图"根据所获得的证据以及其他方面对对方的观点进行判断和验证"。④ 以第四章对孔子和苏格拉底的倾听分析为例，孔子倾听学生时所持的就是一种非宽容的态度，他以自己的言说内容为最高的评价标准，凡是与其标准一致的就是正确的，否则他就要"循循善诱"地让学生接受自己的标准。苏格拉底的倾听在本质上也是非宽容、批判型的，但是其表现并非如孔子般直接否定或肯定来结束倾听，而是能够暂时包容对方的观点，试图通过倾听更多的内容来寻找到对方思维上的漏洞进而让对方自己意识到自己的错误。当前的课堂教学中如以倾听者与言说者的关系视角去考察，我们发现是以批判型而非宽容型倾听为主。这对于学生"精彩观点"的诞生以及创新能力的培养是极其不利的。在倾听时所表现的诸多品德方面，当前课堂教学中谦虚、宽容、耐心、开放等尤为不足。当倾听到"非预期答案"时，

① ［美］约翰·杜威：《学校与社会——明日之学校》，赵祥麟、任钟印、吴志宏译，人民教育出版社 2005 年版，第 127 页。

② 郭华：《教学即"讲理"——兼论变异教学理论在教学中的运用》，《教育学报》2012 年第 5 页。

③ Burbules. N. C., *Dialogue in Teaching：Theory and Practice*, New York：Teachers Colleges Press, 1993, p.111.

④ Ibid..

教师以"坐下"的命令粗暴地结束发言和倾听这种现象普遍存在，这是耐心、开放与宽容缺失的最典型的例子。

教学倾听具有理性之优，需要倾听智慧参与到复杂的教学倾听实践中。在第三章中分析了倾听智慧主要表现在倾听时的宽容、机智、敏感以及在倾听基础上的各种类型的回应。教学倾听涉及教师与学生的思维、情感、意志和人格心理及行为，这些方面不仅是一种自然物质的存在，更是具有自然物质所不具备的诸如主观性、偶然性、情感性等复杂的特点。在这一点上，梅洛·庞蒂的认识尤为清醒，他认为我们的身体自身有一个世界有一个域，它是灵与肉的紧密结合，是拥有自己的时间和空间的活生生的整体，我们很难用精神化的肉体抑或肉体化的精神抑或上帝的"道成肉身"等传统语言来描述。[1] 因此，面对复杂的教学倾听实践，许多教师回避了倾听的理性之维，转而以技术样式取而代之。技术性教学的目标是高效率地传递知识，是按照一定的标准程序的操作，各种教育中可能发生的事情、目标以及过程"像一张地图展开在他的面前，或者可能像一张地图展开在他的面前，或者可能像一张城市建设计划蓝图一样，在这张图上所有的方向相同的线条，都交织成相同的角度，使得人不需要准备就可以一目了然。我在此提供一张地图，给予那些没有经验的人，那些人愿意知道什么经验是他们必须找寻的，什么经验是他们准备应用的。"[2] 在这样的技术样式理念的影响下，许多教师的教学倾听遵循着固定的程序和线路。以课堂教学中最为常见的 IRE（initiation-response-evaluation）模式为例，可以对教师的教学倾听中由于技术样式的运用而造成的倾听智慧缺失的现象略见一斑。在这里，I 指的是教师主动发起并主导着课堂的提问、指示与进程，提示着自己力图倾听到的内容以便能够推进课堂教学的顺利进行；R 指的是学生的被动应答，此时教师在行动上看似在倾听学生，实质是试图在倾听并寻找自己的声音；E 指的是教师对学生的评价。这种 IRE 模式具有固定的程序和线路，主要为提问——倾听——评价——与期待答案一致，进行下一问题或环节，或

---

① ［法］梅洛·庞蒂：《知觉现象学》，姜志辉译，商务印书馆 2001 年版，第 75 页。
② 张焕庭：《西方资产阶级教育论著选》，人民教育出版社 1979 年版，第 271 页。

者提问——倾听——评价——非期待答案出现——终止倾听——重新选择，再次循环。在笔者的课堂观察中，这种 IRE 模式出现的频率最高。美国学者梅汉也通过具体的研究指出这一点。在这样的技术样式主导下，教师的诸如机智、敏感、宽容以及恰当的回应没有存在之处，更没有真正倾听时所表现出来的差异、生成、个性、创造性等智慧活动，也没有师生真正的相遇。教师倾听唯一的作用就是变相考查了学生知识掌握的情况。伽达默尔认为"没有哪一种回答完全没有意义，但关键需要对各种可能的意义加以一连串的澄清，识别出这种意义背后的背景"。① 教师由于倾听智慧的缺失不敢也不能创造机会让学生的思维在言说时自由拓展，甚至有的教师根本不创造学生自由言说的机会，这样的做法因为学习者没有"将他们正在生成的知识外显化并能进行清晰地表达"而使有效学习与之擦肩而过。② 以倾听的理性之维视角来考察课堂教学倾听，其真实的状况堪忧。

当然，上述从倾听视角对课堂教学的扫描并非是一种"全景敞视"的考察，而是一种概括的、以点带面的、以揭示存在问题为主的描述。这并非能够说明当前课堂教学的全貌，而是说明倾听在课堂教学中的存在情况以及问题所在。这些将为我们指明改进的方向。

① ［德］伽达默尔：《哲学生涯》，陈春文译，商务印书馆2003年版，第163页。
② Sawyer K. K., *The Cambridge Handbook of the Learing Sciences*, New York：Cambridge University Press, 2006, p. 26.

第六章

走向"倾听着"的课堂教学

> 我是你的一个旅伴，你向我问路，我指向我俩的前方。
>
> ——萧伯纳

如果说有关倾听的分析使我们明晰了倾听这个词语的丰富含义与特点的话，那么有关教学倾听的探讨则揭示了教学情境中倾听的两维、主体的特殊之处，它更多地指向了倾听这种理念和行为方式在教学这个特殊活动（情境）中的表现。而本章所说的"倾听着"的课堂教学则将倾听视为一种持续进行的行为和理念，它基于倾听、在倾听中、通过倾听来实现教学目的的达成，是一种理想的教学追求。

一 "倾听着"的课堂教学：含义与特点

（一）"倾听着"的课堂教学："静悄悄的革命"愿景的产物

"愿景"一词与奋斗目标相近，它是人们所设想的关于未来的一种美好的愿望与意向。在改革中，愿景作为"唯一最有力的、最具激励性的因素，可以把不同的人联结在一起"并有力地推动着改革的进行。[①] 如今，随着学校内外的社会和文化的急剧变化，教室里的教和学也在急剧变化。"在许多国家，中小学的课堂用粉笔和教科书进行教学，教师在黑板和讲台面前，面对排列整齐的课桌椅展开单向传递

---

① ［日］佐藤学：《静悄悄的革命——创造活动、合作、反思的综合学习课程》，李季湄译，长春出版社 2003 年版，第 7 页。

的课堂情景，正在进入博物馆的资料室。在新的课堂里，二十几个学生围坐在几堆课桌前，展开合作学习。教学不再是划一的同步教学，而是以主题为中心，组织探究性的单元学习。在课堂里，运用大量的资料，教科书不过是资料的一种而已。在教学中，尽管也有教师向全班学生进行讲解的场面，但更多的是，学生围坐在一起展开'探究性学习'的居多。"[1] 这种变化，在佐藤学所著的《静悄悄的革命——创造活动、合作、反思的综合学习课程》一书中被称为"静悄悄的革命"，并认为"静悄悄的革命是从一个教室里萌生出来的，是植根于下层的民主主义的、以学校和社区为基地而进行的革命，是支持每个学生的多元化个性的革命，是促进教师的自主性和创造性的革命"。[2] 可以说，"静悄悄的革命"已经成为课堂教学变革的愿景，人们希望借此革命使教育适应知识高度化、复杂化的 21 世纪，适应知识不断变动、更新与发展的 21 世纪，适应以高度的知识、文化、信息和服务业所构成的未来的知识经济社会。在"静悄悄的革命"这个愿景的激励下，课堂教学将会发生翻天覆地的变化。"缺失倾听""呆坐静听""选择性倾听"等状态已经没有市场，"主体性神话"也在逐渐破灭，课堂教学风云突变，以"学"为中心将处于兴盛状况，"倾听着"的课堂教学正在逐渐形成。

（二）"倾听着"的课堂教学：含义与样态

"倾听着"的课堂教学是指基于倾听、在倾听中、通过倾听来进行的一种课堂教学形态。"基于倾听"是指课堂教学的出发点、教学目标的设计、教学行为的选择以及教学的进行都是建基于倾听之上，是以倾听的结果为依据确立的。"在倾听中"是指在课堂教学行进过程中时时、处处、人人都处于倾听的状态。"通过倾听"是指教学目的的达成、学生与教师的发展都是依靠倾听来实现的。其中，"基于倾听"是前提条件，"在倾听中"是其外在表现和核心部分，"通过

---

① 钟启泉：《对话教育——国际视野与本土行动》，华东师范大学出版社 2006 年版，第 14 页。

② ［日］佐藤学：《静悄悄的革命——创造活动、合作、反思的综合学习课程》，李季湄译，长春出版社 2003 年版，第 22 页。

倾听"是指实现目的的手段。"倾听着"的课堂教学的主体是教师和学生,"倾听着"中的"着"意味着倾听不是一种完成时态,而是教学行进中持续的、一以贯之的行为方式和理念。为了更好地认识"倾听着"的课堂教学的面貌,我们从课堂氛围、课堂模式、课堂外在表现与课堂实质四个主要的方面对其进行详细阐述。

1. 课堂氛围:润泽的课堂

"润泽的课堂"一词是佐藤学在《静悄悄的革命——创造活动、合作、反思的综合学习课程》一书中首次提到的。从字面意思来看,"润泽"一词本身表达的是湿润的程度,即充溢着水分、不干燥的状态,通常它给人带来的是轻柔滋润肌肤的感觉。在《静悄悄的革命——创造活动、合作、反思的综合学习课程》一书中,佐藤学将其借用形容教室中那种无拘无束、安心舒适的氛围和心情。与之相对的课堂则或沉闷如一潭死水,或类似你死我活白热化的争抢发言,或吵吵闹闹、乱作一团。这样的课堂给人的感觉绝不是"润泽",相反,是"急躁""干枯""寂灭",教室中的人与人之间是一张干巴巴、硬邦邦的关系。而在"倾听着"的课堂中,"倾听"为师生营造了充分发表自己想法的自由、宽松的氛围。在这里,由于人与人之间基于倾听形成了"我—你"的关系,任何人都不将自我定位为法定的或相对的知识权威,没有绝对的权威存在,所有的人地位平等,因此,每个人都可以达到一种心理自由。这种心理自由的人,美国学者 J. M. 索里和 C. W. 特尔福德认为有这样四个特征:他是什么样的人就承认是什么样的人,而不怕别人笑话或讥讽;他至少可以象征性地表现自己的冲动和思想,而无须压抑、歪曲或隐藏它们;他可以游戏般地和用不寻常的方式来运用他的表象、概念和语调,而并不感到是一种罪过;他把未知和神秘的东西既看作是一种需要应付的严肃的挑战,也看作是一种好玩的游戏。① 因此,在"倾听着"的课堂教学中,师生之间心理自由、坦诚相见、各抒己见、畅所欲言。即便是那些成绩不好或对自己的发言没有确定把握的学生,他也不用担心他人的讥讽与

---

① [美] J. M. 索里、C. W. 特尔福德:《教育心理学》,人民教育出版社 1982 年版,第 297 页。

嘲笑，更不用顾忌答案的对错，课堂中充溢着智慧的激发与碰撞、经验的交流和情感的共享，每个人都能感受到来自对方的支持。渐渐地，所有人认识到，"他能成为他自己，无须伪装或戴上假面具，因为他似乎被看成是有价值的人，不管他是什么。因此，他很少需要循规蹈矩，而是充分去发现对他自己有意义的东西，能努力以一些新的、自发的方式自我发现。"① 这种氛围使得教室中的每个人都向着一个共同的目标努力，所以他们的呼吸和节律非常柔和、舒适，是一种"润泽"的感觉。在"倾听着"的课堂中，借助于彼此之间的倾听，达成心心相印、彼此支持以及心理自由，"在交响的课堂里酿成相互倾听关系的润泽氛围"。② 此时，教室中常见的风景便是身体放松、轻松愉快、毫无顾虑地表达自己感情的学生和倾耳静听学生轻言细语的教师，这是人与人之间的相互倾听所造成的，也是相互倾听的魅力表现与所在之一。

2. 课堂模式：多边多向相互倾听

"倾听着"的课堂教学如果从师生之间相互作用的情况这个视角来描述的话，则其课堂模式强调师生之间、生生之间彼此的相互倾听，以及由于这种相互倾听而形成课堂教学交响乐的效果。"倾听着"的课堂教学并非是指教师对学生的单向倾听，也非学生对教师的单向倾听，而是一种教师与学生、学生与学生以及彼此之间的多边多向相互倾听模式，它不仅强调教师对学生的倾听，学生对教师的倾听，更是指教师与学生之间不断变换着倾听者与言说者的角色，在他们之间形成了一个网状的沟通交流模式。如果从信息论的角度来考察，"倾听着"的教学的相互倾听既有教师与学生群体的影响，又有同伴之间的相互影响，这是一种多向的交流。"倾听着"的课堂教学并不追求"发言热闹"，也不追求貌似课堂纪律良好的"呆坐静听"，而是建构在相互倾听基础之上的师生之间的多边互动。在这里，倾听为师生提供了一套以听觉为中心的新的交往模式，改变了以视觉为中

---

① 方展画：《罗杰斯"学生为中心"教学理论述评》，教育科学出版社1990年版，第40页。

② ［日］佐藤学：《静悄悄的革命——创造活动、合作、反思的综合学习课程》，李季湄译，长春出版社2003年版，第9页。

心的狭隘交往结构,创造出了一套丰富的交往图景。因为相互倾听,师生拥有了独立的精神空间去思考彼此的发言,进而将其同自身的理解相对照,达到对知识、事件的深刻体认和对他人的理解。学生愈用心倾听同伴和教师的发言,愈与教师和同伴发展了一种"我知你心""我你共在"的情感和关系。教师愈用心倾听学生,学生的语言愈丰富多彩,思维愈灵活深刻,此时,师生彼此都会"展示出生动的想象力,风趣的思考,深邃的情感和幽默……这种畅谈的习惯会成为课堂的学习工具"。[①]

如果用音乐来比喻课堂模式,则不难发现,教师单向传递模式和双向交流模式中,教室中只有"一个声音",就像一场独唱演唱会,演唱者(主角)是教师或成绩优异的学生,其他人的语言、心理和行为都被纳入他们之中,在他们全能全知的观点中得到印证。即便偶有其他的发声,也往往被视为"杂音""噪声"。尽管有时也多人热闹的言说,但那也不过是"同声齐唱"而已。与之相反,"倾听着"的课堂教学则强调彼此之间的相互倾听以及由此形成的多边多向互动,因此,它体现的是对教育活动中教育者和教育对象的交互主体性的认同。在这样的课堂中,各种声音作为彼此处于平等地位的观点在直接交锋,宛如一场多声部的交响乐。在那里,各种声音都是不同的,都有存在的价值和意义,都是交响乐中不可缺少的重要组成部分。借助于相互支持的多元倾听,每个儿童与教师一起奏响着同声相应、同气相求的交响曲。这类似于巴赫金所说的复调小说,"在他的作品里,不是众多性格和命运构成一个统一的客观世界,在作者统一的意识支配下展开:这里恰是众多的、地位平等的意识连同它们各自的世界,结合在某个统一的事件之中,而相互间不发生融合"[②]。因此,它是"有着众多的各自独立而不相融合的声音和意识,由具有充分价值的不同声音组成的真正复调"[③]。

当然,在这里,强调相互倾听并没有否认教师传统意义上的作用

---

① 杨钦芬:《教学对话的结构及有效实施》,《教育科学论坛》2010 年第 11 期。

② [俄] 巴赫金:《陀思妥耶夫斯基诗学问题》,白春仁等译,生活・读书・新知三联书店 1988 年版,第 5 页。

③ 同上书,第 4—5 页。

和角色，只是表现形式发生了变化：从外在于学生情境转化为与学生的倾听共生融入共存。他是乐队中的首席小提琴手，既是乐队的一员，又是音乐作品的首要解释者、引领者，他的融入使得乐队的演奏是有序的、和谐的，我们甚至无法设想一个没有首席小提琴手的管弦乐队的演奏将会怎样。此时，教师作为平等中的首席的角色得到充分展现。在教师的带领下，倾听会向哪里发展，会达成什么样的结果，任何人都不清楚，但任何人都在努力地发出自己的声音，努力地通过倾听去实现彼此的发展。

3. 课堂外在表现：说者位置的空缺

"倾听着"的课堂教学虽然强调教学中倾听的重要价值和意义，然而它并不是要求所有的人都静静地倾听，也非大家热闹地讨论。相反，"倾听着"的课堂教学的外在表现为说者位置的空缺。也就是说，谁都没有，也不能固定占据说者的位置，这种说者位置的空缺意味着每个参与课堂教学的人都具有平等的话语权。话语权是参与对话的最重要的条件之一。实质上，人类社会发展的历史，就是话语权的演化历史。在远古时代，只有巫师有话语权；古代只有统治者和他的代言人——史官有话语权；到近代，少数与统治者保持一致或不一致的知识分子有了话语权力；在现代社会，随着印刷出版业和媒体的不断发展，越来越多的个体拥有了言说自我的权利；在今天，互联网使这种权利在范围上得到空前的扩大，水平上有了质的飞跃。占领一个国家，控制一个组织，必先控制其言说自我的工具——广播电台、报纸、电视台，现在可能要加上互联网。对弱势群体和无权者的恰当定义是："他们无法表达自己；他们必须被别人表述。"① 课堂教学中也存在着话语权的争夺斗争以至于拥有话语权的人高高在上，无须也不用倾听他人；没有话语权的人只好被动顺从、接受他人的声音。从外显的角度看，倾听和言说是一种独一无二的关系，言说者和倾听者必须不断地转换角色，以保证正常的进程。然而由于言说者和倾听者双方都想获取发出声音的权利，二者的需求决定二者之间的相互竞争。

---

① ［德］卡尔·马克思：《路易·波拿巴的雾月十八日》，转引自萨伊德《东方学》，生活·读书·新知三联书店 1999 年版，扉页。

"倾听着"的课堂教学的话语权是随着话题以及课堂教学的进程而发生轮流交替的。没有谁固定占据着言说者的位置，也没有谁自始至终都是倾听者。在倾听者和言说者角色转换的过程中，推进课堂教学的进程，加深了对主题及彼此的认识和理解。

4. 课堂实质：学习共同体的结成

共同体（community）作为社会学的基本概念之一，最早是 1881 年德国社会学家和哲学家斐迪南·滕尼斯（Ferdinand Tonnies）在《共同体与社会》一书中提出的，他用这个词来区分人类群体生活的两种基本类型：共同体和社会。① 在那里，共同体是基于某种关系的群体，它有血缘共同体、地缘共同体和精神共同体三种基本形式。马克斯·韦伯（Max Weber）则认为共同体可以是建立在感情、情绪或传统基础上，如家庭、性关系、民族共同体等。② 而随着时代的发展和社会的转型，尤其是现代社会的一体化、全球化以及以互联网为载体的虚拟世界的发展，传统的以精神共同体与地域共同体合一的格局被打破，"追求'共同理解'和'共享观念'的个人不仅在真实世界里趋于分化，而且跨越了真实世界和虚拟世界的边界"③，共同体演变为"脱域的共同体"。④ 如今，现代意义上的共同体本质特征从本体性的共同理解转变为经过协商的"共识"；共同体要素的结构从基于同质性转变为基于异质性；共同体从共同生活在同一地域转变为成员关系的"脱域"。⑤

共同体是个温馨、温暖而又舒适的类似于"家"的场所，在鲍曼（Bauman，Z.）眼中，它"就像一个家，在它的下面，可以遮风避雨；它又像是一个壁炉，在严寒的日子里，靠近它，可以暖和我们的

---

① ［德］斐迪南·滕尼斯：《共同体与社会》，林荣远译，商务印书馆 1999 年版，第182 页。

② ［德］马克斯·韦伯：《社会学的基本概念》，胡景北译，上海人民出版社 2000 年版，第 78 页。

③ 赵健、吴刚：《学习共同体的建构》，上海教育出版社 2008 年版，第 6 页。

④ ［英］安东尼·吉登斯：《第三条道路》（http：//www. easysea. com/jingji/dstd/006. htm）；王小章等：《从"社区"到"脱域的共同体"》，《学术论坛》2003 年第 6 期。

⑤ ［日］佐藤学：《静悄悄的革命——创造活动、合作、反思的综合学习课程》，李季湄译，长春出版社 2003 年版，第 9 页。

手。……我们相互都很了解，我们可以相信我们所听到的事情，在大多数的时间里我们是安全的，并且几乎从来不会感到困惑、迷茫或是震惊。……我们能够互相依靠对方。如果我们跌倒了，其他人会帮助我们重新站立起来。没有人会取笑我们，也没有人会嘲笑我们的笨拙并幸灾乐祸。"① 因此，由教室中所有教师和学生结成的学习共同体"是一场亲和与距离、说话与聆听、知与未知间复杂而永恒的共舞，令求知者和被知者成为合作和共谋的伙伴"②。它不是线性的、静态的、分等级的，而是圆形的、互动的、动态的。这个学习共同体的真正富有并不在于拥有一定的人数，而在于"它的过程是非线性的。它的轨道通往四面八方，有时围绕自己兜圈子，有时飞跃向前。在创造力的混乱过程之中，教师一定知道何时和如何在我们意见之间拉一条直线，显示出验证我们已知的事情和我们引向新天地的探究轨道"③。在"倾听着"的课堂教学中，师生"走出原子化的'自我'，通过与其他人进行平等的交往与对话，围绕共同的主题内容，在'学习场域'中建构一个充满学习自觉性且具有独特文化的氛围"④。

"倾听着"的课堂教学实质上是教师和学生结成的学习共同体，在这个共同体运作的过程中，实现了智识、责任和精神的三重共享。"倾听着"的课堂教学首先是一种智识共享。教师并非真理的持有者，学生也并非一无所知者，课堂教学中每一个主体都是具有不同个性、思想感情、宝贵经验和经历，都从自己的独特看法和体验出发，自由表达自己的观点，相互倾听吸纳对方的知识经验和思想智慧，从而获得新知，实现智识共享。其次，"倾听着"的课堂教学还是一种责任共享。在这里，教师的预设并不重要，只是一个粗框架的对教学的宏观描绘，教学能够行进到什么地步，教学任务能否完成，教学中精彩观念能否产生，取决于教师与学生相互倾听的状态以及参与其中的程度，师生共同为教学成败负责。最后，"倾听着"的课堂教学是

---

① ［英］齐格蒙特·鲍曼：《共同体》，欧阳景根译，江苏人民出版社 2003 年版，第 3 页。
② ［美］帕克·帕尔默：《教学勇气——漫步教师心灵》，吴国珍等译，华东师范大学出版社 2005 年版，第 106 页。
③ 同上书，第 135 页。
④ 程玮：《学习共同体实践路径》，《中国成人教育》2010 年第 15 期。

一种精神共享，师生相互传递理解和感受同一种精神体验。因此，在
"倾听着"的课堂中，"通过学生之间相互影响启发，课堂出现的一
些领悟、启示和理解的时刻简直是震撼人心的"。"在这种富有成果
的时刻，你会看到一个人内心世界简直奇迹般地展现在你眼前……班
里每一个成员都沉浸在一种近乎神秘的温暖、高尚的情绪之中……还
有什么比把我们的全部自我、我们的内心动力、热情、态度和价值观
全都投入更好的学习途径呢?"① 此时，师生真正成为"同舟共济
（sink or swim together）的人"。②

（三）"倾听着"的课堂教学：特点分析

通过对"倾听着"的课堂教学的样态的四个方面的描述，我们可
以清晰地看出其明显的特点。当然，这种特点的得出如果在比较的视域
进行考察，则将更为容易。罗杰斯曾在《一种存在的方式》一文中尖
锐地刻画并揭示了传统教学的八个特点，③ 这八个特点概括起来，大致
可以分为三个不同的方面。一是教师和学生地位的悬殊：教师是知识的
拥有者，学生是容器。在传统教学中，教师是专家，通晓所教的学科，
学生握笔坐着，等待智慧的讲解。师生之间的地位悬殊；教师拥有权
力，学生是服从者，学校行政人员也是权力拥有者，教师和学生都服从
他们；课堂上，权威统治是被接受的政策。权威人物被看作一种知识的
源泉，他们或者受到极大的钦佩，或者被根本瞧不起，但教师总是中
心。二是课堂教学中令人窒息的氛围：信任是最低限度的。教师认为没
有自己经常不断的监督与检查，学生便不会自觉地完成学业；学生怀疑
教师行为的动机、诚意和教学能力。钦佩很少出现，且仅仅针对教师的
学识。在教师的高压监督和不断检查下，学生就像奴隶一般任由教师布
置各种任务，且还要处于时断时续或者连续不断的恐惧状态以及肆无忌
惮的指责和嘲笑中。三是教学民主被践踏，没有"完整的人"的立锥

---

① ［美］马斯洛：《人的潜能和价值》，华夏出版社1987年版，第356—357页。
② 李瑾瑜：《布贝尔的师生关系观及其启示》，《西北师范大学学报》（社会科学版）
1997年第1期。
③ ［美］卡尔·罗杰斯：《一种存在的方式》，转引自方展画《罗杰斯"学生为中心"
教学理论述评》，教育科学出版社1990年版，第96页。

之地。在传统教学中，罗杰斯认为，讲课，或者某些语言教学手段，是将知识灌输到容器中的主要手段。考试用以测量学生获得知识的程度。这是传统教学的两个核心要素。因而，民主和它的价值实际上受到践踏和嘲弄。学生不参与选择他们的个人目标、课程或者学习方式。这些已经有人替他们选择好了。在教师人选的选择，或者对教育政策发表任何看法等方面，学生没有发言权。同样，教师也无权选择他们的行政官员，教师也是常常不能参与制定教育决策。所有这些都同民主美德背道而驰。在传统教学体制中，没有"完整的人"的立锥之地，只有理智是被允许存在的。不管是在哪个受教育的阶段，学生的好奇心、精力、最感兴趣的事情、丰富情感等或者被约束，或者被忽视，或者被窒息，唯有心智是受到欢迎的。

"倾听着"的课堂教学是基于倾听、在倾听中、通过倾听来进行的教学，因此，与传统教学相比，"倾听着"的教学的主要特点主要表现在以下三个方面：一是"倾听着"的教学强调积极主动的"倾听"而不是静静的"旁观"，因此，在认知方式和思维方式上，它反对人作为世界的旁观者来认识世界，提倡人作为世界的参与者来认识世界。既然是参与，就不仅仅是理智的而且是全身心的参与，是作为"完整的人"的参与，因此，教学中的任何一个人都需要倾听和被倾听，教学起始于、行进于并终结于倾听之中，在倾听中积极参与到对方的世界中并影响着自身的世界，从而实现对世界的理解和改造。二是"倾听着"的教学强调人与人之间的"相互倾听"。这种相互倾听，绝非是弱者对强者、学生对教师、成绩不好的学生对学习成绩好的盲听，也非单向的静听，而是人与人之间的相互倾听。此时，教学中任何人之间的地位是平等的，即便是教师，也不具备高高在上不可撼动的地位，正相反，教师亦是学习者，学习者亦是教师，这正是杜威所说的"教师—学习者"："教师是一个学习者，而学习者，虽然自己不觉得，也是一位教师——总地看来，无论教师或学生愈少意识到自己在那里施教或受教就愈好。"① 因此，"倾听着"的教学因由

---

① ［美］约翰·杜威：《民主主义与教育》，王承绪译，人民教育出版社1990年版，第170页。

"相互倾听",在价值观上,反对的是个人与个人、个人与社会、不同群体之间的割裂、对立与分离,提倡的是彼此间的关注、互动、共享和融合。三是"倾听着"的课堂教学强调时时、处处、人人之间的倾听的正在进行的状态,强调根据倾听到的内容进行及时、恰当的回应,强调在不可预知的倾听过程中的随机应变。因此,在方法论上反对机械、僵化和线性的"操作程序"。此时,教师由技术行动者变为实践倾听智慧的拥有者,学生则由"空的容器"变为具有不同经验的经验者和建构者。在"倾听着"的教学中经常可见倾听智慧的参与以及那些"不可预约的精彩"的出现。

二 "倾听着"的课堂教学:实践中的典型诠释

"倾听着"的课堂教学在现实的世界各地学校中存在,并且将逐渐演变为一种回应时代呼声与未来发展的主流,这种判断与展望并非是建立于一种虚妄的幻想之上。恰恰相反,在世界各地的课堂当中,那些能够洞悉倾听的丰富意蕴与价值的学校与教师都在用自己的实际行动诠释并丰富着"倾听着"的课堂教学,这些类似于"星星之火"的对"倾听着"的课堂教学的实践诠释主要有达克沃斯的课堂教学、佐藤学观察与倡导的课堂教学以及瑞吉欧教育模式中的课堂教学。在这些课堂教学的思想与实践中,倾听显现了不同的属性,它有时作为一种道德品质或道德情感出现,有时作为一种独特的教学方式,有时作为一种先进的教学理念,有时作为师生之间沟通交流和存在的方式,有时又被视为成功教学的重要标志。正因为如此,在当前人们忽视倾听的丰富意蕴及其独特的教学价值和意义的情况下,谈及并探究他们有关倾听的思想及实践便具有了十分重要的现实意义。这些实践诠释,不仅证实着我们对倾听的判断,也为我们建构倾听着的课堂教学提供了借鉴的现实版本以及为今后"倾听着"的课堂教学发展为"燎原"之势奠定了基础。

(一)达克沃斯的课堂教学

爱莉诺·达克沃斯是美国哈佛大学教育研究生院的教育学教

授，曾师从让·皮亚杰（Jean Piaget）和巴伯尔·英海尔德（Barbel Inhelder）两位统治 20 世纪认知心理学领域的巨擘，并深受二位老师的影响，将二者的"临床访谈法"运用于教学研究并做出拓展，建构了自己的理论与实践：教学即研究。达克沃斯在哈佛大学教授《教与学》课程（Teaching and Learning），主要探讨的是教与学的本质以及如何当教师的问题。她的课程要求学生需要做的工作有四项，分别是观察月亮的运动并记录、阅读指定文献、研究某人的学生、写日记。这四项工作，要求分享和讨论，注重学习者自己的想法，实质是指向于帮助和探讨学习者的学习。她坚持与学生们一起观察月亮近四十年，目的是让学生们不仅理解自己如何学习也可以理解同伴们如何学习。作为一名大学的教授，达克沃斯的教学与研究是紧密结合达成一体化的，她的"教学即研究"的理念认为学生是知识的创造者，因而需要理解每一个人的观念的独特性并促进这些精彩观念的诞生，而实现这种理念的具体实践就是倾听与理解。

倾听成为达克沃斯"教学与研究"这种理念和实践的逻辑理路是这样的：智力发展的本质是精彩观念的诞生，因此，教师必须创造一切促使学生精彩观念诞生的机会。为了达成这一目的，达克沃斯认为一方面要让学生接触真实的事物，促使他们深入其中并持续思考，然后用话语表达解释他们所产生的意义。与此同时，教师和其他学习者必须努力倾听和理解这种解释和表达。这种倾听学习者的好处体现在三个方面：一是通过倾听他人可以帮助我们了解他人所想；二是学习者通过言说能够使自己的思想变得清晰；三是学习者的言说可以鼓励自己认真对待自己的观念。所以，达克沃斯在自己的课堂中千方百计创造机会去倾听并帮助他人倾听。这样的一种倾听能激发并维持学习者在学习中创造意义的兴趣，发现正在发展的意义是什么，这对于保持他们参与的兴趣发挥巨大的作用。这正如书中所言："如果我们倾听学习者，他们会听到他们自己的答案。"在这样的逻辑理路与认知下，达克沃斯所著的《多多益善——倾听学习者解释》一书中列出了九位教师以倾听为核心与观念进行教学的例子。无论是探究密度、领悟诗歌、日记历程：和小作者们一起探索、儿童绘制社区的地图、理解总统职位，还是新生儿的发展、学习理解教学、教/学研究、一位教师的见解，这些章节中都充满了教师对学生的倾听以及学生与学生之间的相互倾听。表达自己的观点，倾听他人的观点，并对他人的观点进行讨论，必定会促进精彩观念的诞生，进而促进学习者智力的发展。基于倾听的高度重要性，达克沃斯甚至明确提出"教学即倾听"这种观点，而且将这种实践总结的著作定名为《多多益善——倾听学习者解释》。由此可见，以达克沃斯为首的部分研究者对倾听价值的高度认同并在自己的课堂教学实践中应用有效倾听，促进教学与研究的高度融合和统一。这是倾听丰富意蕴与作用在现实中的应用之一。

（二）佐藤学观察并倡导下的课堂教学

佐藤学（Manabu Sato）是日本东京大学研究生院教育学研究科教授，研究领域为课程论、教学论与教师教育。佐藤学作为日本学校教育最有影响力的人物之一，他的研究是"付诸行动"的：三十年如一日每周至少两天扎根中小学深入课堂进行实地观察。在深入中小学课堂进行实地观察的时候，佐藤学深深意识到倾听的重要价值和作用，他认为学习首先就是一种倾听行为，倾听的范围很广，包括教师和同学的意见、教材的含义，也包括自己内心的声音。佐藤学将其命名为"被动的能动性——应对"，取其面对学习内容被动展开却需要学生倾听的主动参与的含义。不仅如此，佐藤学还将这种"被动的能动性——应对"从学生学习的中心扩展理解为教师的教学中。他建议教师在课堂上要"以慎重的、礼貌的、倾听的姿态面对每一个学生，倾听他们有声的和无声的语言"并"竭力以自己的身体语言和情感去与学生的身体动作和起伏的情感共振"，以便促进学生自立地、合作地进行活动。① 鉴于对倾听的深刻理解，佐藤学提出了在课堂教学中进行以倾听为核心的"静悄悄"的革命，并在实践中不断总结与推广这种理念。以佐藤学 2003 年在东京都练马区立丰玉南小学所观察到的三年级滨野高秋老师的课堂教学为例，他认为这样的课堂就很

---

① ［日］佐藤学：《静悄悄的革命——创造活动、合作、反思的综合学习课程》，李季湄译，长春出版社 2003 年版，第 22 页。

好地体现了这种理念和行为。① 在那节课上，端坐在 U 字形排列的课桌椅上的学生正在认真地学习课文《魔鬼树》。滨野首先让学生在自读的基础上写出"自己的所思所想"。然后全班交流读后感并在相互交流的过程中达到了高潮。在佐藤学看来，这是一次成功的合作学习、合作探究的活动。这个活动展开的学习根基有两个，一是学生富有个性的、同多样化的教科书的相遇与对话，另一个是学生相互倾听的关系。而学生们的阅读之所以能够精彩地链接与发展，秘密就在于滨野老师应对策略的两个原理。一是滨野的应对是以"倾听"为核心的，他完整地接纳了每一个儿童的想法并给予一定的回应。比如当学生芳树说出"真害怕。如果爷爷死了，真是害怕极了"的时候，他回应道："有几处说了'害怕'？出现了两处哟"这样的话语来敦促学生的注意，使学生发现这些地方进行比较，从而让学生的阅读能够精彩地链接与发展。滨野的倾听并接纳每一个学生的发言是在认识发言是由文中的哪些话语所触发的、是其他儿童的哪些发言所触发的、该发言同该儿童自身先前的发言有着怎样的关联这三个关系中进行的，可以说，这样的倾听、接纳与回应贯穿了整节课。第二个原理是尊重每一个学生的尊严。滨野的倾听并不追求"好的教学"，并不是关注于用"好的发言"来串联教学，相反，他相信任何一个学生的发言都是精彩的。正是这样的尊重贯穿在他的倾听之中，才产生了自由的交流思考以及多样阅读的丰富串联。基于以上类似的课堂观察与总结，佐藤学认为这样的相互倾听应该成为教学中的常态而非一时的应景。这是"倾听着"的课堂教学在日本的实践情况。

（三）瑞吉欧教育模式中的课堂教学

瑞吉欧是意大利东北部一座城市的名称，因以洛利斯·马拉古齐（Loris Malaguzzi）为首的幼教工作者在实践中探索并形成一套独特与革新的哲学和课程假设、学校组织方法以及环境设计的原则等而闻名于世，被人们称为"全世界最好的学前班"并影响了世界各地的教育。

---

① ［日］佐藤学：《教师的挑战：宁静的课堂革命》，钟启泉、陈静静译，华东师范大学出版社 2012 年版，第 2—4 页。

瑞吉欧教育理念倡导走进儿童心灵的儿童观。他们将儿童看作同成人一般拥有独特权利的个体，他们有潜能，有能力，有可塑性，有成长的欲望，有怀疑与好奇心，有与他人产生关联和沟通交流、互动的渴望，他们是能自己认识、思考、发现、发明、幻想和表达世界的人，成人儿童是自我成长中的主角，富有巨大的潜能。面对这样的儿童，成人或者说教师的应对首先是承认儿童的不同，用瑞吉欧自己的话来说，就是承认儿童"其实有一百"，其次要让儿童充分表现其潜能并以儿童的思维、立场来看待一切。为此，倾听不仅是必不可少的，而且是极其重要的。通过倾听儿童的各种语言的表现和表达来认识儿童，与儿童沟通，这是一种真正的因材施教。基于这样的教育理念，瑞吉欧人认为教师角色的核心就是关注儿童并以实际行动来倾听他们的声音。

倾听在瑞吉欧教师的工作中处于如此重要的中心位置，它是实现瑞吉欧教育中儿童观的具体行动和理念之一。在瑞吉欧人看来，倾听不仅是尊重的表现，是关注的表现，是对儿童及儿童意见和世界敞开心扉的表现，是直接表达了教师的态度的表现，更是教师尝试着越过隔离在儿童世界与成人世界之间的鸿沟，去帮助教师理解儿童、理解独属于每个儿童的学习方式的表现。所以，瑞吉欧人的重要任务之一就是创造并提供各种情境，让儿童去探索，去经验。以瑞吉欧最为有名的项目活动为例，它体现了教师倾听在这个活动中的作用。所谓的项目活动，是指师生共建的弹性课程与探索性教学，是儿童学习的过程。它由解决真实生活中的问题、以小组为单位进行主题探索、师生共同建构、共同表达、共同成长这三个基本要素构成。当儿童探索诸如"人群""狮子的肖像"等种种自然和社会现象时，师生讨论并思考活动过程中出现的问题或观察到的各种现象以及解决的方法等。最终，儿童用属于自己的"百种语言"中的一种表达其成果，创造出供他人观赏的如图表、泥塑等自己最感兴趣的艺术作品。在整个过程中，菲利皮尼（T. Filippini）认为倾听（包括观察）所特指的就是通过实录的方式将所观察的实施作为与儿童和家长沟通的依据，倾听的真正含义是能够导致儿童主动地学习。[1] 教师所做的就是通过倾听辨

---

① 朱家雄：《幼儿园课程论》，中央广播电视大学出版社 2007 年版，第 227 页。

识出儿童的百种语言（瑞吉欧人将儿童的百种语言分为表达性语言、沟通性语言和认知性语言等三类）的真正含义以及运用百种语言来进行的自我表达和相互交流，并据此进行教育。倾听是"专心的、体贴的和以学生为中心的"，倾听就是承认学生的"不同的学习风格"，它使学生可以拥有自己的学习，倾听是与学生不同的生活体验和学校活动密切相关的，因此可以基于学生的需求进行支架式教学。① Mary Bozik 认为教师倾听对学生和教学来说意义重大，他对倾听过程进行了描述并提出了有效倾听的策略以及提高倾听能力的建议。② 在瑞吉欧的课堂教学中，倾听以具体的行为方式和尊重关怀的理念出现并主导、决定着课堂教学的效果，这就是"倾听着"的课堂教学在意大利瑞吉欧的实践表现。

三 "倾听着"的课堂教学：实践操作过程

"倾听着"的课堂教学的实践形态多种多样，但就其共性而言，从"倾听着"的课堂教学的倾听主体之一——教师的视角来审视，以倾听为主线和核心，按照实践发生的顺序，可以将其简单地区分为倾听前、倾听中以及倾听后三个阶段。这里需要说明的是倾听三个阶段划分的原因。巴赫金说："言谈没有第一句和最后一句"，③ 倾听也是如此，很难对其进行准确的分解和划分。但是为了理论上分析的方便，可以以一个相对完整的含义单元为基准，虚拟出倾听的三个阶段：倾听前、倾听中、倾听后。每个阶段都有每个阶段独特的行为属性。它们共同构成了"倾听着"的课堂教学的实践操作过程，体现着"倾听着"的课堂教学的独特性。

---

① Clark, A and Moss P, *Listening to Young Children：The Mosaic Approach*, London：National Children's Bureau for the Joseph Rowntree Foundation, 2001；Karen D Paciotti, Margaret E Bolick, A Listening Pedagogy：Insights of Pre-Service Elementary Teachers in Multi-cultural Classrooms. *Academic Leadership*, Vol. 7, No. 4, 2009.

② Mary Bozik, "Teachers as Listeners：Implications for Teacher Eduction", A Paper Presented at the Speech Communiction Association Annual Convention, Boston, MA. November 1987.

③ 罗贻荣：《走向对话——文学·自我·传播》，中国社会科学出版社2006年版，第90页。

（一）倾听前：倾听意识的萌生

1. 何为倾听意识

倾听意识与具体的倾听行为相比，是一种隐喻的说法，它隐喻人们以"倾听"的精神对待他人，以"倾听"的态度或立场对待各种不同的甚至是对立的人和观点。这种倾听意识可以支配人们的交往，使之成为对话式交往。反过来，如果没有一种倾听意识，即便是做出认真倾听的样子，即便可以根据倾听到的内容做出一定的反应，那也只能是敞开了耳朵却封闭了心灵，倾听到的只是自己的或者自己想听到的声音。所以说，倾听意识实质上是一种在和他人对话中的开放的心态、一种随时能够接纳他者声音的心态。《文子》中对如何倾听有一段论述，"凡听之理，虚心清静，损气无盛，无思无虑，目无妄视，耳无苟听，专精积精，内意盈并，既以得之，必固守之，必长久之"。① 这段论述中的"虚心清静，损气无盛"实质就是指倾听之前所应具备的倾听意识，即以开放、虚心等心态去倾听。我国还有两句与倾听意识相关的古话，一句是"与君一席话，胜读十年书"，另一句是"话不投机半句多"，很多人将这两句话理解为由于价值观的相似或不同造成的沟通的顺畅或障碍。实质上，这是从正反两个方面来说明倾听意识在交流中的重要性。从倾听的角度来思考，为什么"与君一席话"就能产生"胜读十年书"的效果呢？原因更多的是在倾听者敞开心扉开放的状态使其具有接受话语内容的可能性并且由于真正地接受并纳入到自己以往的经验之中进而体悟到所说内容的重要性。在这个过程中，是倾听意识加快、加深了这种理解的历程。而"话不投机半句多"，为什么会觉得"半句多"呢，多半是由于那些不屑一顾的姿势、傲慢的语调等表明了不愿意听别人说，因而此时虽是双方在交谈，但内容早已被排斥掉了，更不用说能够理解对方说话的真正含义了。这就是倾听意识的缺失造成的理解障碍。因此，如果我们将自己完全封闭起来，如果我们不具有倾听意识，那么我们将处于绝对的孤立中，自然无法倾听到其他不同的声音。由此可见，倾听

---

① 《文子·道德》。

意识的参与对于"倾听着"的课堂教学尤为重要，是重要的前提条件之一。

在教学中，开放的状态是倾听意识的核心部分。开放是解释学的一个重要概念。在那些解释学大家眼中，开放是倾听并接纳理解他人的前提，是倾听意识的重要部分。可以说，没有开放就没有真正的倾听的存在。对此，伽达默尔曾明确论述过。他认为"在人类的关系中，最重要的事情是，正如我们所见，真实地把你当作你经历，不是俯视他的观点并去倾听他不得不向我们所说的。为了这个目的，开放是必要的"。① 因而，"谁想听取什么，谁就是彻底开放的。如果没有这样一种彼此的开放性，就不能有真正的人类联系"②。而且伽达默尔认为这种开放"不仅存在于被倾听者，还存在于任何倾听者身上。没有这种对他人开放的类型，就没有真正的人类关系。当两个人相互理解时，这并不意味着以考察的方式理解了他人。与之相似，倾听并遵从某人并不简单地意味着我们盲目地做别人要求的。我们把这叫作奴隶。对他人开放，包括承认我必须接受一些与我自己相反的东西，即便没有其他人向我要求"③。

2. 教学中倾听意识萌生的表现

教学倾听中以开放的状态为核心的倾听意识具有三个明显的表现：首先是愿意去倾听，去倾听各种类型的人、各种思路的发言。这种愿意去倾听表现在倾听对象、倾听时间、倾听内容等多个方面。在倾听对象上，教师不仅要倾听学习优秀学生的所思所想，还要倾听中等学生和学业成绩不良的学生；在倾听时间上，教师不仅要倾听上课时学生的发言，更要倾听课前、课后学生的话语；在倾听内容上，不仅要倾听学生的言语内容，还要倾听学生的表情、动作等非言语内容；不仅要倾听与教师观点一致的、精彩的发言，更要倾听那些"异向交往话语"。这里尤为值得一提的是倾听"异向交往话语"。"异向交往话语"是日本教育学家佐藤学借用哲学家埏原资明对交往类型的

---

① ［德］伽达默尔：《真理与方法》，洪汉鼎译，上海译文出版社1992年版，第324—325页。

② 同上书，第473页。

③ 同上书，第324—325页。

划分而提出的一个概念，它用来指称的是在课堂教学过程中那种学生与教师思路岔开的或各异的发言。① 这样话语的产生或者是由于学生对问题一无所知或者是虽然知道，但却坚持说出自己的真实想法。异向交往话语往往是学生存在意义和独特个性彰显的体现，然而由于其与教师的思路岔开或者超出教师的预期而常常被教师拒绝或忽视。此时，教师所能够倾听到的仅仅是自己想听的内容。而开放状态则使教师改变了这样的一种狭隘的倾听内容进而为丰富制造了多种可能。

教学倾听中以开放的状态为核心的倾听意识的第二个表现是对他人观点的无偏见的考虑。尽管在哲学解释学大家伽达默尔看来，由于受到社会历史、对象的构成、由社会实践决定了的价值观这些历史性的制约因素的影响，人的认识不可避免地存在偏见，偏见具有一定的合理性。然而，它的确在倾听过程中会干扰我们的理解和认识。在印度哲人吉杜·克里希那穆提看来，"要真正地倾听，就应当抛弃所有偏见或至少将它放在一边。只要有接受的虚心，理解就非难事。然而不幸的是，多数人带着抗拒在听。我们的内心屏幕上闪烁的是宗教或精神的、心理或学术的种种偏见，或者生活中的担忧、欲望以及畏惧。我们听的时候，心中充斥着这些东西。所以，我们听到的只能是自己发出的噪声、自己的话，而绝不是别人所想说的。"② 因此，倾听意识的萌生也需要倾听者尽可能地摒弃偏见。在教学中，当教师摒弃掉对学生认知上的偏见、对自己与学生关系上的偏见以及对自身固有观念的偏见时，他就具有了一定的倾听意识，也有可能倾听到学生的真实声音。

教学倾听中以开放的状态为核心的倾听意识的第三个表现是在道德维度上彰显了尊重、虚心、耐心、宽容等品质，而不仅仅是在信念或认知模式上的优秀。我们说，倾听意识的萌生和参与会有利于我们在信念或认知模式上的完善，从而使之不断趋向优秀。然而，也不能由此忽视它在道德维度上的优秀。在道德维度上，倾听意识彰显了对

---

① ［日］佐藤学：《静悄悄的革命——创造活动、合作、反思的综合学习课程》，李季湄译，长春出版社2003年版，第46页。

② ［印度］吉杜·克里希那穆提：《最早与最后的自由》，转引自［美］埃利诺、杰勒德《对话——变革之道》，郭少文译，教育科学出版社2006年版，第7页。

他者的尊重、彰显了自身的虚心与宽容等品质。一个狂妄自大的人是无法真正倾听他人的，因为他除了自己看不起任何人，不具备虚心这种品质；一个性格急躁、不停打断他人述说的人也无法真正倾听到他人的心声和观点，因为他没有耐心，一知半解之后就贸然抛出自以为是的看法；一个心胸和视野狭隘的人也是无法获知真理的，因为他不具有宽容的品质，在真理还未进入耳朵之前就将其抛弃掉；而一个不知道尊重他人的人也是无法实现真正的倾听的，因为他高傲的态度、藐视的话语早已阻塞了通往倾听的道路。所以，一个真正具有倾听意识的人必然在道德上是一个具备尊重、虚心、耐心、宽容等品质的人。

3. 倾听意识萌生的关键与认知上的限度

在教学中，影响倾听意识参与的因素很多。从我们自身内部来讲，我们自己许多内在的因素都会影响倾听意识，进而影响到倾听的效果。具有东方哲学智慧的印度哲人吉杜·克里希那穆提认为我们已有的意见、观点、成见、偏好、背景、品质等会影响到倾听意识的形成，只有"聚精会神，内心一片安静，……周围一片寂静，真正的交流才会来临"。① 因此，倾听者需要心灵上的安静以对抗那些阻碍倾听意识形成的因素，这是倾听意识萌生的关键因素。朱熹曾曰"声入心通"，说的也是声音与心之间的关系。若是心境不很平静，那么在听的过程中，不仅身没有入，心也不通。从这里听进来，马上又从那里出去，或是你讲这一个问题，他则想着另外一个问题。因此，真正的倾听总是要求听者的安静和沉默。《道德经》中的"大音希声"说的就是这个相似的道理。"'大音'以'稀声'的方式出现，不是为了不让人听见，而是为了更好地让人听见并领会。如果声音一旦以惊吵的形式传进听者的耳朵，就势必会遭到听者的本能拒斥。"② 教学倾听中心灵的安静要求教师和学生要摒弃那些教学时间、考试大纲等外在或功利性的诱惑，或制度性的束缚，

---

① ［印度］吉杜·克里希那穆提：《最早与最后的自由》，转引自［美］埃利诺、杰勒德《对话——变革之道》，郭少文译，教育科学出版社 2006 年版，第 7 页。

② 路文彬：《视觉时代的听觉细语——20 世纪中国文学伦理问题研究》，安徽教育出版社 2007 年版，第 66 页。

能够以平和的心态不急不躁地去从本真出发去倾听。这对于教师来说，"寻找答案"式的听、有所喜好地选择发言的对象、按预设去评价听到的内容等表现都是心灵的安静和沉默的缺失造成的，更是倾听意识的缺失造成的。

最后，需要说明的是倾听意识在认知上的限度。在"倾听着"的课堂教学中，倾听者应该具有倾听意识，这虽然表明要敞开自己，愿意接纳各种观点，但是并非意味着放弃自己的主张或观点，而全盘接受所听到的他人的观点，或者不加批判地接受他者的意思或价值，他必须把握认知上的限度。对此，伽达默尔曾说："这并不是说，当我们倾听某人讲话或阅读某个著作时，我们必须忘掉所有关于内容的前见解和所有我们自己的见解。我们只是要求对他人的和本文的见解保持开放的态度。"① 伽达默尔明确告诉我们敞开自己并不意味着放弃自己的观点和主张，那种放弃自己的前见解和自己的理解的开放并非真正的开放。他强调的是"这种开放性总是包含着我们要把他人的见解放入与我们自己整个见解的关系中，或者把我们自己的见解放入他人整个见解的关系中……一个受过解释学训练的意识从一开始就必须对文本的另一种存在敏感。但是，这样一种敏感既不假定事物的'中立性'，又不假定自我消解，而是包含对我们自己的前见解和前见的有意识同化"②。因此，在教学倾听中，我们虽然主张倾听者应该具有开放的状态，倾听学生的不同观点，但并不意味着对学生的观点不做判断，全盘接受。正相反，教师的主导角色、首席演奏者的角色要求他必须对这些观点根据情境进行恰当的处理。

（二）倾听中：倾听技巧、态度情感的参与

1. 倾听技巧和态度情感参与的必要性

许多人认为，倾听过程中一定的倾听意识和倾听智慧等对倾听效

---

① ［德］伽达默尔：《真理与方法》，洪汉鼎译，上海译文出版社 1992 年版，第 528 页。

② 同上书，第 567 页。

果影响重大，这无疑是正确的。然而倾听技巧和态度感情的参与也是不容忽视的一个重要的方面，它关涉到实际倾听和感知倾听之间的差别。学者戴利认为："不论这个倾听个体在倾听时表现得多么有效率、多么有技巧、多么有能力，只有当对方（讲话者）也能觉察到他在倾听，倾听的效果才会好，否则的话，倾听是不会有效果的。"① 罗格·艾雷斯在他的《你就是信息》一书中换了种方式来表达戴利的意思："要想知道他们（说话者）是怎么看待你的，只要看看他们对你的反应，因为他们的感觉是真实的。" 实际上，虽然实际倾听是一个看不到的、内部的、精神层面的过程，它具有不可观察性的特点，但是人们却可以通过观察可见的、外部的、身体的行为来判断倾听是否在实际发生，这就是他人所感觉到感知倾听。李维斯和雷斯科认为"感知倾听这个概念对于学者们研究实际倾听是没有什么作用的，但是对一个组织机构改善其内部的交流氛围却有着很大的价值"。② 由此可见，没有被他人感知到的倾听对于倾听实际效果是会有很大的影响的。倾听技巧、态度感情就是一些能够让对方实际感知到你在倾听、你在认真倾听的重要因素，它们是真正倾听中必不可少的。而且这种倾听技巧和态度感情并非完全是靠语言强调，而是靠他人认真的注意、深刻的兴趣以及欣赏的面孔、由衷的喜悦或者那些只能意会不能用言语表达的感觉来决定的。

2. 倾听的诸多技巧

倾听的技巧有很多，如回应话语的技巧、转换言说权的技巧、动作技巧等，它们贯穿在整个倾听环节中，对倾听效果有着重要的影响。在这里因为篇幅的缘故，不逐一论述各种技巧，只挑选我们易于忽视的动作技巧来略述一二。动作具有传递人的真实感情的功能。在倾听中，动作是表达人们倾听的一个重要的标志并且会对倾听过程产生难以想象的作用。罗杰斯引述一位因婚姻破裂前来接受心理治疗的妇人所讲的一段话来表达动作技术在倾听中的重要作用："我的真正

① ［美］安德鲁·D. 沃尔文，［美］卡罗琳·格温·科克利，［中］吴红雨：《倾听的艺术》，复旦大学出版社 2010 年第 5 版，第 22—24 页。
② 同上书，第 25 页。

转折点是我把我的手放在她的肩上这个简单的动作。……我认为这个动作是一种第一流的接受的情感。"① 罗杰斯还曾详细地记叙过一件与倾听中的动作相关的事：20 世纪 60 年代末期，"入学研究中心"受邀赴加利福尼亚蒙泰西多的伊麦克拉特·哈特学院（Emmaculate Heart College）和学院附中主持一项自我主导教育替换方案。有一天，在实验小组中出现了僵局：在一个很长时间的沉默中，人们面面相觑，缄默无语。后来，一位名叫安的女孩子提出了一些纯属推理性的问题。罗杰斯直觉地感到她不是言不由衷，但是又无从知晓她真正的意思是什么。接下去，罗杰斯写道："我发现我自己想走过去，坐在她身边，但这似乎是一种愚蠢的冲动，因为她并没有任何明显的请求帮助的表现。然而，这种冲动是如此强烈，以致我冒着风险穿过教室，询问我是否能坐在她的椅子旁，我感到很有可能会被断然拒绝。她给我腾出地方。我一坐下，她就把手插在我的衣兜里，将头靠在我肩上，突然抽啜起来。'你已哭了多久了?'我问她。'我没有哭'，她答道。'不，我是说，你已在心里哭了多久?''八个月'"。② 这是一个较有说服力的例子。身体的动作，往往会使人隐藏在内心深处的，并且每每是不愿表达出来的感情十分自然地流露出来，而且这种借助于动作而表现出来的内心感情，往往具有很大的感染力量，从而使人际之间的心理距离大大缩短了。那么，在教学倾听中，倾听主体需要具备的动作技巧有哪些呢? 我们认为通常倾听者在倾听时的身体姿势应该是开放而微微前倾的姿势，这种姿势适合倾听并被对方认为具有鼓励他说话的作用，它代表无条件的包容与接纳，能使对方感受到轻松与舒缓，也向对方传递了"我与你在一起""我对你说的话有兴趣"的信号，对方自然会大胆、轻松、自由地言语。另外，倾听者的眼神也是重要的动作技巧之一。倾听时无论教师还是学生都不要东张西望，不要翻看教案，不怒视对方，要与对方的眼神相交，停留在恰当的区域中并且还要关注其他人的反应。

---

① ［美］卡尔·罗杰斯:《一种存在的方式》，转引自方展画《罗杰斯"学生为中心"教学理论述评》，教育科学出版社 1990 年版，第 27 页。

② 同上书，第 27 页。

3. 倾听态度及感情的参与

倾听态度包括接纳和平等、鉴赏和学习、专注和警觉、执着和冷静。① 接纳和平等、鉴赏和学习实质是对待他人所持有的态度，目的是构建交流中良好的关系，创设出尊重的氛围。因为"在教学中是否能够形成合作学习，在很大程度上（将近有七成）取决于能否尊重每一个儿童的尊严，而教师的经验与学习的理论、教学的技能不过占了三成的比例"②。对此，罗杰斯说："一种人道的气氛对所有有关的人来说不仅仅是一种比较令人愉快的气氛；它也促进着更大的，并且是更有意义的学习。一旦真实，对个人的尊重，理解学生的内心世界等态度出现时，激动人心的事情就发生了。所得的报偿不仅仅在像分数和阅读成绩一类事情方面，而且也在较难捉摸的品质上，逐日更强的自信心，与日俱增的创造性，对他人更大的喜爱。总之，这样一种课堂导致一种积极的、对完整的人进行的一元化学习活动（unified learning）。"③ 当课堂中的学生进行表达时，不管是表达自己的感情还是表达自己的看法，不管是正确的还是错误的观点，积极的感情还是消极的感情，一旦他们认识到自己被他人倾听，被他人带着接纳和平等、鉴赏和学习这样的态度倾听时，他会认为自己是被理解和被接受的，他就会认识到课堂中那种与众不同的气氛，"在这种气氛中，变化发生在学生的思维中。当学生在课程结束之际表示该课程的意义时，常常强调课堂整个环境的影响"④。他渐渐地认识到，他能成为他自己，无须伪装或戴上假面具，因为他似乎被看成是有价值的人，不管他是什么。因此，他很少需要循规蹈矩，而是充分发现现时对他自己有意义的东西，能努力以一些新的、自发的方式自我发现。换言

----

① 李政涛：《倾听着的教育——论教师对学生的倾听》，《教育科学》2001 年第 4 期。

② ［日］佐藤学：《教师的挑战：宁静的课堂革命》，钟启泉、陈静静译，华东师范大学出版社 2012 年版，第 5—6 页。

③ ［美］卡尔·罗杰斯：《一种存在的方式》，转引自方展画《罗杰斯"学生为中心"教学理论述评》，教育科学出版社 1990 年版，第 278 页。

④ 方展画：《罗杰斯"学生为中心"教学理论述评》，教育科学出版社 1990 年版，第 40 页。

之，他正在向创造性迈进。① 专注和警觉、执着和冷静实质是倾听过程中倾听者自己所应持有的态度，它们保证了倾听过程中对关键内容的把握、对自己偏见的反思以及对他人言语与非言语信息的敏感。

　　倾听过程中涉及的情感很多，重要的、高级的情感有同情（sympathic）、移情（empathy）等。同情的字面意义是"与感情在一起"（with-feelings），它是一种关注，移情的字面意义就是"感情移入"（in-feelings），它是一种进入。在罗杰斯看来，如果有这些情感的参与，认知和情感将协同活动，能使认知活动达到一个单凭认知能力本身所不能达到的高水平，此时倾听者是作为一个完整的人来活动的，将产生一种整体效应。同情和移情就是"关怀一个人，必须能够了解他及他的世界，就好像我就是他，我必须能够好像用他的眼看他的世界及他自己一样，而不能把他看成物品一样从外面去审核、观察，必须能与他同在他的世界里，并进入他的世界，从内部去体认他的生活方式，以及他的目标与方向"。② 因此，教师倾听时要带着同情、移情等情感，站在学生的立场和角度，尊重学生的感受，设身处地地为学生着想。这样倾听就容易实现教师与学生视界的融合，而这种融合又能使学生的情况真实地呈现。当然，教师的同情、移情等情感必须有个适度的界限，在学生言说自己思想的时候，教师要保持中立和移情性理解，以便避免因自己流露出来的点滴让学生以猜测教师心中的答案来代替自己的理解。另外，教师在理解学生思想时要联系到学生的生活史，要留意并展望学生思想进一步发展的可能方向。

（三）倾听后：倾听智慧调控下的回应

　　教学倾听具有品性之优和理性之优，倾听智慧是其理性之优的重要表现形式。因此，"倾听着"的课堂教学所需要的倾听之后的恰当回应是在倾听智慧调控下进行的。

---

　　① 方展画：《罗杰斯"学生为中心"教学理论述评》，教育科学出版社 1990 年版，第40 页。

　　② 同上。

1. 恰当的"理话"

在教学实践中，理话是与听话或说话同时进行的，它指的是对所听到的话语的处理能力。如果从解释学的角度来看待理话，恰当的理话需要注意以下三点。首先，倾听者倾听时要注意驾驭"理解循环"。理解循环就是解释学中的解释的循环。解释学认为，人们对事物的理解并非一步到位的，它有个循环往复的过程，需要经历部分理解以及由部分理解所累加而得到的整体理解。所以，在教学倾听过程中，倾听者要想获得与言说者表达意思一致的理解，就要注意话语本身的整体与部分给倾听理解带来的影响。其次，倾听者在倾听时要尊重效果历史（effective history）。效果历史是解释学的概念之一，它的基本含义是指历史通过制约我们的历史理解力而产生效果。伽达默尔认为根本不存在所谓纯"客观的"、无任何特殊视角的理解，理解处在历史的形势之中，是效果历史的一个方面。历史虽然限制了我们的知识，但也通过决定我们能理解什么而帮助我们理解的开展。因此，在课堂教学中，教师要想在倾听时对学生进行"具体的"与"发展的"理解，就要分析学生话语产生的历史条件、社会环境、具体语境，尊重学生过去的、现在的和尚未到来的历史。《人民教育》曾经刊载了一个课堂教学实录，教师提出一个尖锐的问题："有个男人带着一家人——他的母亲、温柔的妻子和可爱的儿子去划船游玩。不料船翻了，全家落入水中。这家人中只有这个男人会游泳，而他的能力只能救一个人。请问：他该救谁？为什么？"当老师听到学生回答该救母亲，"因为母亲养育了男人，而且妻子没有了可以再娶，儿子没有了可以再生，母亲没有了就再也不会有了"时，反应很激烈，"那么女同学要注意听了，以后要小心这个人了"。当老师听到学生回答该救儿子，"因为儿子小，容易救"时，持质疑反问的态度说："你们怎么没有人想到要救妻子呢?"① 实质上这位老师倾听时就没有注意到学生话语产生的历史条件和环境。对于学生来讲，由于人生还未娶妻生子，因而他们与父母的关系最密切，妻儿对他们来说遥远而陌生。如果教师没有尊重效果历史，必然无法理解学生的回答，其倾

---

① 干国祥：《斑羚飞渡》，《人民教育》2004 年第 13 期。

听后的回应也必然是稀里糊涂、难中靶心的。最后,倾听者要审慎地对待问题。问题在倾听时起到非常重要的作用,一个虚假的问题、一个封闭式的问题、一个简单的问题,诸如此类的问题都无法在课堂上激起思维的碰撞和思考的火花,也无法创设一个相互倾听的课堂,倾听的价值自然没有存在的余地。就"倾听着"的课堂教学的问题来源来看,它主要包括倾听过程中产生的问题以及教师为了推进教学进程、激发学生思考而事先预设的问题两种类型。对于后者,前人的论述已经很多,在此不做赘述。我们仅对倾听中产生的问题进行简单的介绍。为了更好地了解倾听过程中产生的问题,我们以"拥有非凡的倾听能力和对问题的敏感性"的一代大师苏格拉底为例,[1] 分析他在柏拉图所著的《会饮》中当第俄提玛告诉苏格拉底"爱若斯既不美也不好"这个观点时二者关于爱若斯本质的四对问答中所展示的倾听中产生的问题。[2]

　　苏格拉底（S）1：亲爱的第俄提玛……,难道爱若斯还会是丑的、坏的?

　　第俄提玛（D）1：嘘——别谩神!你以为凡不美的就必然丑吗?

　　S2：当然是这样。

　　D2：那么凡不聪明的就必然是傻的?难道你没有注意到,在聪明与不明事理之间,还有某种居间的什么东西?

　　S3：那会是什么?

　　D3：难道你不知道,要是有恰当的看法,却不会给个有道理的说法,就叫做既非有识——因为,道不明何以算有识?也非不明事理——既然明白了一点事情,何以算不明事理?所以,很清楚,正确的意见就介乎洞悉与不明事理之间。

　　S4：说的倒是。

---

　　① 仲建维：《孔子和苏格拉底的知识形象及其教学图景》,《全球教育展望》2010 年第 6 期。

　　② 《会引》讲述的是一个由参加到事件中的人向他人讲述发生在特定场景中的故事。详见［古希腊］柏拉图《会饮》,刘小枫译,华夏出版社 2003 年版,第 288—289 页。

D4：因此，当然不能说，凡不美的就必然丑，凡不好的就必然坏。就爱若斯来说如此，既然你同意爱若斯既不好也不美，那就意味着他肯定既丑又坏。事实是，它介于二者之间。

第俄提玛试图纠正苏格拉底关于"既然爱若斯既不好也不美，那么它就是丑的、坏的"的错误推理。D1 这句话反映了他找出苏格拉底错误推理的逻辑思路："如果你认为×是假的，真理就是它的对立面？"在苏格拉底做了肯定回答之后（S2），第俄提玛轻微地修改了问题的表述，增加了一个新问题（D2）——"难道你没有注意到，在聪明与不明事理之间，还有某种居间的什么东西？"这反映了第俄提玛已经有了足够的证据去反驳苏格拉底。这个证据又是出乎苏格拉底的意料的，所以，他立刻打断自己的倾听，由倾听者转变为言说者，转而问了一个与"爱若斯是什么"看似无关的问题："那是什么"。就是这句"那是什么"反映出苏格拉底倾听过程中的两个特殊的行为。一是倾听被打断。在这里，苏格拉底因为不能根据他倾听到的意思得出推论，不能理解所听到的和解决问题的方法之间的关系，所以他主动打断了自己的倾听。一是新问题的产生。苏格拉底的倾听被打断意味着他提出了一个他自己不能回答的问题，他正在倾听他以前没有倾听到的事物，问题从"爱若斯是坏的和丑的"这个焦点转移到"介于两者之间存在一种居间的东西是什么"这个问题上。这是一个新问题，它表明苏格拉底的倾听内容在此发生了转向。

由上述片段可见，在对话的进行中，新的问题是不断产生的，而且这些问题是鲜活的、直接与理解相关的。在教学中，由于师生的生活经验、思维特点、知识积累、个性特征等方面的差异，伴随着对话的进行，倾听者必然对于他人的言说有着各不相同的理解。这意味着对话中不可能顺利地达成"合意"，也没有必要达成合意。倾听过程中产生的新问题往往是真实的，是基于学生的前有与前见，是与他们以往的经验相冲突的。因此，当倾听者倾听到暂时不能理解的话语时，他不应该简单地进行否定、抛弃或肯定，而是应该通过提出问题，向言说者就主题进行追问或探讨，以便深入主题。当然，这些新产生的问题，如若能够被教师敏感地捕捉到并正确地引导，是可能成为教学新的生长点和精彩点的。但如果置若罔闻或粗暴对待，这些问题也许会越来越少以至于最后只剩下学生被迫的回答。所以，根据倾听到的内容提出问题是"理话"中的重要策略。

2. 中断

在教学中，没有人始终处于言说者或倾听者的位置。言说和倾听的交替既将所讨论的话题引向深处，也使教学处于动态生成的状态中。因此，何时倾听、何时言说就显得尤为重要。当倾听者不再倾听转而提问的时候，倾听就出现了中断。所以，本处中倾听的中断指的是在对话过程中，教师或学生打破倾听的状态，转向言说的一种行为。这种中断，不是因为客观的环境影响，也非生理上的意外，而是倾听者主动地中断当前的倾听状态，转换为言说者。这种中断表明倾听者的思维出现困惑，此时，倾听者往往是心求通而未得，口欲言而未能，"一些非预期的反应、与原有观点相矛盾的观点、一个困惑的回答、一个挑战的观点——这些未曾预料的反应即将出现，它打开了培育学习的可能，真正意义上的学习即将发生"①。因此，教师要格外重视对话过程中的倾听的主动或被动的中断，并借由这种中断将教学导入到更深的程度。那么倾听中的中断应该发生在何处呢？一般来说，教师中断倾听多数发生在学生思维陷入定式处、学生出现跑题处。

（1）学生思维陷入定式处

教授"青春期的变化"内容时，孙老师首先拿出了预先准备好的某女生的几张照片让班级其他同学猜一猜是谁，这些照片分别是该学生在不同年龄阶段拍摄的。第一张照片是她上幼儿园时期的，大多数学生都没有认出来；第二张是她刚上小学时拍摄的，有个别学生认了出来，但语气并不肯定；第三张照片是去年才拍摄的，此时全班学生都认出来了。接下来，孙老师问学生："同学们，从小到大，我们都像某同学一样，经历了很多的变化，

---

① Andrea English, "Listening as a Teacher: Educative Listening", *Interruptions and Reflective Practice*, Vol. 18, No. 5, 2009, pp. 69 – 79.

那么，这些变化主要表现在哪些方面呢？"第一个学生站起来说："穿衣服的风格跟以前不一样了。"第二个学生站起来回答："比以前高多了。"第三个学生站起来说："脸跟以前相比更大了。"第四个学生回答道："以前很瘦，现在比以前胖了许多。"此时，孙老师没有再让其他人起来回答，而是自己作了启发和引导："同学们，大家说的变化都是身高、体型、脸等方面，这都属于生理变化。那么，在心理方面，我们都有哪些变化呢？"思考片刻后，又一个学生站起来回答："小时候，男生女生可以拉手，现在就不能拉了。""那说明我们同学现在开始有了性别意识。"最后，孙老师和学生一起总结："我们青春期的变化，包括了两个方面，一个是生理方面，另一个是心理方面。"①

在这个教学案例中，我们可以明显看出在对话进行过程中，教师倾听的中断。具体来说，在孙老师抛出"从小到大，我们都像某同学一样，经历了很多变化，那么这些变化主要表现在哪些方面呢？"这个问题之后，班级同学根据刚刚看到的照片以及自己的体会进行回答。四个同学的回答，分别集中在穿衣服的风格、个子变高、脸变大、身体变胖等方面。这些都属于人的生理方面的变化。这表明学生对青春期变化的认识集中在外显的、感性的生理变化上，还没有注意到内隐的心理变化。如果孙老师任由其他同学进行发言，得到的答案无外乎大体相同。在这种情况下，孙老师果断地终止了自己的倾听，转而变为言说。在总结学生回答的基础上启发学生从另一个角度去思考："大家说的变化都是身高、体型、脸等方面，这都属于生理变化。那么在心理方面，我们都有哪些变化呢？"此时，学生突破了"思维定式"，想到了"小时候男女生可以拉手，现在不能拉手"这个属于心理方面变化的现象，由此，孙老师倾听的中断就起到了一个思维转向的作用，帮助学生实现了认识上的突破，总结出青春期的变化包括生理和心理两个方面。2001 年发布的《基础教育课程改革纲要（试行）》中对课程目标从"知识与技能、过程与方法、情感态度价值

———————

① 王俊：《例谈生成性教学中的教师机智》，《中学政治教学参考》2009 年第 1—2 期。

观"等三个方面进行规定，以实现学生多元化的发展目标。其中所谓的"过程"就包含着"学习者的思维过程，学生思考问题的认知建构过程"。[①] 该案例中孙老师倾听的中断就起到了打破学生认知发展上的思维定式，避免了学生思维上的低水平的重复，使学生从另一个角度去认识青春期的变化的作用。

（2）中断出现在学生跑题处

> 在教学环保问题的时候，张老师先在多媒体上展示了两幅图片，让学生回答画的是什么。这两幅图片，一幅是树上挂了许多塑料袋；另外一幅是树上有为树输液的输液袋。可能是投影仪好久没有换滤片了，所以图片不是很清晰。有的学生回答："树上挂满了彩色的气球。"有的学生回答："第二个树上放的好像是书包。"张老师似乎意识到不应该选择展示图片来进行导入了，他不再请其他学生继续猜，继续看了，而是说："老师不是像大家只能看屏幕，老师还可以看电脑。电脑上显示的这幅是挂满了塑料袋，另一幅是挂了输液袋。大家想一想，树上的塑料袋是从哪里来的呢？挂输液袋又是为了什么呢？"于是自然地将话题转到了要爱护环境保护环境的主题上了。[②]

在这个案例中，张老师的教学重点无疑是引发学生对环保问题的重视及相应的保护环境的措施。可是由于滤片的缘故导致图片不清晰。因此，学生回答"气球、书包"时，尽管是真实的，是基于他们对图片的观察，但实质上已经与教学重点相隔十万八千里且没有任何生成新话题或加深理解的可能性。在这种情况下，任由学生讨论、发表观点可能会产生"热烈的氛围"与"自由的发言"，但这是教师放弃教学责任以及教学无能的表现，任由这种跑题继续将毫无教学价值。因此，教师果断地终止了倾听，直接说出了答案："电脑上显示

---

① 朱继军：《浅论"过程与方法"》，《历史教学》2009 年第 2 期。
② 摘自笔者在实验学校的观察笔记。

的这幅是挂满了塑料袋，另一幅是挂了输液袋。大家想一想，树上的塑料袋是从哪里来的呢？挂输液袋又是为了什么呢？”从而将教学的重点引到了环保问题上。这种倾听的中断，不是将教学拉回到预设的教学计划中，而是对课堂生成的无意义问题的抛弃，是教师凭借对教学目标的认识以及对学生观察程度的了解而生成的倾听智慧的一种表现。

3. 串联

串联也属于教师倾听后回应中的一种，它是在倾听到学生发言的基础上的一件后续的重要工作，既承接学生发言的内容，又后继接下来的教学，具有非常重要的作用，是倾听智慧的表现之一。串联与切断相对，二者是从倾听后教师的反应与其他事件的关联性的角度进行划分的，表达的是倾听后教师两种截然不同的行为。切断是指教师在倾听学生发言之后，将发言与发言之前的链接隔断，使之没有任何关系。如在倾听某个学生的回答之后，教师询问“还有什么别的意见吗”“某某怎么样了”即属于这种。所谓串联是指教师将学生的发言与教材联系起来，将一个学生的发言与其他学生的发言联系起来，将学生发言中所涉及的一种知识同别种知识串联起来，把昨天学到的知识同今日学生的知识串联起来，把课堂里学习的知识同社会上的事件串联起来，把儿童的现在与未来串联起来，把学生的发言与他先前的思考串联起来。佐藤学认为，串联是教学的核心，教师要做到上述的各种串联。① 串联下的教学呈现的不是线性的进展，而是生成合作探究活动的前提与基础。当然，要想将倾听到的内容进行教学上的串联，佐藤学认为教师应该认识到该发言是文中的哪些话语所触发的，是其他儿童的哪些发言所触发的，该发言同该儿童自身先前的发言有着怎样的关联。② 佐藤学认为，如果教师在倾听儿童发言的时候能够有意识地注意到这三种关系，那么就容易“以课文为媒介，把每个发言如同织物一样编织起来”③。

---

① ［日］佐藤学：《教师的挑战：宁静的课堂革命》，钟启泉、陈静静译，华东师范大学出版社 2012 年版，序第 6 页。

② 同上书，第 5 页。

③ 同上。

4. 等待

等待是倾听智慧的表现之一。教学可以时时进行，但并不是说任何时候进行的教学的效果都是等同的。这里面就涉及教学时机的问题。倾听中的等待就是对教学时机的选择，它是指在学生言说时发生"欲言又止"的行为、发生"含混不清"的行为、发生默默无语的行为、发生急于分辩的行为、发生言语结巴的行为时，教师并不急着打破这种状况，而是选择等待。这种倾听中的等待，并不是一种消极无为的行为，它包含着多重的教学价值和意蕴：不止是对学生的耐心，对学生思考的重视，更是对学生的信任以及对最佳教育时机的期盼。课堂教学教师倾听的过程中，有多重原因需要教师的温情、冷静而富有智慧的等待：或是学生正在心里组织语言，或是在搜索相关的知识储备，或是对刚才的信息意义进行提炼、辨别、加工，或是学生的紧张焦虑。此时，如果教师急着催促学生去言说，把自己迫不及待地转换为言说者的角色，启发或将答案向学生和盘托出，看似会迅捷地丰富学生的知识，提高教学效率，实质会剥夺学生学习的热情、自信以及思辨的能力。因此，等待是一门教育的艺术，教学的艺术，是对最佳教学时机的选择，也是教师倾听智慧的表现。

美国学者玛丽·巴德·罗（Mary Budd Rowe）通过实验得出在教师提问后延长等待学生回答的时间对教师和学生的影响。[①] 她认为这种等待对于学生的好处主要表现在能够增加言说的时间，提高学生言说的品质；有可能基于对事实的逻辑思考做出推理性回答；会更加积极地思考；会主动引发一系列问题；偏离问题的回答相应减少；学生之间的交流与合作增加；更多学生积极主动地参与到对话中；能够建构自身的信息，在互动中发展能力，收获信心。对于教师，这种等待的好处表现在能够使教师对学生的信息意义或推理过程更好地进行意义阐释或向学生提出加工性问题以便引导学生建构更具创造力、思考力的答案；教师所提问题的数量、类型、层次

---

① Mary Budd Rowe, *Questions*, *Questioning*, *Techniques*, *and Effective Teaching*, Washington DC: National Education Association, 1987, pp. 96-101.

得到相应的改善。因为等待，教师可以从学生那里了解到更多的观点，理解学生回答问题的思考过程，在此基础上可以以学生的需求为出发点，对学生的言说进行更有效的评价或追加提出加工性问题。对学生的课堂期望值会相应提高。因为等待实质是一种期盼和鼓励，期待更多的学生积极主动参与到对话过程中，给予更多的机会去表达完整的观点，也能消除学生紧张的心理情绪。因此，学生对教学的期望也会逐渐改变。

当然，倾听中的等待并不是指教师言语上的无为，相反，它是对学生说出自己想法的一种鼓励。在一节数学课上，黑板上的一道应用题是"王阿姨家需要一个表面积为 30 平方厘米的正方体盒子，可是，她找了半天也没有找到。她家中有一些不同大小的长方体盒子，请问，如果她想把两个完全相同的长方体盒子恰好拼成一个正方体盒子，那么大长方体盒子的表面积是多少呢?"教师要求大家在练习本上用不同的方法解答。全班同学交流讨论几种不同的解答方法。有个同学的解法是 $30 - 30 \div 6 + 30 \div 6 \times 2 = 35$，并解释道：因为正方体盒子有 6 个完全相等的面，所以每个面的面积是 $30 \div 6 = 5$，拼成一个大长方体要减少一个面的面积，同时增加两个面的面积，由此可以求出。有的同学的解法是 $30 + 30 \div 6 = 35$，并解释道：这是因为拼成大长方体盒子后，表面积会减少一个面的面积同时增加两个面的面积。老师对这两种方法进行了分析和肯定并询问还有哪种解法时，班级中的一位女同学犹犹豫豫地将手似举非举，当被老师叫到时，她低声地对老师说自己算的答案和别人是一样的，但是不知道解释得对不对。老师鼓励她先把算式在黑板上写出来，算式是 $30 \div 6 \times (6 + 1) = 35$。老师让她解释一下，她畏缩地说："做的时候好像还明白呢，现在都不知道咋想的了。"这位老师微笑着说："没事，你刚才做的时候一定是有自己理由的，答案又是对的，可能是紧张了吧。别急，我们可以等，你再想想为什么这么列算式。"讲台下有的同学等不及了，举起了手，老师说："我们大家等一等她，老师相信她一定会解释明白的。"全班在安静中度过了将近一分钟，这位女同学慢条斯理地解释，时有停顿，但是教室中再也没有催促的声音，只是安静地等待和倾听。最后，她终于将这个算式的原因解释明白了。（因为 6 个小正方形面积的和构成了正方体的表面积,拼成大长方体的表面积是 7 个小正方形面积的和,所以可以先求每个小正方形的面积,再求 7 个小正方形的面积)教室中响起了掌声。[①]

在这个过程中当老师看到那位女同学犹犹豫豫似举非举并表达"忘了刚才怎么想的了"的时候,老师能够微笑着说"别急,再想想",而且要求自己和全班同学"等一等",这种等待意味着鼓励,意味着对她学习能力的认可,是一种实际的行动支持和信任。其他学生也和老师一起等待则是对她的一种无声的支持和尊重。这里,倾听中的等待显示了倾听的无条件的接纳与尊重。在这样的氛围下,解题者最终完整地表述了她的解题方法。此时,倾听中的等待绽放出美丽的花朵。如果从德性的角度分析教学倾听中的等待,我们可将其归为交流中的耐心这种美德,它既体现了倾听者的耐心的美德,又表达了对他人的无限的尊重与能力的肯定。

四 走向"倾听着"的课堂教学:困难与达成策略

钟启泉教授在《课程与教师》一书中提出,"改革与实验的时代也是混乱与迷惘的时代,改革的中心在于课堂,学校改革若不以课堂改革为中心,就不可能有丰硕的成果"。[②] 此话不假。然而我们也清醒地意识到,对课堂进行改革,对理想教学境界进行追求的过程不会是一帆风顺的。倾听的丰富含义、复杂维度、当前课堂教学中倾听的现状以及"倾听着"的课堂教学的美好决定了走向"倾听着"的课堂教学的过程必定充满了荆棘,会遇到一些困难和障碍。考虑到倾听的特点及教学要素,笔者认为这些困难和障碍主要来自倾听主体方面、来自教学制度方面、来自课堂话语环境方面。因此,倾听主体素养的提高、教学制度的革新、理想课堂话语环境的创设等是我们走向"倾听着"的课堂教学过程中的能为策略。

---

① 摘自笔者在实验学校的观察笔记。
② 钟启泉:《课程与教师》,教育科学出版社 2003 年版,第 87 页。

（一）走向"倾听着"的课堂教学：可能的困难

1. 来自倾听主体方面的困难

教师和学生是课堂教学中的倾听主体，在走向"倾听着"的课堂教学的过程中，来自他们方面的困难主要是受到倾听主体亟待提高的整体素养和倾听素养的限制。

（1）亟待提高的整体素养的限制

在现代社会中，伴随着教师职业的专业化以及世界各国纷纷实行教师资格制度使得人们对教师的素养的认识变成一个重要的问题。这里的教师整体素养是为了论述更为明晰的逻辑性与针对性而排除了与倾听直接相关的素养部分，尽管这种排除由于二者之间千丝万缕的联系很难完全剥离开。一般来说，从教师履行职责的角度来看这种整体素养的结构，它由专业精神、师德修养和业务素质三部分组成。教师的教育理念、乐业敬业、进取创新和积极奉献的风范和精神是专业精神的主要构成部分；《中小学教师职业道德规范》中规定的爱国守法、爱岗敬业、关爱学生、教书育人、为人师表、终身学习六条是师德修养的主要部分；普通科学文化知识、学科知识以及相关的教育科学方面的知识、能力是业务素质的组成部分。[①] 学生的整体素养在这里是指作为一名受教育者，他的知识储备、学习观、人格修养等方面。倾听者的整体素养是师生整体的、基本的从事教育教学活动的基础，也是从事教学活动的结果，他们对倾听起到一个宽阔的、背景的意义与作用，直接或间接地影响着"倾听着"的课堂教学的实现。以教师的知识素养为例，实质上，一名好的倾听者要想做到恰到好处的回应，必须对所倾听到的话题中所涉及的知识有着广泛深刻的认识，否则，不管他掌握了多么高超的倾听技巧，不管他多么地乐于敞开心扉去倾听，他都不可能实现对倾听内容的深刻理解，更不可能在倾听过程做出恰当的回应。这实质是对教师的知识背景和专业知识等方面提出了更为严格的要求。再比如教师的师德修养也影响着"倾听着"的课堂教学的达成。教师是否关爱学生，是否将教学视为事业而

---

① 扈中平：《现代教育学》，高等教育出版社 2005 年第 2 版，第 212 页。

非单纯的职业，是否意识到自己的行为对学生的重大影响，这些都影响了他与学生的交往态度与交往行为，进而影响到师生双方的相互倾听氛围与效果。再比如说教师的教学观与学生观也影响着他是否能够真正地在班级中时时、处处倾听他人：在一个将教学视为知识的获得、将学生视为一个围绕在教师周围等待接受教师从自己的"桶"中舀水倒入到学生"杯"中的教师看来，倾听学生、创设"倾听着"的课堂教学是不必要、浪费时间精力的事情。对于学生来讲也是如此。他们对所学知识掌握程度限制了真正倾听的实现。在访谈中一些学生谈到为什么上课不倾听老师和他人的发言，他们给出的原因是"根本听不懂"："我的基础比较差，在班级中属于倒数的那几个人，我上课时不是不愿意认真听，也不是愿意做小动作、看课外书，而是根本我就听不懂，更别说加入到别人的讨论中了。老师讲的内容太难了，对于我就是听天书一般。拿物理来讲，刚开始学的时候比较简单，我还能保持认真倾听的习惯，可是越学越难，越学越不会，我也就听不进去了。不信老师你去试试，如果让你去听你根本听不懂的外语课，你也得发呆溜号自己找别的事情去做。否则你就得疯。"① 从这段访谈中，我们可以看出，知识储备作为一个基本的东西弥漫在倾听者的周围，制约着倾听的深入以及倾听向何种方向去发展。所以，倾听看起来是极其容易的事情，似乎只要什么都不说就可以做到，但实际上，教师和学生要想成长为一名优秀的倾听者，课堂教学要想真正处于"倾听着"的理念和行为中，对师生的知识、人品、各种教学观念等方面是个很大的挑战，需要不断提升。

（2）亟待提高的倾听素养的限制

这里的倾听素养是指除了上文已述的、与倾听直接相关的素养，一般来讲，它包括倾听观念、倾听意识、倾听智慧、倾听技巧等部分。其中倾听观念是指对倾听的价值、作用、意义的认识，它是倾听素养中最基本的部分；倾听意识是指对他人以及他人的观点、意见等一种开放的精神，它是倾听素养中处于底层的内隐的部分；倾听技巧是外显的、技术性的部分，是倾听素养中最为可以通过训练而获得

---

① 摘自笔者在实验学校的访谈笔记。

的；倾听智慧是倾听素养中最核心和关键的部分，它与人的许多其他的因素有关，是最难培养的部分。目前在走向倾听的课堂教学中，倾听主体倾听素养的不足主要表现在对倾听观念的认识不到位、倾听意识的缺失以及倾听智慧不足等方面。

从对倾听观念的认识来说，大部分人并没有将倾听与言说、与提问处于同等地位，他们看重发出自己的声音，看重就心中的困惑向他人征询意见，而恰恰忽视这些行为的背后需要有倾听做支撑。在调查和访谈中，许多学生表示家长和教师都反复强调要多举手、多发言，要认真倾听教师，但是几乎没有家长和教师要求或引导他们要认真多倾听同伴以及如何去倾听同伴。也有的教师直白地言说："不用听他们去说，太浪费时间了。我会认真地把该讲的内容反复对他们说的。"① 还有的教师将倾听误以为是耳朵的"竖起"，是倾听动作的显示。这些都导致了课堂教学中倾听缺失或虚假倾听的产生。究其原因，这是因为教师和学生并没有意识到倾听的品性之优与理性之优，没有意识到倾听对自己、对他人、对学生的重要价值和作用。这是对倾听认识的不到位造成的。

倾听意识的缺失也是当前课堂教学中的主要表现之一。教师和学生内心深处固有的那种偏好、观点、成见等都会阻碍到我们的倾听。当一些教师把"自己的生存看成是最完善无缺的生存、把自己的思想看成是终极真理的个人和群体，必定会拒绝对话、拒绝对自己的生存和思想做出任何细微的改变"。② 他们往往沉迷于自己的权威地位，不愿意将言说的时间让渡给学生，也不屑于倾听。即便是有，大多数时候都是一种"给他们看看我的态度"的装样子式的倾听。所以，随着年龄的增长，原来"配合"老师进行教学表演的学生越来越少，这也是课堂教学中举起的小手从"一片森林"到"鸦雀无声"的原因之一。

教学倾听是一种实践智慧，师生的倾听智慧是在与彼此的言说和在倾听实践过程中形成的。当前教师倾听智慧缺失使其在以下三个方面陷入困境。一是如何在倾听中寻找课堂教学新的生长点的困境。教

---

① 摘自笔者在实验学校的访谈笔记。
② 张开焱：《开放人格——巴赫金》，长江文艺出版社2000年版，第120页。

学是生成性的，教学以及生命的美就在于它的生成中的不确定性。教师的教学预设无论多么完美，都会与实际教学情况有一定的差异。这个时候，根据倾听到的内容及时、准确地改变预设，根据实际的教学情况在倾听中寻找新的生长点就显得极为重要。有学者曾经断言："没有哪一种回答完全没有意义，但关键需要对各种可能的意义加以一连串的澄清，识别出这种意义背后的背景"。① 由此可见，在课堂教学中，学生的任何回答都有其存在的原因和理由，也都有成为新的生长点的潜质，但是关键是教师凭借自己的倾听智慧对这种可能的潜质加以辨识，此时，教师倾听智慧中的敏感、宽容等的价值就凸显出来了。二是对倾听到的内容进行判断并据此行动的困难。当教师凭借自己的倾听智慧以及经验甚至是直觉对倾听到的内容做重要判断时，他要及时决定何时中断倾听以及如何中断倾听，或者如何将倾听导向更充分地展示或表露学生想法和观点的方向。而且对于教师来说，这种判断以及判断之后对倾听行为的处理必须是很快做出决定和行为的，这对于任何教师来说都是件非常困难的事情。对于师生来说，根据倾听智慧能够"倾听到"并在此基础上进一步去了解和摸索"为什么会倾听到这样的声音"以及如何解释这些声音，这些可以加深对他人的能力、兴趣以及不同的表达方式等方面的了解，从而据此改变自己对知识、对他人的认识以及教学决策和教学行为。三是缺少良好倾听的示范作用。教师的倾听具有引导作用，这种引导表现在两个方面。首先是通过自己的倾听行为以及倾听时的态度以明示或暗示的方式告诉学生自己关心的重点是什么，什么是值得花费时间和精力去做的事情，因而被学生感知到并由此引导了学生的努力方向。其次是通过自己的倾听以实际行动教会学生如何倾听。马克斯·范梅南说："我们从一位伟大的老师那儿所获得的与其说是一个具体的知识体系或一组技巧，还不如说是这位体现和代表知识的教师的行为方式——他或她的生活热情、严于律己、献身精神、人格力量、强烈的责任，等等。"② 同样地，教师的倾听对于学生的倾听具有一定的

---

① ［德］伽达默尔：《哲学生涯》，陈春文译，商务印书馆 2003 年版，第 163 页。
② ［加］马克斯·范梅南：《教学机智——教育智慧的意蕴》，李树英译，教育科学出版社 2001 年版，第 165 页。

"示范作用"。当前教师倾听智慧的缺失在一定程度上对学生失去了良好的示范作用，成为走向"倾听着"的课堂教学的障碍之一。

2. 来自教学制度方面的障碍

教学作为一种特殊的社会实践活动，具有极强的目的性、计划性与组织性，为了达成预期的教学目的，需要有相应的组织规则和实施体系作为保障条件，这就涉及教学制度。教学制度是对教学活动的一种制度化安排，是一套规范教学活动的普遍性、稳定性的规则体系。[①]在走向"倾听着"的课堂教学过程中，来自教学制度方面的障碍主要有建立在班级授课制基础上的传统教学制度以及其在实践过程中以非正式的教学规则形式表现出来的教学习惯。[②]

传统教学制度的核心是班级授课制，1632年捷克大教育家夸美纽斯在《大教学论》中开宗明义，要寻找"把一切知识传给一切人的艺术"，这句话表明了班级授课制最大的特点：追求效率和数量，强调标准化。班级授课制的许多理念和做法都与当今时代发展以及"倾听着"的课堂教学相悖。班级授课制关注学科逻辑、知识体系和自我表达，需要在规定的时间内完成每"课"的教学任务而不得不追求效率，忽视个别学生的需求。教师的教学被桎梏于"三尺讲台"之内，没有办法也没有精力去倾听所有学生的需求，只能根据虚拟的"中等基础"或"大部分"同学掌握的情况开展教学。教师的教学失去了创造性和新鲜感。与此同时，对学生的发展情况的评价也限定在可以被标准化和量化的领域中，那些不能或很难被量化的情感、态度、价值观等部分则被直接忽略掉。学校办学多数服从于升学这个功利目的，基础教育阶段充满了各种形式的急功近利，对学生的全面发展视而不见。

班级授课制在许多方面阻碍了"倾听着"的课堂教学的达成。"倾听着"的课堂教学注重每个学生声音的发出以及观点的表达，这样往往会造成所谓的教学时间的"浪费"，与班级授课制的效率性相

---

① 吉标：《教学制度的结构考察》，《教育理论与实践》2012年第32期。

② 教学制度由不同层次的教学规则构成，正式的教学制度有教学常规和课堂纪律，非正式的教学规则有教师的教学惯习和课堂仪式。详见吉标《教学制度的结构考察》，《教育理论与实践》2012年第32期。

悖;"倾听着"的课堂教学关注学生的知识的学习、情感的发展以及个性品格的养成,这与班级授课制完全以分数为评价标准的理念相左;班级授课制的"秧田式"的桌椅排列使得师生之间、生生之间的相互倾听极为困难,眼神的交流,面目表情的传递以及面对面的对话都成奢侈;班级授课制的班级规模更是不利于"倾听着"的课堂教学的实现。据调查,在世界 41 个国家的初中教学教育中,在 30 名以下班级规模学习的学生达 73%,[①] 在我国,虽然在北京、上海等个别大城市提倡小班制教学,但是整体来看,班级规模过大是不争的事实,而且短期内很难改变。这种班级规模使得师生之间很难展开深刻而广泛的对话,也无须、更不能让学生自由表达,只能被动地倾听老师发出的声音;明明倾听到了学生的呼声,明明知道学生的学习存在较大的差异,囿于完成"课"以及班级规模的限制,在实际的教学中无法顾及这些"呼声"和差异。在访谈中有老师反复提到:"我知道应该倾听学生,应该给予让他们表达的时间和机会。可是,这样一来,教学任务就无法完成了。再说,那么多的学生,怎么可能照顾到每一位呢?怎么可能根据这某位学生的情况进行教学呢?"这是许多一线老师共同的声音。

就教学习惯而言,它作为一种非正式的教学规则形式对教学倾听有着重要的影响作用。从客观来看,习惯是一个中性词,不含有任何褒贬的意味。当处于条件单一的地方,习惯作为一种行为的机械手段,会带来益处。但是,在那些需要超前的适应的情况下,习惯性的行为可能就会带来坏处。在班级教学中,师生大部分的日常教学生活都是在教学常规的规约下进行的,非常容易形成所谓的"习惯"。"习惯"使得教师因"得心应手"而排斥新的教学方法和模式,也缺乏对教学活动合理性与合法性的观照。教师的不良习惯有很多,比如由于对多元性的恐惧而对不确定的情境的回避,由于对传统教学评价观的认可继而在实施新课程改革的课堂中不愿意真诚地倾听学生。在这样的师生看来,不倾听他者,可以将我们继续置身于以往的世界

---

① 钟启泉:《对话教育——国际视野与本土行动》,华东师范大学出版社 2006 年版,第 127—128 页。

中，"即通过让我们不接纳他者而达到单一的世界，我们就会抱定这种幻想：我们可以把握我们自己和世界的真相——毕竟，不存在挑战我们的'他者'"。① 再比如教师倾听过程中的回应，现实当中多数回应是"属于一些新的、突然的、非习惯的状况"，那么教师"习惯性的行为就是对这种反响最为糟糕的回答，它只会妨碍思维。"② 诸如此类的不良的教学习惯是走向"倾听着"的课堂教学中来自教学制度方面的困难。

3. 来自课堂话语环境方面的障碍

倾听不仅仅涉及语言学层面，更与语言学背后的社会现象息息相关。因此，在课堂教学走向倾听的过程中，倾听主体的倾听素养、教学惯习、教学理念等虽极为重要，但认为仅仅依靠这些就期盼着能够走向"倾听着"的课堂教学这种良好的意愿是不足够，也是极其幼稚的。"课堂，乃是通过其特有的装置，潜入了社会的权力与权威，并且以特有的方式发挥作用的场所……是一种揭发与抨击权力与权威，并在这种揭发与抨击的过程之中持续地生成特有的权力与权威的、充满矛盾的场所"。③ 换句话说，走向"倾听着"的课堂教学所遵循的不应该单单是一些"语法规则""教学规则"，还有比较复杂的"文化规则"。其中，支配与反支配、控制与反控制、霸权与反霸权是这种"文化规则"的非常主要的内涵，这些都关涉到倾听主体之间的行为并形成不同的课堂话语环境，它们主导着课堂教学中各种相同的或者充满歧义的声音的走向：或走向寂灭，或走向丰盈，也主导着倾听在课堂教学中的存在状态。其中，霸权性的课堂话语环境是阻碍"倾听着"的课堂教学形成的主要"文化规则"之一。

在"霸权"一词的提出者西方马克思主义者葛兰姆西（Antonia Gramsci）看来，霸权既是指统治阶级通过理智和道德领导而对同盟阶级施加统治的过程，也是指为了再生产统治阶级与附属集团的社会

---

① ［美］帕克·帕尔默：《教学勇气——漫步教师心灵》，吴国珍等译，华东师范大学出版社 2005 年版，第 39 页。
② ［苏］维果茨基：《教育心理学》，龚浩然译，浙江教育出版社 2003 年版，第 358 页。
③ ［日］佐藤学：《课程与教师》，钟启泉译，教育科学出版社 2003 年版，第 104 页。

关系而对暴力与意识形态的双重主宰,① 从中我们可以看出,不平等的权力结构是霸权存在的重要原因。课堂中也存在着不平等的权力结构,它影响着师生之间的言说和倾听,使师生"不敢言、不能言、不愿言""不愿听、听不到、听不进去"。这种霸权性课堂话语环境形成了师生之间不平等的话语权。关于师生话语权研究较多,哈贝马斯的交往行为理论从话语的参与权、话语论证权、话语协调权、话语表达权四个方面分析了话语环境。霸权性的课堂话语环境则表现为上述四个方面的不平等。话语参与权的不平等主要体现在只有教师和部分"好学生"(一般是指学习成绩好)才能参与到课堂的交流与讨论中,其他的"杂音"被排除。当然,到底是谁的声音在教室中响起,到底能倾听到谁的声音,取决于倾听主体之间地位的比较。当生生之间交流时,往往是"好学生"获得"发出声音的权力",无法倾听到"差学生"的声音;当师生之间交流时,往往是教师获得"发出声音的权力",学生的声音被排除在外,无法被倾听到。课堂交流的发起权牢牢掌握在教师手中,他决定了是否倾听学生、倾听哪些学生、倾听学生的哪些方面,决定忽视、排除或认真对待哪些人的话语,使其发生一定的话语效力。可以说,师生话语参与权的不平等决定了教室中充斥着哪些声音、什么声音,决定了我们能够听到些什么。当笔者与初二学生就"是否应该积极发言"以及"是否应该倾听同伴"的话题进行谈论时,多数人的反应是一致的,"不用发言,也没有必要倾听同伴",因为:"不是我不愿意举手,不是我不愿意发言,举不举手就是个形式,老师想叫谁,想听谁说,他自己心里明白,举手也是白举。"有的学生还尖锐地指出学生的发言大多数都是配课的,配合老师的教学进程就像"托"一样,所以,"我只听老师讲的,其他同学说的我都不听"。② 实质上,这是教师对课堂话语参与权的长期控制使学生不愿倾听、不能倾听其他声音甚至"油滑"地学会了"如何倾听"。在话语论证权上,师生之间、不同成绩的学生之间对

---

① A. Gramsci, *Selections from Prison Notebooks*, New York: International Publishers, 1971, pp. 57 – 58. 转引自张华《经验课程论》,上海教育出版社 2001 年版,第 174 页。

② 来自笔者在实验学校与学生的访谈。

话语的有效性提出疑问、提供理由或表达反对等方面不以话语轮证的逻辑推理为基本依据，相反权力地位的高低成为评判话语有效性的唯一标准。所以，经常可以看到的是，教师剥夺学生进一步言说解释的机会，尤其是对"差生"有时更是达到了"苛刻"的地步。在访谈中，当笔者问到"发言被同学和老师误解的时候，你会怎么做"，低年级学生的反应是："生气，非常生气，想解释，但是没有机会。"高年级学生则回答道："不会进一步解释"，因为"没有必要，自己知道是怎么回事就行了"。① 在话语协调权上，倾听主体在调节对话进程方面也处于不平等的地位。教师可以随时结束自己的倾听，转而发问；学生即便是"疑惑满满"，也不敢贸然插话，即便是对于相对来讲比较民主的教师来说，也会要求学生举手，经老师允许后才能起立发言。在话语的表达权上，师生在表达自己的观点、见解等方面的权利是不平等的。课堂中充斥着"教师的声音""好学生的声音"或者"迎合的声音"，因为这样的群体相对来讲具有一定的表达权。在访谈中，有学生提出"老师说的话好多都是课上一套，课下一套，尤其是政治老师，所以，我上这类课特别反感，也特别容易溜号"。② 的确，倾听作为人的本真存在方式之一，在课堂这个场域中却经常倾听不到真实的声音，也造成了课堂教学的无趣与低效，与人的真实生活相脱离。对于很多学生而言，与教师相比，在话语权争夺的过程中"败北"，他们纷纷用自己的方式进行"反抗"。其中最为明显的就是布希亚提出的"大众被动式的抵制策略"，很多时候，学生表面上对教师的权威"毕恭毕敬，做出认真听课的样子，实际上两耳空空什么也没有听进去"。③ 这种情形，在布希亚看来就是"意义上的抗斥和抵制"，它如镜子一般把对方传递过来的意义不做任何吸收，直接折射回去。而且，"这一看似被动的不抵抗拒斥的不是能指即符号，而是所指即意义"。④ 这是学生在倾听过程中对霸权性课堂话语环境的一种"抵制"，这种"抵制"是一种"'弱者'在'强者'建立的秩

---

① 来自笔者在实验学校与学生的访谈。

② 同上。

③ 陆杨、王毅：《文化研究导论》，复旦大学出版社 2006 年版，第 85 页。

④ 同上书，第 86 页。

序中存活的巧妙诡计；是猎人的窍门；是令人喜悦的、充满诗意的战争探索，"① 也是应该引起我们重视的。

（二）走向"倾听着"的课堂教学：达成策略

1. 倾听主体素养的提高

前文已述，来自倾听主体的障碍很多，主要是受倾听主体亟待提高的素养限制。因此，要想实现"倾听着"的课堂教学，需要提升倾听主体的整体素养和倾听素养。在倾听主体整体素养中的师德方面，教师要通过各种途径和实践不断提高自己的道德修养、对教师岗位的热爱以及对学生的关爱。在倾听主体整体素养中的专业精神方面，要改变落后的传统的教育教学观。具体来说，包括把对学生学习方式的认识从呆坐静听式转变为在倾听中获得成长；把传统的授受式转为与学生合作探究；把对学生的认识从不平等的受教育者转变为平等的、有血有肉、有情感、有需求的正式的人；把对教师自身的认识从高高在上的权威转变为相互促进的"教师和学生"的双重角色；把对知识的认识从静止的、外在于学习者转变为与学生主动建构的过程等。在倾听主体整体素养中的业务素质方面，要通过多种渠道的学习，不断积蓄广博的普通科学文化知识、深厚的学科知识以及相关的教育科学方面的知识。这些整体素养，作为一个大的背景弥漫在倾听的课堂教学中，没有这些方面的提高，"倾听着"的课堂教学极易演变为徒具形式而无实质的游戏。

在倾听主体的倾听素养方面，倾听者要有正确的倾听观念、要萌生倾听意识、要完善倾听技巧、要促进倾听智慧的生成。正确的倾听观念包括对倾听在人际交往的重大意义和作用的认识，包括倾听对他人的人文意蕴和社会关怀，包括对倾听的各种水平的认识，包括对倾听的理性与品性等方面的深刻认识。倾听意识的萌生与正确的倾听观念相伴，通常二者并无先后之分，而是以述说方便划分先后。倾听意识的萌生意味着一种"开放"，"开放"实质上就是敞开自己。不敞开自己，则任何观点都难以进入到内心中。在禅宗文献中，有个与之

---

① 胡春光：《学校中的规训与抗拒》，华中师范大学出版社 2007 年版，第 98 页。

相关的小故事，讲的是一位饱读诗书的学者因为对南隐禅师的名望心生嫉妒与不服，所以特意拜会南隐，试图通过向南隐问禅、与其辩论禅学而建立自己的名望。南隐睿智地体察到这种心理。于是以茶相待时，茶杯满了仍旧继续倒茶。学者提醒禅师茶已溢出，不要再倒了。南隐禅师一语双关道："看！你心里的杯子正如此杯一样自满，我的禅法怎么能装得进呢？"南隐禅师给学者以棒喝的故事说的就是倾听时的开放。是的，没有一颗开放的心，我们真的是很难让那些与自己不一致的意见、观点真正进入到我们的头脑中去的。也就是说，倾听者在倾听之前，要让自己处于开放的状态，要激活自己的经验，不要盲目地相信，也不要武断地拒绝。盲目地相信，会使自己失去判断力；武断地拒绝，"'他者'的声音就进不来，'他者'就这样埋在'支配'里面，慢慢地被'边缘化'，变成一种边界"。[①] 开放的状态就是要相信言说者可能会正确，可能会说出让自己觉得新奇的东西，可能会说出有助于意义生成的观点。此时，倾听者"不仅仅是'向他人所说的东西开放'，以让自己对它进行再生产；相反，倾听者是向在自己和他人之间不断生成的意义开放。而且，这些意义也是开放的、流动的、随情境而不断变化的"。[②] 在倾听智慧方面，尤为值得一说。教师的倾听智慧从何而来，这是个重要的话题。一般来说，倾听意识需要在开放、希望、信任、尊重、责任中贯彻，倾听过程需要在敏感、宽容、回应、提问、串联等中进行，而倾听智慧只能在情境中生成。

　　情境意指不同的倾听情境，对所处情境的认识有助于倾听智慧的生成。以沉默情境为例，对其深刻的认识有助于身处其中的倾听主体生成倾听智慧。尽管沉默在不同文化中的定义不同，但不可否认的是，沉默是对话中经常出现的现象。对于沉默的理解，东方文化通常认为它是一个人"成熟、谦虚、懂礼貌"的表现，赋予更多的积极意义，而西方文化通常认为沉默表示一个人"害羞、自卑、

---

① 黄腾：《后现代与台湾九年一贯课程改革——专访台湾师范大学教育研究所陈伯璋教授》，《教育研究月刊》2002 年第 10 期。

② ［德］伽达默尔：《哲学生涯》，陈春文译，商务印书馆 2003 年版，第 163 页。

没有想法"。① 加拿大现象学家范梅南（Max van Manen）所言："在良好的谈话中，沉默与说话同样重要。机智知道沉默的力量，也知道何时保持沉默。"② 沉默是一种"空白"的"有力能量"，它"并不意味着什么都没有或零能量。在很多情况下，其实它指的是一种状态：将来是会被内容填满的。在这一假设的基础上，使用空白即能形成沟通的一种有力能量"。③ 换句话说，沉默作为一种空白，在倾听中意义重要。在倾听者倾听智慧的形成过程中需要对沉默情境进行关注，对沉默背后的原因进行探讨，利用或发挥好沉默的作用。一般来说，在对话中有注意的沉默、等待的沉默、服从的沉默、回味的沉默四种类型。④ 在倾听中，沉默往往有不同的用途，有时沉默显示了你在全心全意地听学生说话，有时沉默是一种积极的应答，有时它是一种耐心的等待，传递给学生的是一种期望和信任，它就在那儿，如范梅南所说："可能涉及一种默默的信任式接受（而不是去审视或探求孩子的情绪），或者是一种果断的转开（而不是真正的离开），或者是静静地让它过去（而绝不是忽略不管），或者是一种非打扰性的出现在你面前（而不是为了特意去展示你的出现是为了孩子）。"⑤ 对沉默情境以及其他情境的认识有助于倾听智慧的生成，倾听智慧在辨识情境并通过各种不同的情境逐渐生成。当然，倾听智慧的生成还与教师生命的觉醒密切相关。教师生命的觉醒就是摆脱了"大量的表面目标和利益"，将"盲目的机械行为"转变为有意识的自觉行为，从而使得倾听行为能够充分体现自身的生命体验与感悟，展现自己的思考和判断，在教学中去追寻生活的意义与价值，主导自己并引导带动学生生命的觉醒与倾听智慧的生成。

---

① 关世杰：《跨文化交流学习》，北京大学出版社 1995 年版，第 285 页。

② Van Manen, M., *The Tact of Teaching*, New York: The State University of New York Press, 1991, p. 177.

③ ［日］原研哉：《白》，纪江红译，广西师范大学出版社 2012 年版，第 59 页。

④ ［加］马克斯·范梅南：《教育机智——教学智慧的意蕴》，李树英译，教育科学出版社 2001 年版，第 242—243 页。

⑤ 同上书，第 233 页。

2. 教学制度的宽松

教学制度是教学活动的一般前提与外在环境，它在影响、决定、制约着教学活动的同时也直接构成了教学活动的一个重要内生标量。制度从根本上说是人性的保障，应该"把人的世界和人的关系还给人"。① 教学的根本目的是促进人的自由全面发展，因此，教学制度的本质内涵和伦理特征必然是"人本性"：师生应该被当作目的来看待，应该尊重师生的需要、尊严、差异、发展的价值诉求而不是被制度束缚、奴役。以班级授课制为核心的传统教学制度过于注重"效率""标准化"与"数量"，师生在由各式各样的规范编辑而成的"制度"牢笼中驯化着自己的角色，就范于"规则"本身，无法在相互倾听中实现彼此的成长。这种与"以人为目的"相悖的教学制度，应该及时进行创新。

教学制度的创新并非易事，历史上曾经出现过的道尔顿制、设计教学法等都是对班级授课制的一种变革，但由于其走向了另外一个极端而受到指责批评，"流产"于行进过程中，可见对其进行革新是件极其困难的事情。我国学者徐继存教授基于对基础教育课程改革中出现的若干问题，提出要进行教学制度的创新，并且将这种创新视为"一项紧迫而重要的任务"。② 徐继存教授认为，进行教学制度的创新首先要转变认识问题，把它当作一项硬任务来抓，当作一种自觉的行为；其次要应用马克思主义的唯物辩证法指导制度创新，要从实际情况以及教学规律出发，理解课程的基本精神，确定突破口。③

笔者认为，教学制度的创新是一件长期、艰巨的任务，不可能一蹴而就。如果坐等完善的教学制度出现后再进行各种课堂教学的变革，则在遥遥无期的等待中耽误了一批又一批的教师和学生。这种后果是非常严重的。鉴于现实出现的问题、创新教学制度的艰巨性以及"倾听着"的课堂教学存在的可能性，笔者认为，相对宽松的教学制

---

① 李德林、徐继存：《教学个性的遮蔽与澄明——基于教学制度视角的分析》，《教育科学研究》2010 年第 6 期。

② 徐继存：《教学制度创新与基础教育课程改革》，《教育研究》2004 年第 7 期。

③ 同上。

度可以在一定层面上孕育"倾听着"的课堂教学。以大班额为例，在当前大班额的现实情况下，可以通过对座位的编排方式在一定程度上形成促进倾听着的课堂所需的倾听氛围。笔者曾经从社会学的视角对中小学班级座位进行考察，[①] 认为通常指称班级教学中学生所身处教室中的位置的座位，不仅是学生身体安置和支持的物理装置更因其与学生的参与教学、生理健康、学习效率、课堂纪律等诸多方面有密切关系而成为教师、家长和学生的关注点。用"社会学之眼"观察，"物的意义的呈现过程实际上置于物与人的关系或者人与物的关系之中"，[②] 我们发现不同的"座位"表征着不同的身份，会形成不同的物理场、关系场和意义场并对处于其中的人产生不同影响，因此也成为影响倾听着的教学的因素之一。鉴于座位的作用，笔者认为，学校以及教师可以在一定的范围内改变班级座位的排列方式以便在一定程度上有利于倾听氛围的形成以及倾听实际的发生。比如说秧田型的座位排列最适合集体讲授，由于学生与学生前额对后脑，左肩临右肩，在倾听时无法实现眼神的交流，也很难准确感知对方的真实含义，这样的座位排列应该减少。而圆形、同心圆形、马蹄形、双马蹄形、模块形等座位排列方式可以在很大程度上增加师生之间、生生之间的言语和非言语交流，促进教师与学生之间倾听氛围与行为的发生。再比如，对教师的考核，不要过于拘泥于各种教学文件的完整、教学计划的按时完成、教学成绩的排名分类等；对学生的评价，不要仅仅看到知识上的成长，不要完全按照成绩将学生分为三六九等，这些宽松的教学制度以及管理都会对"倾听着"的课堂教学的出现在一定程度上有所助益。当然，此处"宽松的教学制度"并非一个内涵准确的表述，传统教学制度下也并非无法实现"倾听着"的课堂教学，教学制度作为一个外在的条件，还受制于人的主观能动性的发挥。只要教师和学生以"成人"为目的进行交往，那么"倾听着"的课堂教学极有可能在其中实现。

① 宋立华：《社会学视角下班级座位分析》，《中国教育学刊》2013 年第 8 期。
② 彭富春：《什么是物的意义——庄子、海德格尔与我们的对话》，《哲学研究》2002年第 3 期。

3. 理想的课堂话语环境的创设

"理想的话语环境"一词出自哈贝马斯，用来指称那种"脱离了经验、不受行为制约的交往形式，其结构将能够保证，只有话语的潜在有效性要求才可成为讨论的对象；能够保证参与者、话题和意见绝不受到限制，除了更有说服力的论证不存在任何强制，除了共同寻找真理，任何其他的动机都必须摒弃。"① 虽说这样的"理想的话语环境"从未实现过，却可以作为一个标尺，一面明镜，辨识出导致扭曲的因素并指向前进的方向。前文已述，"倾听着"的课堂教学不仅是语言学问题，还牵涉到社会学问题，在霸权性的课堂教学话语环境中，教师和学生之间的权力是不平等的，有时甚至"一种确立的垄断将不但让另一种声音很难被听到，而且也让这种情况——这种声音不应该被听到——成为看似合适的事情"，② 以至于造成"那种认为苏格拉底的对话在任何地点、任何时间都是可能的想法是一种不切实际的虚幻的想法"。③ 因此，消除那些导致交流扭曲的霸权因素，构建相对理想的话语环境尤为重要。

把"理想的话语环境"变为"现实的话语环境"的唯一途径就是"通过民主、合理和公正的话语规则和程序的制定，保证每一个话语主体都享有平等、自由的话语权力，彻底摒弃以权力的滥用和暴力手段压制话语民主的做法。"④ 为此，走向"倾听着"的课堂教学中共同体的建设是必须的，而且这是"靠语言（知识）与信息（伦理）的共同拥有所产生的社会亲和与知性想象力这一纽带所结成的自觉化的共同体"，⑤ 它是一种能够消解霸权性话语环境的共同体，在这样

---

① ［德］哈贝马斯：《后期资本主义的合法性问题》，法兰克福苏克坎普出版社 1973 年版，第 148 页。转引自章国锋《关于一个公正世界的"乌托邦"构想》，山东人民出版社 2001 年版，第 135—136 页。

② Oakeshott, M., "The Voice of Poetry in the Conversation of Mankind", *in Rationalism and Politics*. New York: Methuen, 1975, p. 198.

③ Habermas, J., *Knowledge and Human Interests*, Boston: Beacon Press, 1971, p. 176.

④ 章国锋：《关于一个公正世界的"乌托邦"构想》，山东人民出版社 2001 年版，第 153 页。

⑤ ［日］佐藤学：《课程与教师》，钟启泉译，教育科学出版社 2003 年版，第 143—144 页。

的共同体中，教师和学生既处于倾听中，也被他人所倾听，在彼此时时、处处的倾听中达成彼此的相知与交融。

一般来说，共同体有同质化共同体和异质化共同体两种类型，二者的区别在于对待意见的态度。前者追求团体意见的一致，将那些持有异见者或说服，或排除出去。课堂内排斥异己使之同质化，所学的知识内容及其文化课堂外是不开放的。后者并不奢求相同的目的，而是让背景各异、观念多样的人在相互理解中和谐地生活在一起。同质化共同体因为对不同观点的消除或将一种观点强加给对方而不适合实现"倾听着"的课堂教学，相反，异质化的共同体因为"不会忽视、极度请示乃至边缘化那些不同的观点与看法"，让每一个人作为一个完整意义的人，"带有各自不同的观念、习俗、文化、信仰、价值观和传统"融聚在一起而与"倾听着"的课堂教学的理念高度相同，成为真正能够实现"倾听着"的课堂教学的共同体。①

在异质化共同体中人与人实现了真正的倾听，意见之间实现了真正的交流，控制、压制或被噤声没有市场，所有人既尊重多元声音又遵守人性化规范、以"鼓励和支持通情达理的、爱好和平的、真诚的、参与自由的、平等的和相互尊重的文化"为特征的"道德文化"，②"通过针对'同一性'的格斗而实现的尊重'差异'"，宛如"交响乐般的共同体"，"音色、音节都不同的乐器发挥其差异，和谐地发出音响的表象，"③师生也在倾听中实现着彼此生命的成长。

当然，上述对实现"倾听着"的课堂教学的可能困难与策略的探讨是一种理想状态下的宏观的思考，这种思考在现实中的可操作性还要受到许多因素的影响。教学作为一种既不能"用一个关键词（概念）来概括，不能归结为一条规律，也不能划归为一个简单的思想"

---

① ［加］卡洛琳·希尔兹，马克·爱德华：《学会对话——校长和教师的行动指南》，文彬译，教育科学出版社2009年版，第123页。

② Bridges, D., *Education, Democracy and Discussion*, New York：University Press of America,1988, pp.21-24.

③ ［日］佐藤学：《学习的快乐——走向对话》，钟启泉译，教育科学出版社2004年版，第384页。

的活动,① 它与倾听的结合必然呈现出众多因素相互作用的状态。面对这样一个"有序与无序、确定与不确定、简单与复杂相互交融、各种影响因素持续不断解体与重组、和谐与噪声反复交织的复杂过程"②，实现"倾听着"的课堂教学我们永远在行进中。

---

① 熊和平:《复杂性思维与我国教学理论的创新》,《课程·教材·教法》2005 年第 2 期。
② 司晓宏、吴东方:《复杂性理论与教育的复杂性研究》,《教育研究》2007 年第 11 期。

附录 A

教师访谈提纲

1. 你认为课堂教学中倾听学生有必要吗？为什么？

2. 你觉得教学中的倾听对哪些方面会有影响？请结合实例来谈一谈。

3. 在课堂上你是否留意观察学生的反应并根据反应采取一定的教学策略？请结合印象深刻的教学经历来谈一谈。

4. 你上课时是否会认真听取学生的发言？你是否观察过小组合作学习中组内成员的倾听情况？请描述一下当时学生的发言与倾听情况。

5. 你在倾听学生时是否有意注意到自己的动作、表情、话语等？你认为什么样的倾听动作、态度会有助于学生敞开心扉地言说？

6. 当你倾听到的发言明显不同于标准答案或预设，你通常是如何处理的？请结合具体的例子谈一谈。

7. 你是如何看待学生回答问题的卡壳、沉默、含糊不清等情况的？你通常是怎么对待这种情况的？

8. 你认为学生之间有必要倾听吗？

9. 你的学生会倾听吗？如果不会，原因是什么？

10. 你认为哪些因素影响了你对学生的倾听？

11. 你是否会对倾听到的内容结合学生的实际进行评价？

12. 教学中你的注意力主要集中在哪些方面？

13. 你认为教师应该成为倾听者吗？为什么？

14. 你觉得倾听学生在知识、态度、动作、表情等方面有哪些要求？

15. 你认为如何构建"倾听着"的课堂教学？可能会面临哪些困难？

附录 B

学生访谈提纲

1. 老师或家长是否对你强调过要认真倾听老师？你觉得倾听老师重要吗？

2. 老师或家长是否对你强调过要认真倾听同学？你觉得倾听同学重要吗？

3. 当别的学生回答问题时，你会认真倾听他们的发言吗？为什么？

4. 你觉得当你发言的时候你的老师和同学在认真倾听吗？他们都倾听了哪些方面？你认为他们能够听懂你要表达的意思吗？

5. 当你的发言和老师的答案不一样的时候或者被同学和老师误解的时候，老师是如何处理的，你又是如何反应的，你对这种情况有什么看法，请结合例子谈一谈。

6. 当别人认真倾听你的发言并真正听懂了，你的感觉如何？请举例说明。

7. 你上课或小组学习发言时是否有被打断的经历？你如何看待这种情况？

8. 你们班学生之间的相互倾听状况如何？

9. 你觉得别人倾听你发言的时候应该注意些什么？你在倾听别人的时候通常会注意些什么？

10. 你认为有哪些因素影响你倾听老师、倾听同学？

参考文献

著作部分

[1] ［苏］阿莫纳什维利：《孩子们，祝你们一路平安！》，朱佩荣译，教育科学出版社 2005 年版。

[2] ［加］埃德加·莫兰：《复杂性理论与教育问题》，陈一壮译，北京大学出版社 2004 年版。

[3] ［美］埃里希·弗罗姆：《爱的艺术》，赵正国译，国际文化出版公司 2008 年版。

[4] ［美］安德鲁·D. 沃尔文，［美］卡罗琳·格温·科克利，［中］吴红雨：《倾听的艺术》，复旦大学出版社 2010 年第 5 版。

[5] ［美］爱莉诺·达克沃斯：《多多益善——倾听学习者解释》，张华等译，高等教育出版社 2004 年版。

[6] ［美］爱莉诺·达克沃斯：《精彩观念的诞生——达克沃斯教学论文集》，张华等译，高等教育出版社 2005 年版。

[7] ［俄］巴赫金：《文本、对话与人文》，白春仁等译，河北教育出版社 1998 年版。

[8] ［巴西］保罗·弗莱雷：《被压迫者教育学》，顾建新译，华东师范大学出版社 2001 年版。

[9] ［巴西］保罗·弗莱雷：《十封信——写给胆敢教书的人》，熊婴、刘思云译，江苏人民出版社 2006 年版。

[10] ［英］伯姆·尼科：《论对话》，王松涛译，教育科学出版社 2004 年版。

[11] ［美］布鲁克菲尔德、普瑞斯基尔：《讨论式教学法——实现民

主课堂的方法与技巧》，罗静等译，中国轻工业出版社 2002
年版。

[12] 程亮、刘耀明、杨海燕：《对话教学》，福建教育出版社 2007
年版。

[13] 成中英：《本体诠释学》（第二辑），北京大学出版社 2002
年版。

[14] ［美］戴尔·卡耐基：《赢在影响力——人际交往的学问》，韩
卉译，机械工业出版社 2003 年版。

[15] ［美］道格拉斯·斯通、布鲁斯·佩顿、希拉·汉：《哈佛沟通
书》，张立芬译，中国友谊出版公司 2005 年版。

[16] ［加］大卫·杰弗里·史密斯：《全球化与后现代教育学》，郭
洋生译，教育科学出版社 2000 年版。

[17] ［美］大卫·米希尔·列文：《倾听着的自我——个人成长、社
会变迁与形而上学的终结》，程志民等译，陕西人民教育出版
社 1997 年版。

[18] 邓友超：《教育解释学》，教育科学出版社 2009 年版。

[19] ［美］杜威：《杜威教育论著选》，赵祥麟、王承绪译，华东师
范大学出版社 1981 年版。

[20] ［美］杜威：《民主主义与教育》，王承绪译，华东师范大学出
版社 1981 年版。

[21] ［美］杜威：《学校与社会——明日之学校》，赵祥麟、任钟印、
吴志宏译，人民教育出版社 2004 年版。

[22] 杜维明：《一阳来复》，上海文艺出版社 1997 年版。

[23] ［加］马克斯·范梅南：《教学机智——教育智慧的意蕴》，李
树英译，教育科学出版社 2001 年版。

[24] 方展画：《罗杰斯"学生为中心"教学理论述评》，教育科学出
版社 1990 年版。

[25] ［美］弗洛姆：《占有还是生存》，关山译，生活·读书·新知
三联书店 1988 年版。

[26] ［德］伽达默尔：《真理与方法——哲学诠释学的基本特征》，
洪汉鼎译，上海译文出版社 1999 年版。

[27] 郭华：《课堂沟通论》，北京师范大学出版社 2001 年版。

[28] 洪汉鼎：《理解的真理：解读伽达默尔〈真理与方法〉》，山东人民出版社 2001 年版。

[29] 扈中平：《现代教育学》，高等教育出版社 2005 年版。

[30] 江光荣：《心理咨询的理论与实务》，高等教育出版社 2005 年版。

[31] 金生鈜：《理解与教育——走向哲学解释学的教育哲学导论》，教育科学出版社 1997 年版。

[32] 金生鈜：《规训与教化》，教育科学出版社 2004 年版。

[33] ［英］卡尔·波普尔：《通过知识获得解放》，范景中译，中国美术学院出版社 1996 年版。

[34] 雷玲：《名师教学机智例谈》，华东师范大学出版社 2007 年版。

[35] 联合国教科文组织国际教育发展委员会：《学会生存——教育世界的今天和明天》，教育科学出版社 1996 年版。

[36] 刘徽：《教学机智论》，华东师范大学出版社 2008 年版。

[37] 李丽：《生存学习论》，华东师范大学出版社 2008 年版。

[38] 李景林：《教化的哲学——儒家思想的一种新诠释》，黑龙江人民出版社 2006 年版。

[39] 李如密：《教学艺术论》，山东教育出版社 1998 年版。

[40] 李如密：《教学美的价值及其创造》，广东高等教育出版社 2007 年版。

[41] 李志刚、冯达文：《思想文化的传承与创新》，巴蜀书社 2002 年版。

[42] 刘万海：《德性教学论》，华东师范大学出版社 2008 年版。

[43] 路文彬：《视觉时代的听觉细语——20 世纪中国文学伦理问题研究》，安徽教育出版社 2007 年版。

[44] ［美］罗伯特·梅斯勒：《过程—关系哲学——浅释怀特海》，周邦宪译，贵州人民出版社 2009 年版。

[45] 罗嘉昌：《场与有——中外哲学的比较与融通（五）》，中国社会科学出版社 1998 年版。

[46] 罗贻荣：《走向对话——文学·自我·传播》，中国社会科学出

版社 2006 年版。

［47］［美］马蒂·布朗斯坦：《有效沟通》，北京燕清联合传媒管理咨询中心译，机械工业出版社 2005 年版。

［48］［德］马丁·布伯：《我与你》，陈维纲译，生活·读书·新知三联书店 1986 年版。

［49］［美］马斯洛：《人的潜能和价值》，林方等编译，华夏出版社 1987 年版。

［50］［美］麦金太尔：《德性之后》，龚群译，中国社会科学出版社 1997 年版。

［51］［美］麦金太尔：《伦理学简史》，龚群译，商务印书馆 2003 年版。

［52］［美］迈克尔·P. 尼科尔斯：《倾听——决定人际关系的奥秘和技巧》，李绍明译，岳麓出版社 2005 年版。

［53］［法］蒙田：《论儿童的教育》，《西方古代教育论著选读》，人民教育出版社 2001 年版。

［54］［美］穆尔：《中学教学方法》，陈晓霞、李剑鲁译，中国轻工业出版社 2005 年版。

［55］［美］纳卡穆拉：《健康课堂管理——激发、交流和纪律》，王建平等译，中国轻工业出版社 2002 年版。

［56］［美］帕克·帕尔默：《教学勇气——漫步教师心灵》，吴国珍等译，华东师范大学出版社 2005 年版。

［57］钱焕琦：《教育伦理学》，南京师范大学出版社 2009 年版。

［58］［美］桑德拉·黑贝尔斯、查德·威沃尔二世：《有效沟通》（第七版），李业昆译，华夏出版社 2005 年版。

［59］［古希腊］色诺芬：《回忆苏格拉底》，吴永泉译，商务印书馆 1986 年版。

［60］石中英：《知识转型与教育改革》，教育科学出版社 2001 年版。

［61］石中英：《教育哲学导论》，北京师范大学出版社 2004 年版。

［62］唐思群、屠荣生：《师生沟通的艺术》，教育科学出版社 2007 年版。

［63］［德］滕尼斯：《共同体与社会》，林荣远译，商务印书馆 1999

年版。

[64] 滕守尧：《文化的边缘》，作家出版社 1997 年版。

[65] 滕守尧：《对话理论》，扬智文化事业股份有限公司 1997 年版。

[66] 屠美如：《向瑞吉欧学习什么：〈儿童的一百种语言〉解读》，教育科学出版社 2002 年版。

[67] ［苏］瓦·阿·苏霍姆林斯基：《给教师的建议》，杜殿坤编译，教育科学出版社 1980 年版。

[68] 王鉴：《教学论热点问题研究》，广西师范大学出版社 2008 年版。

[69] 王向华：《对话教育论纲》，教育科学出版社 2009 年版。

[70] 王尚文：《语文教学对话论》，浙江教育出版社 2004 年版。

[71] ［美］肖恩·加拉格尔：《解释学与教育》，张光陆译，华东师范大学出版社 2009 年版。

[72] ［美］小威廉姆·E. 多尔：《后现代课程观》，王红宇译，教育科学出版社 2000 年版。

[73] ［古希腊］亚里士多德：《尼各马可伦理学》，廖申白译，商务印书馆 2012 年版。

[74] 杨启亮：《困惑与抉择——20 世纪的新教学论》，山东教育出版社 1995 年版。

[75] 叶澜：《“新基础教育”论——关于当代中国学校变革的探究与认识》，教育科学出版社 2006 年版。

[76] 叶秀山：《美的哲学》，东方出版社 1991 年版。

[77] ［德］尤尔根·哈贝马斯：《交往行为理论》，曹卫东译，上海人民出版社 2004 年版。

[78] 邹诗鹏：《生存论研究》，上海人民出版社 2005 年版。

[79] 张华：《研究性教学论》，华东师范大学出版社 2010 年版。

[80] 钟启泉：《对话教育——国际视野与本土行动》，华东师范大学出版社 2006 年版。

[81] 钟启泉：《课程与教师》，教育科学出版社 2003 年版。

[82] 宗白华：《宗白华全集》，安徽教育出版社 1994 年版。

[83] ［日］佐藤学：《静悄悄的革命——创造活动、合作、反思的综

合学习课程》，李季湄译，长春出版社 2003 年版。

［84］［日］佐藤学：《学习的快乐——走向对话》，钟启泉译，教育
科学出版社 2004 年版。

［85］［日］佐藤学：《学校的挑战——创建学习共同体》，钟启泉译，
华东师范大学出版社 2010 年版。

论文部分

［1］毕天云：《布迪厄的"场域—惯习"论》，《学术探索》2004 年
第 1 期。

［2］陈彩萍、李如密：《课堂教学倾听的常见误区及归因分析》，《江
苏教育研究》2012 年第 1 期。

［3］曹莉：《20 世纪以来教师倾听研究的回顾与反思》，《教育理论
与实践》2010 年第 3 期。

［4］成尚荣：《倾听——教育的另一种言说》，《人民教育》2004 年
第 24 期。

［5］邓友超：《与师生言说有关的三个问题》，《教师教育研究》2005
年第 1 期。

［6］冯新芝：《倾听——教师教学的一门艺术》，《现代教育科学》
2003 年第 5 期。

［7］高清海：《找回我们失去的"哲学自我"》，《社会科学战线》
2001 年第 1 期。

［8］高燕：《论海德格尔对视觉中心主义的消解》，《上海大学学报》
2010 年第 4 期。

［9］郭华：《教学即"讲理"——兼论变异教学理论在教学中的运
用》，《教育学报》2012 年第 5 期。

［10］海莺：《"理想的说话者"与"理想的倾听者"——教师职责之
检讨》，《天津市教科院学报》2002 年第 10 期。

［11］霍海洪：《合作学习中学生倾听现象研究》，《山东师范大学外
国语学院学报》2003 年第 1 期。

［12］［德］伽达默尔：《论倾听》，《安徽师范大学学报》2001 年第
1 期。

［13］姜勇、和震：《"注视"与"倾听"——对当代两种教育研究范式的思考》，《大学教育评论》2004 年第 7 期。

［14］李瑾瑜：《布贝尔的师生关系观及其启示》，《西北师范大学学报》（社会科学版）1997 年第 1 期。

［15］李如密：《聚焦学生学习的教学变革》，《江苏教育研究》2011 年第 2 期。

［16］李如密、宋立华：《课堂教学倾听艺术探微》，《课程·教材·教法》2009 年第 11 期。

［17］李政涛：《倾听着的教育——论教师对学生的倾听》，《教育科学》2001 年第 11 期。

［18］李镇西：《共享——课堂师生关系新境界》，《课程·教材·教法》2002 年第 11 期。

［19］刘铁芳：《生命的叙述与倾听——试论道德教化的对话性》，《华东师范大学学报》（教育科学版）2004 年第 3 期。

［20］刘永吉：《倾听——新型教师的基本功》，《人民教育》2003 年第 22 期。

［21］刘万海：《以善至善——教学道德性论题的儒学启示》，《全球教育展望》2011 年第 3 期。

［22］孟献华、李广洲：《教学世界对生活世界的观照——兼论"教学回归生活世界"》，《教育理论与实践》2011 年第 5 期。

［23］彭富春：《什么是物的意义——庄子、海德格尔与我们的对话》，《哲学研究》2002 年第 3 期。

［24］司晓宏、吴东方：《复杂性理论与教育的复杂性研究》，《教育研究》2007 年第 11 期。

［25］宋立华、李如密：《教师的言说和倾听——超越博弈，走向共生》，《全球教育展望》2012 年第 12 期。

［26］宋立华：《社会学视角下班级座位分析》，《中国教育学刊》2013 年第 8 期。

［27］唐热风：《亚里士多德伦理学中的德性与实践智慧》，《哲学研究》2005 年第 5 期。

［28］田良臣、刘电芝：《试论教师倾听的类型与技巧》，《现代中小

学教育》2000 年第 5 期。

[29] 汤卫红：《数学倾听能力发展策略研究》，《江苏教育》2010 年
第 4 期。

[30] 王爱玲：《课程改革的重要问题——关注人的整体性发展》，
《教育研究》2009 年第 7 期。

[31] 王本陆：《论教育的伦理特性》，《教育研究》2003 年第 1 期。

[32] 王歌：《倾听一种可能的哲思》，《哲学动态》2011 年第 3 期。

[33] 王俊：《试论教学的复杂性及实践策略》，《课程·教材·教法》
2011 年第 11 期。

[34] 魏汉明：《倾听——一种容易被忽视的教学能力》，《课程教材
教学研究》（中教研究），2005 年第 6 期。

[35] 王海英：《"凝视"与"倾听"——感官社会学视野下的师生
观》，《教育理论与实践》2005 年第 11 期。

[36] 王庆明、涂红霞：《倾听——教师教学必备素质》，《中国教育
学刊》2008 年第 12 期。

[37] 文霞荣：《主动式倾听在对话教学中的价值》，《教育发展研究》
2006 年第 1 期。

[38] 王瑾：《从注视到倾听——关于西方哲学演变的一个思考》，
《学术月刊》1998 年第 3 期。

[39] 吴寒斌、高虹：《高校德育工作中的主动倾听》，《教育评论》
2012 年第 3 期。

[40] 吴康宁：《学生仅仅是受教育吗——兼谈师生关系的转换》，
《教育研究》2003 年第 4 期。

[41] 肖川：《教学与交往》，《教育研究》1999 年第 5 期。

[42] 肖川：《论学习方式的变革》，《教育理论与实践》2002 年第
3 期。

[43] 熊和平：《复杂性思维与我国教学理论的创新》，《课程·教
材·教法》2005 年第 2 期。

[44] 徐继存：《教学论学科的二重性及其规约》，《课程·教材·教
法》2010 年第 9 期。

[45] 徐继存：《教学制度创新与基础教育课程改革》，《教育研究》

2004 年第 7 期。

[46] 徐正华：《倾听是美德也是需要》，《教学与管理》2011 年第
14 期。

[47] 颜敏：《"倾听教育"视野下的教学活动探微》，《中国教育学
刊》2011 年第 2 期。

[48] 杨启亮：《教学对话之"道"的特殊性》，《教育研究》2013 年
第 7 期。

[49] 杨钦芬：《教学即倾听——意蕴与可能》，《教育理论与实践》
2008 年第 12 期。

[50] 张光陆：《解释学视域下的对话教学——特征与价值》，《教育
发展研究》2011 年第 12 期。

[51] 张光陆：《对话教学中的教师倾听》，《全球教育展望》2011 年
第 10 期。

[52] 张光陆：《教师倾听的意义与策略》，《江苏教育研究》2009 年
第 7 期。

[53] 张华：《教育重建论》，《全球教育展望》2008 年第 1 期。

[54] 张华：《走向倾听教育学》，《全球教育展望》2010 年第 10 期。

[55] 张建卫：《构建倾听文化》，《中国青年研究》1999 年第 1 期。

[56] 张金福：《倾听——师生沟通的有效方式》，《当代教育科学》
2007 年第 16 期。

[57] 张晶燕：《心理治疗中的言说与倾听》，《四川大学学报》（哲
学社会科学版）2000 年第 4 期。

[58] 张卫其：《让倾听成为一种习惯》，《上海教育科研》2009 年第
8 期。

[59] 周杰：《课堂教学中教师倾听意识的回归》，《全球教育展望》
2011 年第 3 期。

[60] 周杰：《走向倾听教学》，《教育理论与实践》2011 年第 14 期。

[61] 周晓燕：《学习方式变革——伦理意义及其问题反思》，《浙江
师范大学学报》（社会科学版）2006 年第 6 期。

[62] 仲建维：《孔子和苏格拉底的知识形象及其教学图景》，《全球
教育展望》2010 年第 6 期。

［63］邹诗鹏：《倾听——哲学生存论的意义阐释与反省》，《江海学刊》1997 年第 3 期。

学位论文部分

［1］范铭：《中小学课堂教学中"非期待答案"研究》，博士学位论文，陕西师范大学，2012 年。

［2］罗秋明：《"言说"与"倾听"的教育价值研究》，硕士学位论文，湖南师范大学，2003 年。

［3］周杰：《倾听教学研究》，博士学位论文，华东师范大学，2012 年。

［4］张光陆：《对话教学之研究——解释学的视域》，博士学位论文，华东师范大学，2010 年。

外文资料部分

［1］Andrea English, "Interrupted Experiences：Reflection, Listening and Negativity in the Practice of Teaching", *Learning Inquiry*, Vol. 1, No. 2, 2007.

［2］Bridges. Education, *Democracy and Discussion*, New York：University Press of America, 1988.

［3］Burbules, N. C., *Dialogue in Teaching*：*Theory and Practice*, New York：Teachers College Press, 1993.

［4］Carlina Rinaldi, "The Pedagogy of Listening：The Listening Perspective From Reggio Emilia", *Innovations in Early Education*：*The International Reggio Exchange*, Vol. 8, No. 4, 2001.

［5］Clark, A and Moss P, *Listening to Young Children*：*The Mosaic Approach*, London：National Children's Bureau for the Joseph Rowntree Foundation, 2001.

［6］Gadamer, *Truth and Method*, Beijing：China Social Sciences Publishing House, 1999.

［7］Gemma Corradi Fiumara, *The Other Side of Language*：*A Philosophy of Listening*, London：Routledge, 1990.

［8］ Greene, M. , *Teacher as Stranger: Educational Philosophy for the Modern Age*, Belmont: Wadsworth Publishing Company, 1973.

［9］ Habermas, J. , *Knowledge and Human Interests*, Boston: Beacon Press, 1971.

［10］ Hodge. B. , *Communication and the Teacher*, Melboume: Longman Cheshire, 1981.

［11］ John Stewart, "Interpretive Listening: an Alternative to Empathy", *Communication Education*, Vol. 32, 1983.

［12］ Jim Garrison, "A Deweyan Theory of Democratic Listening", *Educational Theory*, Vol. 46, No. 4, 1996.

［13］ Joseph Beatty, " Good Listening ". *Educational Theory*, Vol. 49, 1999.

［14］ John Stewart, "Interpretive Listening: an Alternative to Empathy", *Communication Education* , Vol. 32, 1983.

［15］ Karen D. Paciotti, Margaret E. Bolick, "A Listening Pedagogy: Insights of Pre-Service Elementary Teachers in Multi-cultural Classrooms", *Academic Leadership*, Vol. 7, No. 4, 2009.

［16］ Leonard J. Waks, "Two Types of Interpersonal Listening", *Teachers College Record*, Vol. 112, No. 11, 2010.

［17］ Martha C. Nussbaum, "Non-Relative Virtues: An Aristotelian Approach", *Midwest Studies in Philosophy*, Vol. 13, No. 1, 1988.

［18］ Mary Bozik, "Teachers as Listeners: Implications for Teacher Eduction", A Paper Presented at the Speech Communiction Association Annual Convention. Boston, MA. November, 1987.

［19］ Mary Budd Rowe, *Questions, Questioning, Techniques, and Effective Teaching*, Washington DC: National Education Association, 1987.

［20］ Michael Purdy, *Contributions of Philosophical Hermeneutics to Listening Research*, www. eric. ed. gov. 1986, Jan. 1.

［21］ Oakeshott, *The Voice of Poetry in the Conversation of Mankind*, in Rationalism and Politics, New York: Methuen, 1975.

［22］ Peter Moss, "Listening to Young Children: Beyond Rights to Eth-

ics", *Learning and Teaching*, 2006.

[23] Rinaldi. C, *In Dialogue with Reggio Emilia: Listening, Researching, and Learning.* London: Routledge, 2005.

[24] Sophie Horoutunian-Gordon, "Listening: An Exploration of Philosophical Traditions", *Educational Theory*, Vol. 61, 2011.

[25] Suzanne Rice, "Toward an Aristotelian Conception of Good Listening", *Educational Theory*, Vol. 61, No. 2, 2001.

后　记

　　本书是在博士论文的基础上修改完成的。悠悠四载读博，二十余万字的论文，在我心里，并非完全是专业上的探索，更是人生最为宝贵时光的记录。可以说，这是二十几年读书生涯中最为自觉追求、最为刻苦、最为艰辛、最为快乐的时光。它出自于一种相对非功利的目的、一个相对磨炼非智力的过程、一个看似无结果的结果，带着一丝神圣的光芒出现在人生的追求中，照亮整个人生之路，令人感慨又感动。论文的诞生离不开许多人的帮助。首先要感谢的是我的恩师李如密教授。自十多年前读硕士拜师门下，李老师就成为我人生发展中的"重要他人"。从学术规范的指导训练到学术思想的启发传授、从为人处世的"不言之教"到人生态度的提升点拨，从耳提面命的辅导到网络邮件的交流……李老师存在于我成长中许多重要的片段，他和风细雨式的教育充满了鼓励和信任，使我"如沐春风"，或苦苦思索，或欣喜不已，或感慨感叹，或惴惴不安……这份指导和影响，改变了我的人生轨迹，提升了我的人生境界。跟随李老师求学的这些年，我感受到了读书和思考的快乐，感受到了不断挑战自我、超越自我的快乐，感受到了一步一步踏实成长的快乐。老师的教诲，醍醐灌顶，语重心长，殷殷期盼，学生定将铭记终身。真心地谢谢老师，并道一声老师您辛苦了！除了尊敬的李老师之外，南京师范大学教科院和课程所的杨启亮教授、张乐天教授、吴康宁教授、吴永军教授、冯建军教授、徐文斌教授、黄伟教授以及参加我答辩的华东师范大学的杨小微教授、北京师范大学的王本陆教授等对我也多有启发和帮助，课堂上高质量的讲授与讨论，开题、答辩、学术会议等活动为我增加了学术底蕴，一些论文直接来自于你们的话语点拨与作业要求，佩服你们渊博的学术积淀、敏锐的学术嗅觉、自觉的学术操守。从你们那里，我学到了许多，谢谢你们！感谢与我一起在南师成长的诸多同学和同门，课堂上、食堂中、论坛里……许多场景有了你们的相伴，人生多了无穷的乐趣。恕不一一道出你们的名字，友谊存于心中。感谢读博期间工作单位吉林师范大学的诸多同事与领导，你们体谅我两地奔波的辛苦，时时关心我的学业，主动分担我的教学任务。没有你们，必将会增添许多的不便和麻烦。谢谢！最后还要感谢我的父母、姐弟、爱人、孩子。亲人们对我读书的全力支持，时时鼓励，想到你们，心中无比温暖和幸福。谢谢你们！

四载随园时光，时时感觉自己似一蒙昧未开化的野人，在南师这片肥沃的土壤中尽情地感受文明。随园的老师同学们、图书馆、教学楼、玉兰树、博士生公寓、大草坪甚至是校园中流浪猫都是一种文化的符号，吸引着我，影响着我，丰富了我的记忆。感恩南师四载帮助过我的所有人，感恩南师四载遇到的一切！这段经历，真好！

宋立华

2015 年 5 月 25 日

写于随园南山专家楼